Sophia Frey

W0300943

Christiane Eichholz **Europarecht**

JURIQ Erfolgstraining

Herausgegeben von JURIQ® Juristisches Repetitorium, Köln

Europarecht

von
Rechtsanwältin Dr. Christiane Eichholz,
Executive M.B.L.–HSG

3., neu bearbeitete Auflage

CFM C.F. Müller

Bibliografische Information der Deutschen Nationalbibliothek
Die Deutsche Nationalbibliothek verzeichnet diese Publikation in der Deutschen Nationalbibliografie; detaillierte bibliografische Daten sind im Internet über <http://dnb.d-nb.de> abrufbar.

Bei der Herstellung des Werkes haben wir uns zukunftsbewusst für umweltverträgliche und wiederverwertbare Materialien entschieden. Der Inhalt ist auf elementar chlorfreies Papier gedruckt.

ISBN 978-3-8114-7116-0

E-Mail: kundenservice@hjr-verlag.de
Telefon: +49 6221/489-555
Telefax: +49 6221/489-410

© 2013 C.F. Müller, eine Marke der Verlagsgruppe Hüthig Jehle Rehm GmbH
Heidelberg, München, Landsberg, Frechen, Hamburg

www.cfmueller-campus.de
www.hjr-verlag.de

Dieses Werk, einschließlich aller seiner Teile, ist urheberrechtlich geschützt. Jede Verwertung außerhalb der engen Grenzen des Urheberrechtsgesetzes ist ohne Zustimmung des Verlages unzulässig und strafbar. Das gilt insbesondere für Vervielfältigungen, Übersetzungen, Mikroverfilmungen und die Einspeicherung und Bearbeitung in elektronischen Systemen.

Satz: TypoScript, München
Illustrationen: Mattfeldt & Sänger, München
Druck: Kessler Druck + Medien, Bobingen

Liebe Leserinnen und Leser,

die Reihe „JURIQ Erfolgstraining" zur Klausur- und Prüfungsvorbereitung verbindet sowohl für Studienanfänger als auch für höhere Semester die Vorzüge des klassischen Lehrbuchs mit meiner Unterrichtserfahrung zu einem umfassenden Lernkonzept aus Skript und Online-Training.

In einem ersten Schritt geht es um das **Erlernen** der nach Prüfungsrelevanz ausgewählten und gewichteten Inhalte und Themenstellungen. Einleitende Prüfungsschemata sorgen für eine klare Struktur und weisen auf die typischen Problemkreise hin, die Sie in einer Klausur kennen und beherrschen müssen. Neu ist die **visuelle Lernunterstützung** durch

- ein nach didaktischen Gesichtspunkten ausgewähltes Farblayout
- optische Verstärkung durch einprägsame Graphiken und
- wiederkehrende Symbole am Rand

= Definition zum Auswendiglernen und Wiederholen

= Problempunkt

= Online-Wissens-Check

Illustrationen als „Lernanker" für schwierige Beispiele und Fallkonstellationen steigern die Merk- und Erinnerungsleistung Ihres Langzeitgedächtnisses.

Auf die Phase des Lernens folgt das **Wiederholen und Überprüfen** des Erlernten im **Online-Wissens-Check**: Wenn Sie im Internet unter **www.juracademy.de/skripte/login** das speziell auf das Skript abgestimmte Wissens-, Definitions- und Aufbautraining absolvieren, erhalten Sie ein direktes Feedback zum eigenen Wissensstand und kontrollieren Ihren individuellen Lernfortschritt. Durch dieses aktive Lernen vertiefen Sie zudem nachhaltig und damit erfolgreich Ihre europarechtlichen Kenntnisse!

Frage 1 (Punkte: 1)

Was ist eine „Maßnahme gleicher Wirkung" i.S.d. Art. 34 AEUV?

Antwort

Aussagen	Antwort	Aussagerichtigkeit und Kommentar
a) der Begriff ist eng auszulegen; erforderlich ist, dass die betreffende Handelsregelung die Einfuhr von Waren tatsächlich und erheblich beeinträchtigt oder unmöglich gemacht wird.	☐ ✓	Falsch. Der EuGH hat sich mit der Dassonville-Formel für eine weite Auslegung entschieden.
b) Maßnahmen gleicher Wirkung sind nur produktbezogene, jedoch nicht vertriebsbezogene Regelungen.	☐ ✓	Falsch. Durch das Urteil „Keck" sind vertriebsbezogene Regelungen nur unter der zusätzlichen Voraussetzung keine „Maßnahmen gleicher Wirkung", dass sie nicht diskriminierend wirken. Dies kann jedoch bereits bei einer Etikettierungspflicht der Fall sein.
c) Der Begriff ist weit zu verstehen; erfasst ist jede Handelsregelung, die geeignet ist, unmittelbar oder mittelbar, tatsächlich oder potentiell die Einfuhr von Waren zu behindern.	☑ ✓	Richtig, das ist die sog. Dassonville-Formel.
d) Keine Maßnahme gleicher Wirkung sind diskriminierungsfreie Verkaufsmodalitäten.	☑ ✓	Richtig, dies ist die Einschränkung der Dassonville-Formel durch das „Keck"-Urteil (z.B. Ladenöffnungszeiten).

→ **Richtig**
Punkte für diese Antwort: 1/1.

Schließlich geht es um das **Anwenden und Einüben** des Lernstoffes anhand von Übungsfällen verschiedener Schwierigkeitsstufen, die im Gutachtenstil gelöst werden. Die JURIQ **Klausurtipps** zu gängigen Fallkonstellationen und häufigen Fehlerquellen weisen Ihnen dabei den Weg durch den Problemdschungel in der Prüfungssituation.

Das **Lerncoaching** jenseits der rein juristischen Inhalte ist als zusätzlicher Service zum Informieren und Sammeln gedacht: Ein erfahrener Psychologe stellt u.a. Themen wie Motivation, Leistungsfähigkeit und Zeitmanagement anschaulich dar, zeigt Wege zur Analyse und Verbesserung des eigenen Lernstils auf und gibt Tipps für eine optimale Nutzung der Lernzeit und zur Überwindung evtl. Lernblockaden.

Dieses Skript befasst sich einführend mit der Entwicklung der Europäischen Union bis heute. Dargestellt werden die europarechtlichen Rechtsquellen und ihr Verhältnis zum nationalen Recht der Mitgliedstaaten. Ausführlich werden die Freiheitsrechte der Unionsbürger und die besonders klausurrelevante gerichtliche Durchsetzung von europarechtlichen Ansprüchen dargestellt. Die Kompetenzen der einzelnen Unionsorgane und ihre Verzahnung miteinander werden vorgestellt.

Berücksichtigt sind alle Änderungen durch den Lissabon-Vertrag, durch den Europäischen Stabilitätsmechanismus und durch den Beitritt Kroatiens. Alle Verweise auf gesetzliche Grundlagen des Europarechts beziehen sich auf die aktuellen Vertragstexte.

Auf geht's – ich wünsche Ihnen viel Freude und Erfolg beim Erarbeiten des Stoffs!

Und noch etwas: Das Examen kann jeder schaffen, der sein juristisches Handwerkszeug beherrscht und kontinuierlich anwendet. Jura ist kein „Hexenwerk". Setzen Sie nie ausschließlich auf auswendig gelerntes Wissen, sondern auf Ihr Systemverständnis und ein solides methodisches Handwerk. Wenn Sie Hilfe brauchen, Anregungen haben oder sonst etwas loswerden möchten, sind wir für Sie da. Wenden Sie sich gerne an C.F. Müller, Verlagsgruppe Hüthig Jehle Rehm GmbH, Im Weiher 10, 69121 Heidelberg, E-Mail: kundenservice@hjr-verlag.de. Dort werden auch Hinweise auf Druckfehler sehr dankbar entgegen genommen, die sich leider nie ganz ausschließen lassen.

Berlin, im August 2013 *Christiane Eichholz*

JURIQ Erfolgstraining – die Skriptenreihe von C.F. Müller mit Online-Wissens-Check

Mit dem Kauf dieses Skripts aus der Reihe **„JURIQ Erfolgstraining“** haben Sie gleichzeitig eine Zugangsberechtigung für den Online-Wissens-Check erworben – ohne weiteres Entgelt. Die Nutzung ist freiwillig und unverbindlich.

Was bieten wir Ihnen im Online-Wissens-Check an?

- Sie erhalten einen individuellen Zugriff auf **Testfragen zur Wiederholung und Überprüfung des vermittelten Stoffs**, passend zu jedem Kapitel Ihres Skripts.
- Eine individuelle **Lernfortschrittskontrolle** zeigt Ihren eigenen Wissensstand durch Auswertung Ihrer persönlichen Testergebnisse.

Wie nutzen Sie diese Möglichkeit?

Online-Wissens-Check

Registrieren Sie sich einfach für Ihren kostenfreien Zugang auf **www.juracademy.de/skripte/login** und schalten sich dann mit Hilfe des Codes für Ihren persönlichen Online-Wissens-Check frei.

Ihr persönlicher User-Code: 170073001

Der Online-Wissens-Check und die Lernfortschrittskontrolle stehen Ihnen für die **Dauer von 24 Monaten** zur Verfügung. Die Frist beginnt erst, wenn Sie sich mit Hilfe des Zugangscodes in den Online-Wissens-Check zu diesem Skript eingeloggt haben. Den Starttermin haben Sie also selbst in der Hand.

Für den technischen Betrieb des Online-Wissens-Checks ist die JURIQ GmbH, Unter den Ulmen 31, 50968 Köln zuständig. Bei Fragen oder Problemen können Sie sich jederzeit an das JURIQ-Team wenden, und zwar per E-Mail an: info@juriq.de.

Inhaltsverzeichnis

Literaturverzeichnis

Arndt/Fischer/Fetzer	Europarecht, 10. Aufl. 2010
Arndt/Fischer/Fetzer	Fälle zum Europarecht, 7. Aufl. 2010
Hellmann	Der Vertrag von Lissabon, 2009
Herrmann	Examens-Repetitorium Europarecht III, 4. Aufl. 2013
Karpenstein	Praxis des EG-Rechts, 2006
Streinz	Europarecht, 9. Aufl. 2012
Thiele	Europarecht, 10. Aufl. 2013
Schwartmann	Völker- und Europarecht, 9. Aufl. 2013
Schwartmann	Der Vertrag von Lissabon, 4. Aufl. 2011

Tipps vom Lerncoach

Warum Lerntipps in einem Jura-Skript?

Es gibt in Deutschland ca. 1,6 Millionen Studierende, deren tägliche Beschäftigung das Lernen ist. Lernende, die stets ohne Anstrengung erfolgreich sind, die nie kleinere oder größere Lernprobleme hatten, sind eher selten. Besonders juristische Lerninhalte sind komplex und anspruchsvoll. Unsere Skripte sind deshalb fachlich und didaktisch sinnvoll aufgebaut, um das Lernen zu erleichtern.

Über fundierte Lerntipps wollen wir darüber hinaus all diejenigen ansprechen, die ihr Lern- und Arbeitsverhalten verbessern und unangenehme Lernphasen schneller überwinden wollen.

Diese Tipps stammen von *Frank Wenderoth,* der als Diplom-Psychologe seit vielen Jahren in der Personal- und Organisationsentwicklung als Berater und Personal Coach tätig ist und außerdem Jurastudierende in der Prüfungsvorbereitung und bei beruflichen Weichenstellungen berät.

Wie lernen Menschen?

Die Wunschvorstellung ist häufig, ohne Anstrengung oder ohne eigene Aktivität „à la Nürnberger Trichter" lernen zu können. Die modernen Neurowissenschaften und auch die Psychologie zeigen jedoch, dass Lernen ein aktiver Aufnahme- und Verarbeitungsprozess ist, der auch nur durch aktive Methoden verbessert werden kann. Sie müssen sich also für sich selbst einsetzen, um Ihre Lernprozesse zu fördern. Sie verbuchen die Erfolge dann auch stets für sich.

Gibt es wichtigere und weniger wichtige Lerntipps?

Auch das bestimmen Sie selbst. Die Lerntipps sind als Anregungen zu verstehen, die Sie aktiv einsetzen, erproben und ganz individuell auf Ihre Lernsituation anpassen können. Die Tipps sind pro Rechtsgebiet thematisch aufeinander abgestimmt und ergänzen sich von Skript zu Skript, können aber auch unabhängig voneinander genutzt werden.

Verstehen Sie die Lerntipps „à la carte"! Sie wählen das aus, was Ihnen nützlich erscheint, um Ihre Lernprozesse noch effektiver und ökonomischer gestalten zu können!

Lernthema 3
Leistungsfähigkeit, Ernährung und individueller Tagesrhythmus

Jura Lernen ist Kopfarbeit, die mit emotionalen und motivationalen Zuständen verbunden ist. Diese mentalen Prozesse sind physiologisch betrachtet elektrische Aktivität der Hirnzellen - also Körperarbeit. Und Körperarbeit erfordert und verbraucht Energie. Sie brauchen für eine erfolgreiche Lernarbeit eine angemessene Energiezufuhr durch passende Ernährung. Und weil es Tagesschwankungen in der Leistungsfähigkeit gibt, ist es für Sie wichtig, Ihre Lern- und Pausenplanung an einem individuell passenden Rhythmus auszurichten.

Lerntipps

Optimieren Sie Ihre Ernährung!

Zum Lernen ist es günstig, sich gut zu fühlen und geistig konzentriert zu sein. Nudeln zum Beispiel kurbeln das „Glückshormon" Serotonin an und sind eine Langzeitenergiequelle, da der Körper die Kohlehydrate aus dem Mehl nur langsam abbaut. Aufmunternd wirken Brot, Fisch und Kartoffeln. Bananen wirken leicht beruhigend durch ihren Magnesiumgehalt. Durch zu wenig Nahrung sinkt der Blutzuckerspiegel ab, bewirkt eine Konzentrations- und damit Leistungsabnahme. Für das Gehirn sind daher kleinere Mahlzeiten (am besten fünf) optimal. Nicht umsonst wird von Ernährungsexperten nach wie vor das Schulbrot und ein Apfel empfohlen, auch wenn das bei vielen Schülern als uncool gilt. Denken Sie auch an Vitamine, besonders C, E und B und Mineralien wie Eisen und Calcium. Obst und Gemüse sind hier ideal.

Also starten Sie mit einem stressfreien, gemütlichen Frühstück mit Zeitung, stehen Sie lieber früher auf. Nach jeder Mahlzeit sollte eine kurze Pause eingelegt werden, da die Energie (Sauerstoff) erst einmal für die Verdauung verbraucht wird und dem Gehirn nicht direkt zur Verfügung steht.

Falsches Essen und Trinken kann das Lernen ausbremsen!

Vermeiden Sie den Geschmacksverstärker Glutamat, der sich z.B. in vielen Fertiggerichten und dem allgemeinen Fast Food wie Hamburger, Würstchen und Chips befindet. Er kann zu Hitzewallungen, Kopfschmerzen und Herzklopfen führen. Und das brauchen Sie in anstrengenden Lernphasen nun wirklich nicht! Kaffee entzieht zwar keine Flüssigkeit wie Tee, wirkt wie Cola kurzzeitig aufputschend , dann aber ermüdend. Wenn Sie gerne Tee trinken – der wirkt positiv anregend – gleichen Sie das unbedingt durch die entsprechende Menge Wasser aus, denn …

… die geistige Leistung wird durch Wasser verbessert!

Wasser ist ein wichtiges Transportmittel zur Stoffverschiebung und für die Zellaktivität. Flüssigkeitsmangel reduziert die Informationsaufnahme, -verarbeitung und den Wissenserwerb, durch vermehrte Wasseraufnahme verbessern sich geistige Leistungen, z.B. erkennbar an besseren Noten. Trinken während einer Lehrveranstaltung erhöht die Aufmerksamkeit für den Lehrstoff (Ergebnisse aus der Rosbacher Studie). Im normalen Alltagsgeschehen sollten wir 1,5 bis 2 Liter Flüssigkeit zu uns nehmen. Bei größerer Beanspruchung und Hitze entsprechend mehr. Wasser ist ideal auch wegen der Spurenelemente, stilles Wasser durchspült den Körper besser als Wasser mit Kohlensäure. Fruchtsaft kann natürlich dazugemischt werden.

Es gibt erhebliche individuelle Unterschiede in den Tagesleistungskurven!

Die gegenwärtige Forschung relativiert einige Annahmen über „den Bio-Rhythmus“:

- Tagesrhythmische Schwankungen beziehen sich auf unterschiedliche Leistungsfähigkeiten (körperliche vs. geistige).
- Die Schwankungen hängen stark von den Rahmenbedingungen wie z.B. der Intensität der Anforderungen ab (z.B. 12 Uhr Leistungsfähigkeit für Prüfungsfach A gering, aber für Sport nicht unbedingt; 3 Uhr Discobesuch hellwach etc.)
- Die Leistungsfähigkeit hängt stark mit der Motivation zusammen (z.B. Lesen eines Buches über ein Hobby oder über ein kompliziertes Prüfungsthema).
- Es gibt erhebliche Unterschiede in den tagesablaufbedingten Leistungsschwankungen verschiedener Menschen (u.a. Eulen und Lerchen …), d.h. kein allgemeiner Stundenplan kann diese aus rein organisatorischen Gründen berücksichtigen.

Fazit:

Sie müssen sich auf vorgegebene Rhythmen in Stundenplänen und Vorlesungszeiten einerseits einstellen. Der Körper stellt sich bei Regelmäßigkeit auch um. Das können Sie nutzen. Wenn Sie viele Freiräume zur Gestaltung Ihres Tagesrhythmus besitzen, sollten Sie regelmäßige und feststehende Lern- und Pausenzeiten festlegen. Sie bestimmen Ihren Rhythmus selbst und nicht der Rhythmus Sie. So schöpfen Sie Ihre Leistungsmöglichkeiten besser aus.

Pausen fest einplanen und einhalten!

Nach schwerer Arbeit brauchen Sie generell angemessene Pausen. Viele Studenten lernen täglich zehn oder mehr Stunden und erzielen in Relation dazu minimale Lerngewinne. Unsere „Lernmaschine“ Gehirn benötigt Speicher- und Verarbeitungszeiten und Wartungspausen. Pausen haben arbeitsphysiologische Wirkungen.

- Häufige Pausen von weniger als 20 Minuten sind besonders effektiv, erfrischend und besser als wenige lange Pausen.
- Gerade zu Beginn einer Pause ist der Erholungswert am größten.
- Pausen sollten nicht mit Nebentätigkeiten ausgefüllt werden.
- Die Freude auf die Pause kann einen positiven Arbeitseffekt bewirken, der bereits vor der Pause eintritt.
- In den Pausen arbeitet unser Gehirn weiter, es knüpft Verbindungen, startet unbewusste Suchprozesse (deshalb fällt uns nach der Pause häufig plötzlich eine Lösung ein, die wir vorher nicht finden konnten).
- Pausen werden meist als Belohnung erlebt. Dadurch wirken sie verstärkend auf unser weiteres Lernverhalten.

Nicht von ungefähr haben Arbeitnehmer einen gesetzlichen Anspruch auf Pausen von gewisser Dauer. Und der Arbeitgeber die Fürsorgepflicht für deren Einhaltung. Sie haben ein Recht auf Pausen und die Pflicht sie einzuplanen und einzuhalten, unabhängig vom Lernerfolg. Wahrscheinlich werden Pausen so selten fest eingehalten, weil man meint, sie sind vergeudete Zeit. Also, keine Angst vor Zeitverlust.

Leistungsfähigkeit, Ernährung und individueller Tagesrhythmus

Nutzen Sie die verschiedenen Pausenarten im Verlaufe eines Arbeitstages!

Zur Unterstützung einer gesunden und effektiven „Pausenmoral“ können Sie verschiedene Arten von Pausen unterscheiden. Alle wollen mit gutem Gefühl ausprobiert und genossen werden. Entwickeln Sie Ihre persönliche, vielleicht „etwas andere“ Pausenstrategie. Sie werden feststellen, dass Sie konzentrierter und effektiver arbeiten können. Allerdings ist ein wenig Vorsicht geboten, wenn Sie Pausen zur „Lernvermeidung“ nutzen.

- Die Abspeicherpause (Augen zu) von 10 bis 20 Sekunden nach Definitionen, Begriffen und komplexen Lerninhalten zum sicheren Abspeichern und zur Konzentration.
- Die Umschaltpause von 3 bis 5 Minuten nach ca. 20 bis 40 Minuten Arbeit, um Abstand zum vorher Gelernten zu bekommen und dadurch Neues besser aufzunehmen.
- Die Zwischenpause von 15 bis 20 Minuten nach 90 Minuten intensiver Arbeit, also nach zwei Arbeitsphasen dient dem Erholen und Abschalten.
- Die lange Erholungspause von 1 bis 3 Stunden, z.B. mittags oder zum Feierabend nach 3 Stunden Arbeit ebenfalls zum richtigen Abschalten, Regenerieren, Sich-Belohnen etc.

Ihre Mittagspause hat für Ihren Tagesrhythmus eine besondere Bedeutung!

Vor und nach dem Mittagessen sollte eine längere Erholungspause von mindestens 30 Minuten eingeplant werden, d.h. insgesamt mindestens 60 Minuten lernfreie Zeit. Ein Power Napping von ca. 20 Minuten nach dem Mittagsessen reicht oft aus. Dann ist man besonders fit. Von Arbeitsphysiologen wird der kurze und tiefe Mittagschlaf empfohlen, womit dem Leistungstief von 13 bis 14 Uhr entgegengewirkt werden kann. Der Magen wird nach dem Mittagessen mit viel sauerstoffreichem Blut versorgt. Das fehlt ihrem Gehirn in dieser Phase also so oder so. Und durch das Nickerchen werden Aufmerksamkeit und Konzentration wieder gesteigert. Aber es sind alle Tätigkeiten erlaubt, die entspannen, schön sind, das Gehirn nicht belasten und fristgerecht beendet werden können.

Lernen am Abend ist weniger effektiv!

Das Lernen am späten Abend – also nach 22 Uhr ist wenig effektiv, da gemessen am Arbeitsaufwand weniger behalten wird. Vermeiden Sie also die Nachmittage mit Fernsehen, Verabredungen, Freizeit zu verbringen und hier viel Freizeitenergie zu investieren. Danach geistige Energie für Lernleistungen aufzubringen, fällt umso schwerer. Bei spätem Lernen schläft man erfahrungsgemäß auch schlechter und das, obwohl der nächste Tag wiederum Ihren vollen Einsatz erfordert. Seien Sie ehrlich zu sich und schauen Sie einmal, von welcher abendlichen Uhrzeit an die Lerneffektivität nachlässt.

Am Abend gut abschalten!

Planen Sie mindestens 60 Minuten vor dem Schlafengehen vollkommen zum Entspannen ein. Sie können so mehr Abstand zum Lernen gewinnen und der Schlaf wird umso erholsamer sein. Andernfalls grübeln Sie weiter über Ihren Lernstoff, und Sie stehen am nächsten Morgen mit einem „Lernkater“ auf. Alkohol oder Schlafmittel beeinträchtigen die Lernarbeit im Schlaf erheblich. Nur im erholsamen Schlaf arbeitet das Gehirn gerne für Sie eigenverantwortlich weiter.

Den Schlaf als Lernorganisator nutzen!

Es ist nachgewiesen, dass sich unser Gehirn während des Schlafens nicht ausruht, der Arbeitsmodus schaltet um und das Gehirn wird zum Verwalter und Organisator des Gelernten. Das Gehirn bzw. die neuronale Aktivität sichtet, sortiert und ordnet zu, schafft Verbindungen (Synapsen) zu bereits bestehenden Wissensinhalten und verankert Gelerntes – ohne dass wir bewusst und aktiv etwas tun müssen. Diese Erkenntnisse erklären wahrscheinlich auch die lernförderlichen Wirkungen des Kurzschlafes (Power Napping) und der kurzen und tiefen Entspannung mit Hypnose.

1. Teil
Die europäische Integration

A. Ablauf der Gründung der Europäischen Gemeinschaft

JURIQ-Klausurtipp 1

Für eine gute Fallbearbeitung ist das Wissen um die Details der europäischen Integration insbesondere bezogen auf den Kompetenzzuwachs der einzelnen Organe nötig, weswegen wir uns nachfolgend zunächst mit diesem Thema beschäftigen werden.

I. Die Europäische Gemeinschaft für Kohle und Stahl[1] (EGKS)

2 Am 18.4.1951[2] wurde die EGKS als erste **supranationale Gemeinschaft** durch die Bundesrepublik Deutschland, Frankreich, Italien und die drei Benelux-Staaten für den Zeitraum von fünfzig Jahren bis zum 23.7.2002 gegründet.[3]

Hinweis

Staaten übertragen auf **eine supranationale Organisation** Kompetenzen, die sie dann nicht mehr selbst ausüben dürfen. Die von einer supranationalen Organisation im Rahmen ihrer Zuständigkeit getroffenen Beschlüsse haben Vorrang vor dem nationalen Recht der Mitgliedstaaten.

Alle Mitgliedstaaten räumten sich gegenseitig einen zollfreien Zugang zum jeweiligen Kohle- und Stahlmarkt ein. Der Vertrag zur Gründung der **EGKS** (EGKSV) enthielt Wettbewerbs-, Preis- und Freizügigkeitsregeln für Kohle- und Stahlfacharbeiter sowie Subventionsvorschriften für die nationalen Regierungen. Es wurde ein gemeinsamer Markt für die Güter der Schwerindustrie geschaffen. Dadurch verzichteten europäische Staaten erstmals auf einen Teil ihrer Hoheitsrechte und übertrugen diese auf europäische Institutionen.

II. Europa als Verteidigungsgemeinschaft

3 Nachdem bereits 1949 die NATO[4] gegründet worden war, wurde von den Regierungschefs der Benelux-Staaten, der Bundesrepublik Deutschland, Frankreichs und Italiens 1952 der **Vertrag zur Gründung einer Europäischen Verteidigungsgemeinschaft (EVG)** einstimmig beschlossen. Mit der EVG eng verknüpft war der Gedanke, eine **Europäische Politische Gemeinschaft (EPG)** zu gründen. In der EPG sollten die EGKS und die EVG und weitere Kompetenzen im Wirtschaftsbereich verbunden werden.

Initiative: Frankreich
Idee: Kontrolle über Aufrüstung Deutschlands

---

1 Auch Montanunion genannt.
2 Der EGKS-Vertrag trat nach Ratifizierung in allen Mitgliedstaaten am 23.7.1952 in Kraft.
3 BGBl. 1952 II, 447.
4 Beitritt der Bundesrepublik am 6.5.1955.

Die EVG bedeutete die Bildung einer **europäischen Armee** unter Führung von politischen Institutionen des geeinten Europas, die Berufung eines **Europäischen Verteidigungsministers** und die **deutsche Wiederbewaffnung** im europäischen Rahmen. Da die französische Nationalversammlung am 30.8.1954 die Zustimmung zur EVG verweigerte, indem die Beratung darüber auf unbestimmte Zeit verschoben wurde, konnte der Vertrag zur Gründung der EVG nicht in Kraft treten. Durch dieses Verhalten der Volksvertretung einer der Gründungsstaaten wurde deutlich, dass es für die politische Integration in Europa noch zu früh war. Das Bestreben zur Gründung einer EPG wurde nicht weiter verfolgt.[5]

Statt der EVG wurde 1954 die **Westeuropäische Union (WEU)** als kollektiver Beistandspakt durch Frankreich, Italien, die Bundesrepublik Deutschland, Großbritannien und die drei Benelux-Staaten gegründet. Die WEU verfügt nicht über eine europäische Armee.

III. Europa als Wirtschafts- und Atomgemeinschaft

4 Nach dem Scheitern der politischen Integration wurde die europäische Zusammenarbeit in wirtschaftlichen Fragen vorangetrieben. Hierbei musste einerseits das Weltwirtschaftsrecht beachtet werden. Andererseits wurde in den 50er Jahren des letzten Jahrhunderts begonnen, die Kernenergie zur Sicherung der Energieversorgung einzusetzen. Die Kernenergie sollte aber sowohl aus wirtschaftlichen als auch aus sicherheitspolitischen Erwägungen heraus auf europäischer Ebene kontrolliert werden können.[6] Am 25.3.1957 wurden in Rom die Verträge[7] zur Gründung der **Europäischen Wirtschaftsgemeinschaft (EWG)**[8] und zur Gründung der **Europäischen Atomgemeinschaft (EAG)** abgeschlossen. Nach Unterzeichnung durch alle Mitgliedstaaten der EGKS traten diese Verträge am 1.1.1958 in Kraft. Der Vertrag zur Gründung der EAG **(EAGV)** sollte die Grundlage für eine gemeinsame friedliche Nutzung der Kernenergie in Europa sein. In dem Vertrag wird die Forschung auf dem Gebiet der Kernenergie sowie die Entwicklung und Verbreitung entsprechender Technologien geregelt. Weiter sind Regelungen zur Bereitstellung von Investitionsbeihilfen und zur Einrichtung einer europäischen Atomagentur, die für die Beschaffung und Verteilung von Kernbrennstoffen zuständig ist, enthalten. Der Vertrag zur Gründung der EWG **(EWGV)** sollte die **Bildung eines Binnenmarktes** der Mitgliedstaaten ermöglichen. Hierzu gehörte der **Abbau der Binnenzölle**, ein **gemeinsamer Außenzoll** und die Freizügigkeit der Produktionsverfahren zwischen den Mitgliedstaaten.[9]

Hinweis

Der Unterschied zwischen einer **Zollunion** und einer **Freihandelszone** liegt im Wesentlichen in der Behandlung von Drittstaaten. In einer Zollunion erheben alle Mitglieder gegenüber dritten Staaten die gleichen Zölle. In einer Freihandelszone darf jedes Mitglied über die Höhe der von ihm erhobenen Zölle gegenüber Drittstaaten selbst entscheiden. Verboten sind in beiden Fällen jedoch Zölle untereinander auf Waren aus Mitgliedstaaten.[10]

5 *Streinz* Europarecht Rn. 19.
6 *Streinz* Europarecht Rn. 20.
7 Diese Verträge werden auch Römische Verträge genannt.
8 BGBl. 1958 II, 1.
9 Gemeinsamer Markt.
10 *Thiele* Europarecht S. 15.

1. Die institutionelle Anpassung der drei Gemeinschaften

Seit 1957 teilen sich alle drei Gemeinschaften (EGKS, EWG und EAG) das Europäische Parla- 5
ment und den Gerichtshof. 1965 fusionierten[11] die drei Gemeinschaften miteinander. Die vier bezeichneten Institutionen nehmen seitdem alle Aufgaben nach dem EGKSV, dem EWGV und dem EAGV wahr.[12] Dennoch waren alle drei Gemeinschaften bzw. nach dem Ende der EGKS am 23.7.2002 sind die verbliebenen zwei Gemeinschaften rechtlich völlig selbständig.[13]

1957 1 Parlament + 1 Gerichtshof für alle drei

1965 alle 4 Institutionen einheitlich für die Gemeinschaften

Hinweis

Die EGKS, EAG und EWG wurden jeweils mit den folgenden Institutionen eingerichtet:

- Der Hohen Behörde/Kommission,
- dem Rat,
- der Parlamentarischen Versammlung/Europäisches Parlament und
- dem Europäischen Gerichtshof.

2. Die Regelung der Sprachenfrage[14]

Die EWG/VO 1/1958 ist die erste Verordnung der EWG. Danach können Schriftstücke, die von 6
einem Mitgliedstaat oder einem Unionsbürger an die EU-Organe gerichtet werden, in einer der Amtssprachen verfasst werden. Die Antwort ist in derselben Sprache zu erteilen. Heute sind von den Sprachen in den Mitgliedstaaten 24 als **Amtssprachen** anerkannt: Bulgarisch, Dänisch, Deutsch, Englisch, Estnisch, Finnisch, Französisch, Griechisch, Irisch, Italienisch, Kroatisch, Lettisch, Litauisch, Maltesisch, Niederländisch, Polnisch, Portugiesisch, Rumänisch, Schwedisch, Slowakisch, Slowenisch, Spanisch, Tschechisch, Ungarisch. Englisch, Deutsch und Französisch sind als **Arbeitssprachen** für die interne Kommunikation der EG-Organe mit- und untereinander festgelegt.

B. Die Weiterentwicklung der Europäischen Gemeinschaft

Mit der Weiterentwicklung der Europäischen Gemeinschaft sollte die Rolle des Europäischen 7
Parlamentes gestärkt, das Entscheidungsverfahren im Rat und die Effizienz der Arbeitsweise der Kommission verbessert werden. Dies bedeutete auch die **Preisgabe nationalstaatlicher Souveränität**. Dies stieß in den Mitgliedstaaten, insbesondere in Frankreich, auf erheblichen Widerstand. Am 15.6.1965 brach Frankreich Verhandlungen zum Agrarfonds ab, da Frankreich einen mit qualifizierter Mehrheit gefassten Beschluss des Rates befürchtete, der nicht im französischen Interesse gewesen wäre. Frankreich sandte danach keinen Vertreter mehr[15] zu den Sitzungen des Rates, der damit beschlussunfähig wurde. Zur Ermittlung der ausreichenden Stimmen für einen mit qualifizierter Mehrheit gefassten Beschluss mussten alle Mitgliedstaaten anwesend sein oder sich von anderen Mitgliedstaaten vertreten lassen. Am 29.1.1966

Politique de chaise vide de De Gaulle

11 Fusionsvertrag vom 8.4.1965.
12 *Arndt/Fischer/Fetzer* Europarecht S. 7.
13 *Thiele* Europarecht S. 15.
14 EWG/VO 1/1958.
15 Politik des leeren Stuhls.

konnte ein Kompromiss im Rat zur Beilegung der Divergenzen in der **Agrarpolitik** getroffen werden. Dieser **Luxemburger Kompromiss** zu Mehrheitsentscheidungen sah vor, dass, soweit Entscheidungen des Rates die vitalen Interessen eines Mitgliedstaates berühren, die Entscheidungen nicht gegen die Stimme dieses Staates getroffen werden dürfen.[16] Durch diesen Kompromiss ist eine Art **Gewohnheitsrecht** entstanden, nach dem Mitgliedstaaten in wichtigen Fällen solange weiterverhandeln, bis ein Konsens erzielt wird. Zwar ist diese Vereinbarung nicht in den Gesetzestext des EWGV bzw. später den des Vertrages zur Gründung der Europäischen Gemeinschaft (EGV) aufgenommen worden, jedoch wird sie in der Praxis eingehalten. Gleiches ist auch in Bereichen, in denen eigentlich eine qualifizierte Mehrheit als ausreichend vorgesehen ist, überwiegend der Fall.[17] Bis zum Jahr 1985 waren die Mitglieder des Rates oft nicht bereit, Mehrheitsentscheidungen zu treffen, da die Mitglieder eine Überstimmung nicht akzeptieren wollten.[18]

I. Die Reform der Europäischen Gemeinschaft durch das Schengener Übereinkommen

8 Ein **Binnenmarkt ohne Binnengrenzen** setzt den Abbau der Grenzkontrollen an den Binnengrenzen voraus. Darum hatten sich die Mitgliedstaaten ab 1980 bemüht. Eine Einigung im Rahmen der EWG konnte aber nicht erzielt werden, da nicht alle Mitgliedstaaten zur Preisgabe dieser Kompetenzen bereit waren. Nur fünf der Gründungsstaaten der EWG[19] von damals bereits zehn Mitgliedstaaten unterzeichneten am 15.6.1985 das Schengener Übereinkommen und am 19.6.1990 das **Übereinkommen über die Durchführung des Schengener Übereinkommens (Schengener Durchführungsübereinkommen-SDÜ)**.[20] Das SDÜ trat am 1.9.1993 in Kraft. Die tatsächliche Inkraftsetzung war erst nach Schaffung der notwendigen technischen und rechtlichen Voraussetzungen wie z.B. die Einrichtung von Datenbanken und der dafür erforderlichen Datenschutzbehörden am 26.3.1995 möglich. In Art. 140 und 142 des SDÜ war ausdrücklich festgehalten worden, dass beide Abkommen nur Vorläufer für eine gemeinschaftsrechtliche Regelung sein sollten.[21] Im **Vertrag von Amsterdam** vom 2.10.1997 wurde dann auch beschlossen, das Schengener Übereinkommen in das Gemeinschaftsrecht zu integrieren. Dies wurde am 1.5.1999 umgesetzt. Die Konsequenz ist, dass alle folgenden Neumitglieder der Europäischen Gemeinschaft das Schengener Übereinkommen beachten müssen. Heute gilt das Schengener Übereinkommen in zweiundzwanzig Mitgliedstaaten[22] und in **Island** und **Norwegen**. Es hat nur eine eingeschränkte Geltung in **Großbritannien** und **Irland**.[23] In **Zypern** werden die Grenzkontrollen erst nach Beendigung des Zypernkonflikts wegfallen. Zu **Bulgarien** und **Rumänien** wurde im März 2013 auf einem Treffen der EU-Innenminister in Brüssel beschlossen, dass die Regierungen beider Staaten zunächst einen Bericht vorzulegen hätten, wie sie wirksam die Korruption und organisierte Kriminalität in ihren Staaten bekämpfen wollen. Das neue Mitglied Kroatien hat noch nicht alle Voraussetzungen erfüllt.

---

16 *Arndt/Fischer/Fetzer* Europarecht S. 8.
17 *Streinz* Europarecht Rn. 360 f.
18 Thiele spricht in *Thiele* Europarecht S. 16 sogar von einer „toten Zeit" oder von einer „Eurosklerose".
19 Ohne das Gründungsmitglied Italien.
20 Sart. II Nr. 280.
21 *Streinz* Europarecht Rn. 788.
22 Auch Schengen-Staaten genannt.
23 Siehe Protokoll zur Einbeziehung des Schengen-Besitzstandes.

II. Die Reform der Europäischen Gemeinschaft durch die Einheitliche Europäische Akte

Die erste umfassende Reform der Europäischen Gemeinschaft erfolgte durch die **Einheitliche** 9
Europäische Akte (EEA). Die EEA[24] vom 28.2.1986 trat am 1.7.1987[25] in Kraft. In der EEA wurden erstmalig die verschiedenen Formen der rechtlichen und politischen Zusammenarbeit der Mitgliedstaaten in einer einheitlichen Akte bzw. einem einheitlichen Vertragstext geregelt. In Art. 1 Abs. 1 EEA wurde die „Europäische Union" als Ziel vorgegeben. Erstmalig wurde der Begriff des Binnenmarktes vertraglich erläutert[26] und die notwendigen Bestimmungen zur Verwirklichung und Regelung eines solchen Marktes getroffen.

> Der **Binnenmarkt** wird als Raum ohne Binnengrenzen für den freien Verkehr von Waren, Personen, Dienstleistungen und Kapital gemäß den Bestimmungen des EWGV definiert.

Ebenfalls zum ersten Mal enthielt ein Gemeinschaftsdokument ausdrückliche Regelungen zur 10
europäischen politischen Zusammenarbeit (EPZ)[27] als Vorläufer der **Gemeinsamen Außen- und Sicherheitspolitik (GASP).** Schon seit 1970 stimmten die Staats- und Regierungschefs der Mitgliedstaaten ihre Außenpolitik auf gemeinsamen Treffen ab. Diese Zusammenkünfte wurden als Treffen des „Europäischen Rates" bezeichnet, wurden aber nicht institutionalisiert bzw. in die Gemeinschaftsverträge aufgenommen.

1. Die Kompetenzerweiterung der Europäischen Gemeinschaft

Die Befugnisse der Gemeinschaft wurden in der EEA um folgende Zuständigkeitsbereiche 11
erweitert:

- **Währungspolitik,**
- **Sozialpolitik,**
- **Wirtschaftlicher und sozialer Zusammenhalt,**
- **Forschung und technologische Entwicklung und**
- **Umweltpolitik.**

Der Wegfall der Personen- und Warenkontrollen an den EG-Binnengrenzen (z.B.: Verlagerung der Kontrollen in die Produktion oder die Vereinheitlichung des Veterinärrechts) wurde wie die gegenseitige Anerkennung zahlreicher Produktnormen und Lebensmittelstandards bzw. deren **Harmonisierung**, die Beseitigung der durch unterschiedliche **Mehrwerts- und Verbrauchssteuer** gebildeten steuerlichen Schranken geregelt. EG-weit wurden die öffentlichen Beschaffungsmärkte für staatliche Aufträge ab 10 Mio. DM geöffnet, der Markt des Versicherungs- und Transportgewerbes wurde geöffnet und liberalisiert, **Staatsmonopole** wie die **Post** beseitigt.

---

24 ABl. 1987 Nr. L 169/1.
25 Die Verzögerung beruhte auf der Anfechtung des irischen Zustimmungsgesetzes in Irland.
26 Heute in Art. 26 AEUV geregelt.
27 Art. 30 EEA.

2. Die Änderungen bezüglich der Institutionen

12 Die **Abstimmungsmodalitäten im Rat** wurden geändert. Eine **qualifizierte Mehrheit** reichte für Abstimmungen im Rat bei vielen Beschlussverfahren nun aus. **Einstimmige Ratsbeschlüsse** waren weiterhin für Abstimmungen über Steuern, die Freizügigkeit der Arbeit und die Rechte der Arbeitnehmer notwendig. Auf Initiative des Ratspräsidenten, auf Antrag der Kommission oder eines Mitgliedstaates konnte nun eine Abstimmung des Rates verlangt werden.

In der EEA wurden die Befugnisse des Europäischen Parlaments gestärkt, da von nun an seine Zustimmung zu **Erweiterungs- und Assoziierungsabkommen** der Gemeinschaft erforderlich war. Außerdem wurde im gesetzgebenden Bereich das Zusammenarbeitsverfahren zwischen Parlament und Rat eingeführt.

III. Die Reform der Europäischen Gemeinschaft durch den Vertrag von Maastricht

1. Die Gründung der Europäischen Union (EU)

13 In Maastricht wurde am 7.2.1992[28] die Europäische Union (EU) als **gemeinsames Dach** der EGV, EAGV und EGKS (erste Säule), der Gemeinsamen Außen- und Sicherheitspolitik (zweite Säule) und der polizeilichen und justiziellen Zusammenarbeit in Strafsachen (dritte Säule) gegründet.[29]

Die EU ruhte danach auf drei Säulen:

Die Europäische Union		
EGV	GASP	PJZS
EGKS	Art. 11–28 EUV	Art. 29–45 EUV
EAGV	Intergouvernementale Zusammenarbeit	
Gemeinschaftsrecht		

Hinweis

Bis zum Ratifizieren des Lissabon-Vertrages in allen Mitgliedstaaten galt:

Die EU löste die EG nicht ab. Auch wenn im allgemeinen Sprachgebrauch der EU die gleiche Bedeutung wie der EG beigemessen wurde, handelte es sich nicht um dieselbe Organisation. Die Europäischen Gemeinschaften der ersten Säule waren von der EU rechtlich völlig selbständig.

28 In Kraft getreten am 1.11.1993 nach dem Urteil des BVerfG über die Verfassungsbeschwerden gegen das deutsche Zustimmungsgesetz (*BVerfGE* 89, 155).

29 ABl. Nr. C 191, 1.

Die im Vertrag zur Gründung der EU a.F. (EUV)[30] geregelten Politikbereiche 14

- gemeinsame Außen- und Sicherheitspolitik (GASP) und
- die polizeiliche und justizielle Zusammenarbeit in Strafsachen (PJZS)

unterlagen **grundsätzlich** nicht der Zuständigkeit des **Europäischen Gerichtshofes (EuGH)**, da diese Bereiche keinen Bestandteil des Gemeinschaftsrechts der ersten Säule darstellten. Es handelte sich um Bereiche **intergouvernementaler Zusammenarbeit** ohne Übertragung von Hoheitsbefugnissen auf die EG.

Hinweis

Mitgliedstaaten treffen zwar gemeinsam Entscheidungen, bleiben aber souverän bei der Umsetzung der getroffenen Entscheidungen. Bei dieser Form **der intergouvernementalen Zusammenarbeit** werden auf die Organisation keine hoheitlichen Rechte übertragen. Intergouvernementale Zusammenarbeit in einer Organisation ist von einer Zusammenarbeit in einer **supranationalen Organisation** abzugrenzen.

Der EuGH als Organ der EG war nur **ausnahmsweise** im Bereich des EUV a.F. zuständig, nämlich nur in dem Umfang des Titels VI des EUV a.F. **(polizeiliche und justizielle Zusammenarbeit in Strafsachen)**. Gem. Art. 35 EUV a.F.[31] konnte der EuGH daher Vorabentscheidungen gem. Art. 234 EGV[32] über die Gültigkeit und Auslegung von Rahmenbeschlüssen und Beschlüssen treffen. Der EuGH hatte ausdrücklich keine Zuständigkeit gem. Art. 35 Abs. 5 EUV a.F. für die Überprüfung von Maßnahmen der Polizei oder anderer Strafverfolgungsbehörden eines Mitgliedstaates oder für die Aufrechterhaltung der öffentlichen Ordnung und den Schutz der inneren Sicherheit in einem der Mitgliedstaaten. 15

a) Die GASP

Als Ziele der GASP wurden in Art. 11 Abs. 1 EUV a.F.[33] formuliert:

- Wahrung der gemeinsamen Werte und Interessen,
- Stärkung der Sicherheit der Union,
- Wahrung des Friedens,
- Förderung der internationalen Zusammenarbeit,
- Entwicklung und Stärkung der Demokratie, Rechtsstaatlichkeit sowie der Achtung der Menschenrechte und Grundfreiheiten.

Die Mitgliedstaaten unterstützten die EU gem. Art. 11 Abs. 2 EUV a.F.[34] aktiv und vorbehaltlos im Geiste der Loyalität und gegenseitigen Solidarität. Im Bereich der GASP galten die **Handlungsformen** gem. Art. 12 EUV[35] a.F.[36] 17

» Lesen Sie zu den Handlungsformen im Bereich der GASP Rn. 114–117. «

30 Die Fassung des EUV vor dem Inkrafttreten des Lissabon-Vertrages wird im Folgenden als EUV alte Fassung (a.F.) bezeichnet.
31 Eine entsprechende Regelung gibt es heute im EUV n.F. nicht mehr.
32 Heute Art. 267 AEUV.
33 Heute Art. 24 EUV n.F.
34 Heute Art. 24 Abs. 3 EUV n.F.
35 Unionssekundärrecht.
36 Heute Art. 25 EUV n.F.

Die EU verfügte über zivile als auch militärische Mittel zum internationalen Krisenmanagement. Zivile Mittel waren z.B. die Bereitstellung von Polizeibeamten, Staatsanwälten, Richtern oder Strafvollzugsbeamten zu Ausbildungszwecken in Krisenregionen. In militärischer Hinsicht sollte langfristig ein Rückgriff auf eine Truppenstärke von ca. 60 000 Soldaten ermöglicht werden. Die EU hatte keine eigenen Streitkräfte, vielmehr sollten die Mitgliedstaaten autonom über die Bereitstellung ihrer Streitkräfte entscheiden.

Zu jeder Außen- und sicherheitspolitischen Frage von allgemeiner Bedeutung fand im Rat gem. Art. 16 EUV a.F.[37] eine gegenseitige Unterrichtung und Abstimmung zwischen den Mitgliedstaaten statt, damit gewährleistet war, dass der Einfluss der Union durch konzertiertes und konvergierendes Handeln möglichst wirksam zum Tragen kommen konnte. Der Vorsitz wurde im Rahmen der GASP gem. Art. 18 Abs. 3 EUV a.F. vom Generalsekretär des Rates unterstützt, der die Aufgabe des Hohen Vertreters für die GASP wahrnahm.

b) Die PJZS

» Lesen Sie zu den Handlungsformen im Bereich der PJZS Rn. 118–119. «

18 Im **Maastrichter Vertrag** war die Zusammenarbeit in den Bereichen Justiz und Inneres vereinbart worden. Hierzu gehörten auch die Bereiche der **Visa- und Asylpolitik**. Bis zum Inkrafttreten des Lissabon-Vertrages regelte der EUV a.F. in den Art. 29–42 nur noch die Zusammenarbeit in Strafsachen. Hierzu gehörten gem. Art. 29 Abs. 2 erster Spiegelstrich EUV a.F. insbesondere die Verbesserung der Leistungsfähigkeit und der **Zusammenarbeit der Polizeibehörden** der Mitgliedstaaten bei der **Bekämpfung des internationalen Drogenhandels**, der Schleuserkriminalität und terroristischen Handlungen. Es wurde das **Europäische Polizeiamt (Europol)** im **Vertrag von Maastricht** gegründet und in den Art. 30 und 32 EUV a.F.[38] geregelt. Die Handlungsformen in dem Bereich der PJZS wurden in dem Art. 34 EUV a.F.[39] aufgeführt. Gem. Art. 34 Abs. 2 S. 2 EUV a.F. waren diese Maßnahmen grundsätzlich einstimmig im Rat zu beschließen. In Art. 34 Abs. 3 EUV a.F. war geregelt, wann eine qualifizierte Mehrheit im Rat ausreichen sollte.

2. Die Schaffung der Europäischen Wirtschafts- und Währungsunion (WWU)

19 Nach der Den Haager Gipfelkonferenz 1969 war eine **Wirtschafts- und Währungsunion (WWU)** geplant, die aber an der Ablehnung aus einzelnen Mitgliedstaaten scheiterte. 1978 wurde das **Europäische Währungssystem (EWS)** ohne Großbritannien errichtet mit dem Ziel, **Währungsstabilität** durch feste Wechselkurse zu erreichen. Europas Stellung sollte im internationalen **Währungssystem** verbessert und eine größere innere Stabilität zur Vorbereitung einer **Europäischen Währungsunion** ermöglicht werden. In dem Vertrag von Maastricht wurde die Schaffung der Europäischen **Wirtschafts- und Währungsunion** (WWU) vereinbart. Ein Austritt aus der WWU wurde vertraglich nicht vorgesehen. **Ziel der WWU** war die Koordination der Wirtschaftspolitik der Mitgliedstaaten, die Einführung einer einheitlichen Währung und die Errichtung eines europäischen Zentralbanksystems. Die WWU wurde im Vertrag von Maastricht in den Kompetenzbereich der bestehenden Europäischen Gemeinschaften aufgenommen und in den Art. 4, 8 und 98–124 EGV[40] geregelt. Die WWU wurde daher nicht Teil der intergouvernementalen Zusammenarbeit, sondern des Gemeinschaftsrechts.

---

37 Heute Art. 32 EUV n.F.
38 Heute Art. 87-89 EUV n.F.
39 Eine entsprechende Regelung gibt es heute im EUV n.F. nicht mehr.
40 Heute Art. 120 ff. AEUV.

Die WWU sollte in drei Stufen entstehen: 20

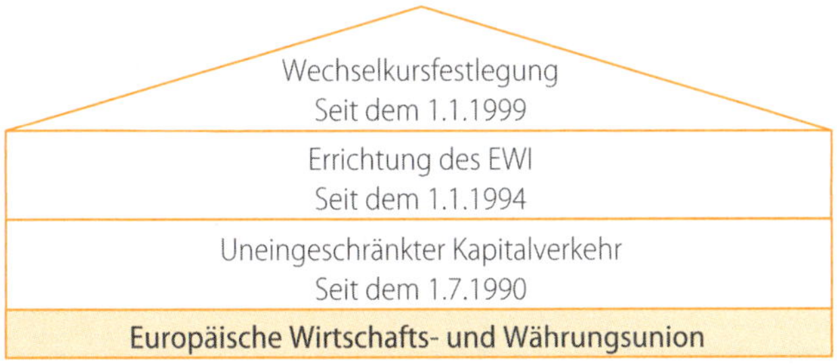

Die **Erste Stufe:**

- Uneingeschränkter Kapitalverkehr,
- verstärkte Zusammenarbeit der nationalen Zentralbanken,
- freie Verwendung der **ECU-European Currency Unit (Europäische Währungseinheit)**,
- Verbesserung der **wirtschaftlichen Konvergenz**.

Die **Zweite Stufe:**

- Errichtung des Europäischen Währungsinstituts (EWI) in Frankfurt a. M.,
- Verbot der Gewährung von Zentralbankkrediten an öffentliche Stellen,
- verstärkte Koordinierung der Geldpolitik,
- Stärkung der wirtschaftlichen Konvergenz durch Beachtung der gem. Art. 121 Abs. 1 S. 3 EGV[41] eingeführten **vier Konvergenzkriterien**.[42]

Die **Dritte Stufe:**

- Unwiderrufliche Festlegung der **Wechselkurse** zwischen den Währungen der Teilnehmerstaaten,
- am 1.1.2002 **Einführung des Euro** als Zahlungsmittel in den Mitgliedstaaten,[43] in denen die vier Konvergenzkriterien erfüllt wurden.[44]
- Durchführung einer einheitlichen Geldpolitik durch die EZB gem. Art. 107 EGV,[45]
- Inkrafttreten der Wechselkursmechanismen innerhalb der EU,
- Inkrafttreten des Stabilitäts- und Wachstumspaktes.

Hinweis

Eintrittsvoraussetzung zur Teilnahme an der WWU war die Erfüllung der Konvergenzkriterien gem. Art. 121 Abs. 1 S. 3 EGV.[41]

41 Heute Art. 140 Abs. 1 S. 3 AEUV.

42 Maastricht-Vertrag, Protokoll Nr. 21, BGBl. 1992 II, 1309.

43 Belgien, Deutschland, Finnland, Frankreich, Griechenland, Irland, Italien, Luxemburg, die Niederlande, Österreich, Portugal und Spanien.

44 Griechenland hatte tatsächlich die Konvergenzkriterien nicht alle erfüllt.

45 Heute Art. 129 AEUV.

21 Die vier Konvergenzkriterien:

1. Preisstabilität
Inflationsrate in dem Jahr vor der „Aufnahmeprüfung" von nicht mehr als 1,5% oberhalb der Inflationsrate der drei preisstabilsten Mitgliedstaaten.

2. Solide Staatsfinanzen
Der gesamte Schuldenstand des Staates soll 60% des BIP nicht überschreiten und die jährliche Neuverschuldung soll nicht mehr als 3% des BIP betragen.

3. Stabile Wechselkurse
Die Währung eines Landes muss die vorgegebenen Bandbreiten im EWS seit mindestens zwei Jahren ohne Abwertung gegenüber der Währung eines anderen Mitgliedstaates eingehalten haben.

4. Niedrige langfristige Zinsen
Die langfristigen Zinssätze für Staatsschuldverschreibungen sollen nicht mehr als 2% über den Zinssätzen der drei preisstabilsten Länder liegen.

3. Der Unionsbürger nach Maastricht[46]

22 Bislang hatte der Einwohner eines EG-Mitgliedstaates die **Freizügigkeitsrechte** nur als erwerbstätiges Wirtschaftssubjekt.[47] Mit der Einführung des Instituts der **Unionsbürgerschaft** im Vertrag von Maastricht erhielt jeder Bürger eines Mitgliedstaates – unabhängig von einer Erwerbstätigkeit – gem. Art. 17 ff. EGV[48] das Recht, sich als Unionsbürger innerhalb der Europäischen Gemeinschaft frei zu bewegen und sich niederzulassen.[49] Dieses Recht galt auch für die **Familienangehörigen eines Unionsbürgers**.

Hinweis

Durch die Unionsbürgerschaft wird die jeweilige nationale Staatsbürgerschaft eines Unionsbürgers nicht ersetzt.

a) Die Rechte des Unionsbürgers

23 Der Unionsbürger hat gem. Art. 22 AEUV das aktive und passive **Kommunalwahlrecht** und das **Wahlrecht zum Europäischen Parlament** nach den Bedingungen des Aufenthaltsstaates, in dem er seinen Wohnsitz begründet hat. Ihm steht **diplomatischer und konsularischer Schutz** gem. Art. 23 AEUV zu. Zudem besitzt er ein **Petitionsrecht** beim Europäischen Parlament. Gem. Art. 21 AEUV steht dem Unionsbürger das Recht auf Freizügigkeit im Hoheitsgebiet der Mitgliedstaaten zu.[50] Für den Grenzübertritt innerhalb der EU ist ein **Einreisevisum** nicht erforderlich.[51]

46 FreizügigkeitsRL 2004/38/EG über das Recht der Unionsbürger und ihrer Familienangehörigen.
47 Die Bindung an eine Erwerbstätigkeit war zuvor bereits durch die Rechtsprechung des EuGH zur „passiven Dienstleistungsfreiheit" aufgehoben worden, *EuGH* Rs.186/87, Cowan/Trésor public, Slg 1989, 195.
48 Heute Art. 20 ff. AEUV.
49 *Arndt/Fischer/Fetzer* Europarecht S. 9.
50 Art. 21 Abs. 1 AEUV wurde durch die allgemeine FreizügigkeitsRL 2004/38/EG sekundärrechtlich ausgestaltet.
51 Art. 5 Abs. 1 Unterabs. 2 der FreizügigkeitsRL 2004/38/EG.

Beim Aufenthalt bis zu drei Monaten ist nur eine Anmeldung in dem EU-Aufnahmestaat 24
erforderlich. Der Unionsbürger muss nur im Besitz eines gültigen **Personalausweises** oder **Reisepasses** sein.[52] Bei einem längeren Aufenthalt als drei Monate sind vom Unionsbürger Dokumente vorzulegen, die entweder ein Arbeitsverhältnis, eine selbständige Tätigkeit und bei nicht Erwerbstätigen ausreichende Existenzmittel und einen entsprechenden Krankenversicherungsschutz oder bei Studierenden eine Immatrikulation belegen.[53] Ein Visum ist nicht erforderlich. Ein **Daueraufenthaltsrecht** erwirbt ein Unionsbürger nach fünfjährigem ununterbrochenem und rechtmäßigem Aufenthalt in einem Mitgliedstaat. Die Kontinuität des Aufenthalts wird weder durch vorübergehende Abwesenheiten von bis zu insgesamt sechs Monaten im Jahr noch durch längere Abwesenheiten wegen der Erfüllung militärischer Pflichten noch durch eine einzige Abwesenheit von höchstens zwölf aufeinander folgenden Monaten aus wichtigen Gründen wie Schwangerschaft und Niederkunft, schwerer Krankheit, Studium oder Berufsausbildung oder beruflicher Entsendung in einen anderen Mitgliedstaat oder einen Drittstaat berührt. Nach dem Erwerb des Daueraufenthaltsrechts führt nur die Abwesenheit vom Aufnahmemitgliedstaat über einen Zeitraum von zwei aufeinander folgenden Jahren zum Verlust des Daueraufenthaltsrechts.[54]

JURIQ-Klausurtipp

Beachten Sie besonders das **allgemeine Diskriminierungsverbot** gem. Art. 18 AEUV im Zusammenhang mit diesem Recht auf Freizügigkeit.

Beispiel[55] T ist französischer Staatsangehöriger. Seit dem Jahr 2000 hielt er sich in Belgien auf, wo er zunächst auf einem Campingplatz, dann in einer Jugendherberge und schließlich in einem Heim der Heilsarmee wohnte. Für die Heilsarmee erbrachte er wöchentlich ca. 30 Arbeitsstunden zur individuellen und beruflichen Wiedereingliederung. Wirtschaftlich verwertbar waren die Leistungen von T nicht. Als Gegenleistung erhielt er dafür die Unterkunft, Verpflegung und ein geringes Taschengeld. Seit 2002 hatte T eine Aufenthaltserlaubnis für Belgien. Danach beantragte T bei der zuständigen belgischen Behörde Sozialhilfe, die ihm aber verweigert wurde. Begründet wurde dies einerseits mit seiner fehlenden belgischen Staatsangehörigkeit und andererseits mit seiner fehlenden Arbeitnehmereigenschaft. Um sich auf die **VO Nr. 1612/68** berufen zu können, müsse T Arbeitnehmer sein. T klagte hiergegen beim zuständigen nationalen Gericht.

Nach EuGH-Rechtsprechung sind Tätigkeiten, die nur ein Mittel der Rehabilitation oder der Wiedereingliederung des Betroffenen in das Arbeitsleben darstellen, nicht als tatsächliche und echte wirtschaftliche Tätigkeiten anzusehen. T war daher nicht als Arbeitnehmer zu betrachten. T konnte sich aber unmittelbar gegenüber der belgischen Behörde auf Art. 12 EGV[56] berufen. Er hielt sich aufgrund der erteilten **Aufenthaltserlaubnis** rechtmäßig in Belgien auf. Der EuGH leitete aus Art. 12 Abs. 1 EGV[57] einen Anspruch auf Gleichbehandlung hinsichtlich **Sozialleistungen** ab. T hatte daher einen Anspruch auf Sozialhilfe. ■

52 Art. 6 Abs. 1 der FreizügkeitsRL 2004/38/EG.

53 Art. 7 Abs. 1 der FreizügigkeitsRL 2004/38/EG.

54 Art. 16 Abs. 3 und Abs. 4 der FreizügigkeitsRL 2004/38/EG.

55 *EuGH* Rs. C-456/02, Michel Trojani/Centre public daide sociale de Bruxelles (CPAS), Slg 2004, I-7573; *Streinz* Europarecht S. 984.

56 Heute Art. 18 AEUV.

57 Heute Art. 18 Abs. 1 AEUV.

b) Die Rechte der Familienangehörigen, die nicht Unionsbürger sind

25 Von der **FreizügigkeitsRL 2004/38/EG** werden folgende **Familienangehörige**, die nicht die Unionsbürgerschaft besitzen, gem. Art. 2 Ziff. 2 geschützt:

- Ehegatten,
- eingetragene Lebenspartner,
- Verwandte in gerader absteigender Linie des Unionsbürgers und des Ehegatten oder des eingetragenen Lebenspartners, die das einundzwanzigste Lebensjahr noch nicht vollendet haben oder denen von diesen Unterhalt gewährt wird und
- Verwandte in gerader aufsteigender Linie des Unionsbürgers und des Ehegatten oder des eingetragenen Lebenspartners, denen von diesen Unterhalt gewährt wird.

26 Um in den Schutzbereich der FreizügigkeitsRL zu gelangen, muss ein Familienangehöriger, der nicht die Unionsbürgerschaft besitzt, den Unionsbürger begleiten bzw. ihm in einen Mitgliedstaat nachziehen. Bei einem **Aufenthalt von bis zu drei Monaten** müssen die Familienangehörigen nur im Besitz eines gültigen Reisepasses sein.[58] Bei einem **Aufenthalt von mehr als drei Monaten** muss der Familienangehörige weiterhin nicht mehr als den Besitz des gültigen Reisepasses nachweisen, wenn der von ihm begleitete Unionsbürger die Voraussetzungen des Art. 7 Abs. 1 der FreizügigkeitsRL erfüllt. Nach fünfjährigem ununterbrochenem und rechtmäßigem Aufenthalt steht dem Familienangehörigen ohne Unionsbürgerschaft in dem Aufnahmemitgliedstaat ein Daueraufenthaltsrecht zu.[59] Für die zulässige Dauer der **Aufenthaltsunterbrechungen** gelten die gleichen Bestimmungen wie für den Unionsbürger selbst.[60]

Hinweis

Voraussetzung für ein Aufenthaltsrecht eines Familienangehörigen, der nicht Unionsbürger ist, ist nicht das Beherrschen der Sprache in dem Aufnahmemitgliedstaat.

Bei Tod oder Wegzug des Unionsbürgers aus dem gemeinsamen Aufnahmemitgliedstaat verliert der Familienangehörige ohne eine Unionsbürgerschaft nicht sein **Aufenthaltsrecht**, wenn er vor dem Tod des Unionsbürgers mindestens ein Jahr lang in dem Aufnahmemitgliedstaat mit dem Unionsbürger gelebt hat.[61]

JURIQ-Klausurtipp

Bei Klausuren ist zu berücksichtigen, dass ein Familienangehöriger ohne die Unionsbürgerschaft nach einer Scheidung, Eheaufhebung oder Beendigung der eingetragenen Partnerschaft auf persönlicher Grundlage u.U. ein eigenständiges Aufenthaltsrecht haben kann.

27 Voraussetzung für ein **eigenständiges Aufenthaltsrecht** ist, dass

- die Ehe oder die eingetragene Partnerschaft bis zur Einleitung des gerichtlichen Scheidungs- oder Aufhebungsverfahrens oder bis zur Beendigung der **eingetragenen Partnerschaft** mindestens drei Jahre bestanden hat und davon mindestens ein Jahr im Aufnahmemitgliedstaat oder

---

58 Art. 6 Abs. 2 der FreizügigkeitsRL 2004/38/EG.
59 Art. 16 Abs. 2 der FreizügigkeitsRL 2004/38/EG.
60 Art. 16 Abs. 2–4 der FreizügigkeitsRL 2004/38/EG.
61 Art. 12 Abs. 2 S. 1 der FreizügigkeitsRL 2004/38/EG.

- dem Familienangehörigen aufgrund einer Vereinbarung der Ehegatten oder der Lebenspartner oder durch gerichtliche Entscheidung das Sorgerecht für die Kinder des Unionsbürgers übertragen wird oder
- es aufgrund besonders schwieriger Umstände erforderlich ist, wie etwa bei Opfern von Gewalt im häuslichen Bereich während der Ehe oder der eingetragenen Partnerschaft oder
- dem Familienangehörigen aufgrund einer Vereinbarung der Ehegatten oder der Lebenspartner oder durch gerichtliche Entscheidung das Recht zum persönlichen Umgang mit dem minderjährigen Kind zugesprochen wird, sofern das Gericht zu der Auffassung gelangt ist, dass der Umgang ausschließlich im Aufnahmemitgliedstaat erfolgen darf.[62]

4. Die Änderungen bezüglich der Institutionen

Der **Europäische Rat** als Gremium aller Staats- und Regierungschefs der Mitgliedstaaten und des Kommissionspräsidenten war erstmals in der EEA vertraglich verankert worden. In dem Vertrag von Maastricht wurde der Europäische Rat bestätigt und seine Funktion verstärkt. 28

» **Sehen Sie hierzu die Darstellung der Rechtsetzungsverfahren in Rn. 203–206.** «

Das Europäische Parlament wurde wesentlich aufgewertet durch die Einführung des **Mitentscheidungsverfahrens** gem. Art. 251 EGV.[63] Dieses Verfahren ergänzte und verstärkte die bereits bestehenden – jedoch schwachen – parlamentarischen Einflussmöglichkeiten in den Rechtsetzungsverfahren der Anhörung und der Zusammenarbeit gem. Art. 252 EGV.[64]

5. Die deutsche Verfassungsbeschwerde gegen den Maastricht-Vertrag

In den in Deutschland erhobenen Verfassungsbeschwerden gegen das deutsche Zustimmungsgesetz zum Vertrag von Maastricht wurde als Klagegrund geltend gemacht, der Maastricht-Vertrag verstoße gegen Art. 23 Abs. 1 S. 3 GG i.V.m. Art. 79 Abs. 3 GG. Der Vertrag verletze das Demokratie-, Gewaltenteilungs- und Bundesstaatsprinzip und überschreite die **Grenzen der Übertragung von Hoheitsrechten**. 29

Gem. Art. 23 Abs. 1 S. 3 i.V.m. Art. 79 Abs. 3 GG ist eine Übertragung von Hoheitsrechten auf die Europäische Gemeinschaft unzulässig, wenn es dadurch zum Verändern des Grundgefüges des GG kommt oder dadurch die wesentlichen Strukturen des GG ausgehöhlt werden.

Das **Bundesverfassungsgericht (BVerfG)** hat zu den Verfassungsbeschwerden in seinem **Maastricht-Urteil** vom 12.10.1993[65] entschieden: 30

- „Aufgrund des **Demokratiegebotes des GG** behält sich das BVerfG die Prüfung vor, ob sich Rechtsakte von EG-Organen in den Grenzen der ihnen durch das deutsche Zustimmungsgesetz zum EUV a.F. eingeräumten Hoheitsrechte halten. Bei Grenzüberschreitung sollen EG-Rechtsakte in der Bundesrepublik nicht verbindlich sein.
- Das Demokratieprinzip wird nicht verletzt, solange dem Bundestag trotz Übertragung von Hoheitsrechten auf die EG stets noch hinreichende Aufgaben und Befugnisse von substanziellem Gewicht verbleiben. Die ununterbrochene Legitimationskette vom Volk hin zu den Staatsorganen besteht noch.

62 Art. 13 Abs. 2 S. 1 der FreizügigkeitsRL 2004/38/EG.
63 Heute Art. 294 AEUV.
64 Eine entsprechende Regelung gibt es im AEUV und im EUV n.F. nicht mehr.
65 *BVerfGE* 89, 155; *Arndt/Fischer/Fetzer* S. 96–97.

- Bei einer fortschreitenden Integration ist allerdings der Ausbau der demokratischen Grundlagen der Europäischen Gemeinschaft, insbesondere mehr Kompetenzen für das Europäische Parlament, erforderlich.
- Die Übertragung von nationalen Hoheitsrechten auf die EG durch den EUV a.F. ist hinreichend bestimmt und vorhersehbar normiert, da die Gemeinschaftsorgane nur aufgrund der durch den Unionsvertrag eingeräumten Handlungsermächtigung tätig werden dürfen (enge Auslegung).
- Im Rahmen der EG kann keine strikte **Gewaltenteilung** erwartet werden.
- Der Erlass europäischer Rechtsnormen darf in der EG im größeren Umfang als in den einzelnen Mitgliedstaaten bei einem exekutiv besetzten Organ liegen, denn die einzelnen Organe nehmen verschiedene Interessen wahr".

IV. Die Reform der Europäischen Gemeinschaften durch den Vertrag von Amsterdam

31 Der Vertrag von Amsterdam vom 2.10.1997[66] trat am 1.5.1999 in Kraft. Mit Hilfe dieses Vertrages sollte mehr politische Union dadurch erreicht werden, dass Teile der dritten Säule der EU (die PJZS) in Art. 61–69 EGV überführt wurden.

1. Die weiteren Vergemeinschaftungen

32 Überführt wurden die Bereiche:

- Visa,
- Asyl,
- Einwanderung,
- Kontrolle der Außengrenzen,
- justizielle Zusammenarbeit im Zivilrecht,
- Zollzusammenarbeit und
- andere Politiken bzgl. des freien Personenverkehrs

in den EGV.

Damit waren bis zum Inkrafttreten des Lissabon-Vertrages u.a. die Entscheidungen der EG-Organe auf diesen Politikfeldern zu beachten.[67] Die intergouvernementale Zusammenarbeit in der dritten Säule beschränkte sich nach dem Vertrag von Amsterdam auf die justizielle Zusammenarbeit in Strafsachen.

33 Im Rahmen der GASP wurde im Amsterdamer Vertrag ein europäisches Polizeiamt (Europol) zur Zusammenarbeit der Polizei innerhalb der EU im Bereich des Terrorismus, des Menschenhandels, der Straftaten gegenüber Kindern, des illegalen Drogen- und Waffenhandels, des Betrugs und der Bestechung aufgenommen.

34 Das Schengen-Übereinkommen wurde in das Gemeinschaftsrecht integriert mit **Ausnahmetatbeständen** für Großbritannien und Irland. Diese Ausnahmen waren in dem Protokoll zur Einbeziehung des **Schengen-Besitzstandes** festgelegt.[68] Die EU-Organe sind seit dem Vertrag von Amsterdam für die Fortentwicklung des Schengen-Übereinkommens zuständig.

66 Abl Nr. C 340 vom 10.11.1997; Sart. II Nr. 147a.
67 *Streinz* Europarecht Rn. 52.
68 *Streinz* Europarecht Rn. 999.

2. Die Änderungen bezüglich der Institutionen

Im Vertrag von Amsterdam wurde das Mitentscheidungsverfahren gem. Art. 251 EGV[69] ausge- 35
weitet. Das Europäische Parlament war bis zum Inkrafttreten des Lissabon-Vertrages an der Gesetzgebung in allen Bereichen beteiligt, in denen der Rat mit qualifizierter Mehrheit entschied. Eine Ausnahme hiervon bestand allerdings weiterhin für die **Landwirtschaft** als dem größten Finanzposten der EG.

Nach Inkrafttreten des Vertrags von Amsterdam musste das Parlament nicht nur gem. Art. 214 Abs. 2 Unterabs. 3 EGV der Ernennung der Kommission als ganzer zustimmen, sondern gem. Art. 214 Abs. 2 S. 1 EGV auch vorab der **Ernennung des Kommissionspräsidenten**.

Im Vertrag von Amsterdam wurde dem Europäischen Parlament weiterhin das **Initiativrecht für Gesetzesvorschläge** verweigert.

Im Hinblick auf die geplanten Erweiterungen auf siebenundzwanzig Mitgliedstaaten wurde die **Anzahl der Parlamentssitze** auf siebenhundert nach der **Osterweiterung** festgelegt.

Im „Protokoll über die Organe im Hinblick auf die Erweiterung der Europäischen Union"[70] zum Amsterdamer Vertrag wurde festgelegt, dass bis zum Abschluss der Erweiterungen jedes Mitglied nur noch einen Kommissar stellen kann.

Durch die Ausweitung der Mitentscheidungsverfahren gem. Art. 251 EGV verlor der Rat an Einfluss, da das Europäische Parlament neben dem Rat zu beteiligen war.

3. Das Europa der zwei Geschwindigkeiten

Der Vertrag von Amsterdam regelte die Voraussetzungen[71] der **verstärkten Zusammenarbeit** 36
einzelner Mitgliedstaaten. Diese sollte möglich sein, um den Integrationsprozess innerhalb der wachsenden Gemeinschaft zu beschleunigen (Europa der zwei Geschwindigkeiten). Die unterschiedlich starke Bereitschaft der Mitgliedstaaten, Kompetenzen auf die Gemeinschaft zu übertragen wie z.B. bei der WWU oder dem Schengen-Übereinkommen, wurde damit institutionalisiert.

V. Die Reform der Europäischen Gemeinschaft durch den Vertrag von Nizza vom 26.2.2001

Mit dem Vertrag von Nizza sollten die durch die bevorstehende Osterweiterung der EU 37
erwarteten **institutionellen Probleme** geregelt werden. Der Vertrag von Nizza[72] war am 26.2.2001 beschlossen worden, konnte aber erst am 1.2.2003 in Kraft treten. Grund hierfür war das nur in Irland abgehaltene Referendum. Die Iren hatten in einem ersten **Referendum** den Vertrag abgelehnt. Erst ein zweites Referendum brachte die notwendige Zustimmung des irischen Volkes.

69 Heute Art. 294 AEUV.
70 Art. 4 des Protokolls, ABl. 2001 Nr. C 80/80.
71 Titel VII Art. 43–45 EUV a.F.
72 BGBl. 2001 II, 1667; ABl. 2001 Nr. C 80/1.

1. Die Änderungen bezüglich der Institutionen

38 Bis zur Reform der Institutionen hatten in Hinblick auf die beschlossene Osterweiterung die größeren Mitgliedstaaten[73] zwei Kommissare, die kleineren einen Kommissar. Beschlüsse im Rat wurden in Bezug auf nur noch dreiundsiebzig Artikel einstimmig und i.Ü. mit qualifizierter Mehrheit getroffen. Auch war die Größe der einzelnen Mitgliedstaaten bei der Sitzverteilung im Europäischen Parlament und bei der Stimmengewichtung im Rat nicht ausreichend berücksichtigt. Die Vorschriften über die Größe und die Zusammensetzung der Organe sowie die Stimmengewichtung im Rat waren im Protokoll über die **Erweiterung** der EU sowie in der Erklärung zur Erweiterung der EU enthalten.[74]

39 Das System der Beschlussfassung im Rat gem. Art. 205 EGV[75] wurde geändert und die Bereiche,[76] für die Beschlüsse mit einer qualifizierten Ratsmehrheit gefasst werden konnten, ausgeweitet.[77] Jetzt war nur noch in Bezug auf fünfunddreißig Artikel eine einstimmige Ratseinscheidung[78] erforderlich. Für die einzelnen Mitgliedstaaten wurde in Art. 205 Abs. 2 EGV festgelegt, mit wie vielen Stimmen sie im Rat vertreten wurden. Hierbei erhielten die bevölkerungsreichsten Mitgliedstaaten mehr Stimmen als bevölkerungsärmere Staaten.

40 Es blieb nach heftigen Debatten bei der im Amsterdamer Vertrag getroffenen Festlegung,[79] dass jeder Mitgliedstaat bis zum Abschluss der Erweiterungen von 2004 und 2007 von einem Kommissar vertreten werden sollte. Durch den Vertrag von Nizza wurde dem EUV a.F. und dem EGV das Protokoll über die Erweiterung der EU beigefügt. In Art. 4 Abs. 2 dieses Protokolls hieß es, dass mit dem Beitritt des siebenundzwanzigsten Mitgliedstaates die Zahl der Kommissionsmitglieder unter die Zahl der Mitgliedstaaten sinken sollte. Die Mitglieder der Kommission sollen auf der Grundlage einer gleichberechtigten Rotation ausgewählt werden. Nach der Europawahl am 7.6.2009 war die Kommission neu zusammenzusetzen. Wenn bis dahin der Lissabon-Vertrag nicht in allen Mitgliedstaaten ratifiziert worden wäre, hätte entsprechend Art. 4 Abs. 2 des Erweiterungsprotokolls nicht jedes Land einen Kommissar stellen können.[80]

41 Nach der Osterweiterung sollte das Europäische Parlament wieder[81] über siebenhundertzweiunddreißig Sitze verfügen. Bei der Neuverteilung der Sitze im Europäischen Parlament orientierte sich der Vertrag von Nizza an den Bevölkerungszahlen in den einzelnen Mitgliedstaaten. Deutschland sollte nach der Osterweiterung genau so viele Abgeordnete stellen können wie vorher.[82] In anderen Mitgliedstaaten musste die Anzahl der sie im Europäischen Parlament ertretenen Abgeordneten reduziert werden, damit das Parlament nach Beendigung der Osterweiterungen noch eine arbeitsfähige Größe hat.

73 Deutschland, Frankreich, Großbritannien, Italien und Spanien.
74 ABl. 2001 Nr. C 80/80.
75 Heute Art. 238 AEUV.
76 Z.B. blieb es in der Steuer-, Asyl- und Einwanderungspolitik bei der Einstimmigkeit der Entscheidungen.
77 *Streinz* Europarecht Rn. 54.
78 Einstimmigkeit ist bei Steuerfragen und bei Fragen zum Asyl erforderlich.
79 Art. 4 des Protokolls über die Erweiterung der Europäischen Union, ABl. 2001 Nr. C 80/80.
80 *Thiele* Europarecht S. 32.
81 Im Vertrag von Amsterdam war eine Begrenzung auf siebenhundert Sitze vereinbart worden.
82 99 Abgeordnete für Deutschland.

2. Die Charta der Grundrechte der EU[83]

Der Europäische Rat hatte 1999 beschlossen, dass eine **Charta der Grundrechte** der EU erarbeitet werden sollte. 42 In der Charta sollten erstmals alle in der EU geltenden Grundrechte zusammengefasst werden. Bislang verwies Art. 6 Abs. 2 EUV a.F.[84] auf die Grundrechte der **Europäischen Menschenrechtskommission (EMRK)** des Europarates und die gemeinsamen **Verfassungsüberlieferungen** der Mitgliedstaaten als allgemeine Grundsätze des Gemeinschaftsrechts. Die Charta wurde ursprünglich vom ersten **europäischen Konvent** unter dem Vorsitz von **Prof. Roman Herzog** erarbeitet. Sie wurde anschließend von einer Reihe von Organen, unter anderem dem Europäischen Parlament und dem Rat, gebilligt und zur Eröffnung der Regierungskonferenz von Nizza am 7.12.2000 von den Staats- und Regierungschefs feierlich proklamiert. Die Charta sollte zunächst als Bestandteil[85] der gescheiterten Verfassung in Kraft treten. Es wird jetzt auf sie in Art. 6 Abs. 1 EUV n.F. Bezug genommen. Danach erkennt die Union die Rechte, Freiheiten und Grundsätze an, die in der Charta der Grundrechte niedergelegt sind. Der Text der Charta der Grundrechte verbindet die klassischen Grundrechte der EMRK mit den Grundfreiheiten gem. den Art. 45–66 AEUV und den Zielbestimmungen wie z.B. der Vielfalt der Kulturen und den Programmsätzen des Gemeinschaftsrechts. Art. 51 der Charta der Grundrechte regelt, dass sie für die EU-Organe, Einrichtungen und sonstigen Stellen der EU und für die Mitgliedstaaten, sofern diese Unionsrecht durchführen, gilt.[86]

3. Die weiteren Vergemeinschaftungen

Nach dem **Vertrag von Nizza** wurde in Art. 29 Abs. 2 zweiter Spiegelstrich EUV a.F. eine **Europäische Stelle für die justizielle Zusammenarbeit (Eurojust)** zur engeren Zusammenarbeit 43 der Justizbehörden sowie anderer zuständiger Behörden in den Mitgliedstaaten aufgenommen. Diese **justizielle Zusammenarbeit** war in dem Art. 31 EUV a.F. geregelt und ist jetzt in den Art. 82, 83 und 85 AEUV zu finden.

VI. Die Reform der Europäischen Gemeinschaft durch die Europäische Verfassung

Der aus einhundertfünf Mitgliedern[87] bestehende Europäische Konvent nahm einen **Verfassungsentwurf** im Konsensverfahren am 13.6. und 10.7.2003 an. 44 Auf zwei Regierungskonferenzen wurde der Verfassungstext überarbeitet und schließlich am 29.10.2004 auf einer weiteren Regierungskonferenz von allen Regierungschefs der Mitgliedstaaten unterzeichnet. Die Verfassung sollte am 1.11.2006 in Kraft treten. Gem. Art. 48 Abs. 3 EUV a.F. hätten alle Mitgliedstaaten[88] den Vertrag zur Änderung der Gründungsverträge gem. ihren verfassungsrechtlichen Vorschriften ratifizieren müssen, damit der Verfassungsvertrag in Kraft treten konnte.

83 ABL C 310/41 (nicht in Kraft).
84 Heute Art. 6 EUV n.F.
85 Teil II des Verfassungsvertragsentwurfs.
86 *Streinz* Europarecht Rn. 750.
87 Neben den Mitgliedstaaten waren auch die zukünftigen Mitglieder der bevorstehenden Erweiterung von 2005 und 2007 im Konvent vertreten.
88 Die Zustimmung von fünfundzwanzig Mitgliedstaaten war also erforderlich.

45 Die französische Bevölkerung lehnte in einem **Referendum** am 29.5.2005 mit 54,8 %, die Niederländer am 1.6.2005 mit 61,54 % den Verfassungsentwurf ab. In anderen EU-Staaten waren Referenden erfolgreich (Spanien, Luxemburg) bzw. wurden abgesagt (Irland, Polen, Dänemark, Großbritannien, Tschechien, Portugal).

46 Nach Zustimmung von Bundestag und Bundesrat zum Europäischen Verfassungsvertrag wurden von dem CSU-Bundestagsabgeordneten **Dr. Peter Gauweiler** und von weiteren Personen Verfassungsbeschwerden beim BVerfG eingereicht. **Bundespräsident Köhler** lehnte die Unterzeichnung der **Ratifizierungsurkunde** bis zur BVerfG-Entscheidung ab.

VII. Die Reform der Europäischen Gemeinschaft durch den Vertrag von Lissabon[89]

47 Der Europäische Rat beschloss am 21./22.6.2007 nach dem Scheitern der Europäischen Verfassung die Gründungsverträge der Europäischen Gemeinschaften nur zu verändern und sie nicht durch eine Verfassung zu ergänzen.

Bereits am 13.12.2007 unterzeichneten die Staatschefs aller Mitgliedstaaten den Vertrag von Lissabon. Durch ihn wird der EUV[90] a.F. geändert und der EGV durch den neuen **Vertrag über die Arbeitsweise der Europäischen Union (AEUV)**[91] ersetzt. Beide Verträge sollten am 1.1.2009 in Kraft treten. Dem musste gem. Art. 48 Abs. 3 EUV a.F.[92] wie schon beim Verfassungsvertrag eine Ratifizierung in allen Mitgliedstaaten gemäß ihren verfassungsrechtlichen Vorschriften vorausgehen. Nur in Irland war hierfür die Durchführung eines Referendums notwendig. Selbst in Frankreich und den Niederlanden war ein Referendum durch eine notwendige parlamentarische Zustimmung ersetzt worden.

1. Die Zustimmung in den Mitgliedstaaten

a) Das irische Referendum

48 Am 12.6.2008 wurde in dem **irischen Referendum** mit 53 % bei einer Wahlbeteiligung von 40 % der Entwurf des Vertrages von Lissabon abgelehnt. Vor einem zweiten irischen Referendum im Herbst 2009 versuchte Irland, den übrigen Mitgliedstaaten weitreichende Zugeständnisse abzuringen. So wurde u.a. der **Entwurf des Lissabon-Vertrags** dahingehend geändert, dass weiterhin ein Kommissar pro Mitgliedstaat in der Kommission vertreten sein wird. Weitere Zugeständnisse[93] wurden auf dem **Gipfel der Regierungschefs** am 19.6.2009 beschlossen, um die Zustimmung im zweiten irischen Referendum zu erreichen. Alle Zugeständnisse wurden in den **„Erläuterungen" zum Vertragstext** untergebracht, sodass der Vertrag selbst nicht geändert werden musste. Eine Änderung des Vertragstextes hätte der erneuten Ratifizierung in allen Mitgliedstaaten bedurft. Irland forderte dennoch die Umwand-

89 ABl. 2007 Nr. C 306/1.

90 Vertrag über die Europäische Union, geändert durch den Vertrag von Lissabon am 13.12.2007, ABl. Nr. C 306/1 vom 17.12.2007.

91 Vertrag über die Arbeitsweise der Europäischen Union, zuletzt geändert am 13.12.2007, ABl. Nr. C 306/1 vom 17.12.2007.

92 Heute Art. 48 EUV n.F.

93 Der Lissabon-Vertrag soll keine Auswirkungen auf das irische Abtreibungsverbot, das irische Steuerrecht und die militärische Neutralität Irlands haben.

lung der „Erläuterungen" in ein Protokoll zum Vertrag, wodurch die Zugeständnisse rechtlicher Bestandteil des Lissabon-Vertrags geworden wären. Auch hierfür wäre die Ratifizierung in allen Mitgliedstaaten erforderlich gewesen. Irland zeigte sich dann aber damit einverstanden, dass das Protokoll an den nächsten von allen Mitgliedstaaten zu ratifizierenden **Beitrittsvertrag**[94] angehängt wird. Im zweiten irischen Referendum am 2.10.2009 hatten bei einer Wahlbeteiligung von 53,1 % der irischen Bevölkerung 67,1% mit Ja und 32,9 % mit Nein gestimmt.

b) Die deutsche Zustimmung

Nach der Zustimmung zum Lissabon-Vertrag durch Bundestag und Bundesrat wurden 49
u.a. von dem CSU-Bundestagsabgeordneten Dr. Peter Gauweiler und der Partei „Die Linke" Verfassungsbeschwerden beim BVerfG aufgrund einer behaupteten Aushöhlung des Rechte des Bundestages durch eine Übertragung von weiteren Kompetenzen auf die nicht ausreichend demokratisch legitimierte EU eingereicht. Bundespräsident Horst Köhler lehnte im Juni 2008 die Unterzeichnung der Ratifizierungsurkunde bis zur BVerfG-Entscheidung ab.

Das BVerfG hat am 30.6.2009[95] die Verfassungsbeschwerde gegen das deutsche Zustim- 50
mungsgesetz zum Lissabon-Vertrag abgewiesen. In Bezug auf das deutsche Begleitgesetz hat es allerdings festgestellt, dass das deutsche Gesetz über die Ausweitung und Stärkung der Rechte des Bundestages und des Bundesrates in Angelegenheiten der EU[96] insoweit gegen Art. 38 Abs. 1 i.V.m. Art. 23 Abs. 1 GG verstoße, als in ihm **Beteiligungsrechte des deutschen Bundestages** und des Bundesrates nicht im ausreichenden Umfang ausgestattet worden seien. Die **Ratifikationsurkunde** der Bundesrepublik Deutschland zum Lissabon-Vertrag dürfe solange nicht in Rom hinterlegt werden, wie die von Verfassungs wegen erforderliche Ausgestaltung der parlamentarischen Beteiligungsrechte nicht in Kraft getreten sei. Das BVerfG erklärte, dass künftig jedes Mal, wenn nationale Hoheitsrechte nicht aufgrund der begrenzten Einzelermächtigung, sondern aufgrund der **dynamischen Kompetenzklausel** gem. Art. 83 Abs. 1 Unterabs. 3 AEUV ohne Ratifizierungsverfahren in den Mitgliedstaaten auf die EU übertragen werden sollten, der Bundestag zuvor gefragt werden müsse. Je nach Bedeutung des Falles könne der Bundestag dann ein entsprechendes Gesetz erlassen oder den deutschen Vertretern in Brüssel Weisungen erteilen. Durch dieses Urteil unterstrich das BVerfG den supranationalen Charakter der EU. Dem Grundsatz der begrenzten Einzelermäßigung wird zentrale Bedeutung beigemessen, da die EU tatsächlich nur tätig werden könne, wenn die Mitgliedstaaten ihr auf jeweils nationaler Ebene in einem demokratisch legitimierten Verfahren entsprechende Befugnisse übertragen haben.

c) Die Unterzeichnung in Polen und Tschechien

In Polen und Tschechien hatten die Parlamente dem **Lissabon-Vertrag** bereits frühzeitig 51
zugestimmt. Die Staatspräsidenten verweigerten jedoch eine Unterzeichnung bis zu einem erfolgreichen irischem Referendum. Die Ratifizierung erfolgte in Polen am 9.10.2009 kurz nach dem irischen Referendum. Der tschechische Staatspräsident **Vaclav**

94 Dabei handelt es sich um den Beitrittsvertrag mit Kroatien.
95 *BVerfGE* 123, 267; *Arndt/Fischer/Fetzer* Europarecht, S. 88.
96 Bundestagsdrucksache 16/8489.

Klaus verlangte zunächst, dass die Garantien für Irland vor Inkrafttreten des Lissabon-Vertrages von allen Mitgliedstaaten ratifiziert werden müssten. Da die übrigen Mitglieder des Europäischen Rates nicht bereit waren, auf diese Forderung einzugehen, verlangte er – ebenfalls erfolglos – eine Klarstellung, dass durch den Lissabon-Vertrag keine Entschädigungsansprüche vertriebener **Sudetendeutscher** und Ungarn gegen die tschechische Republik begründet würden. Schließlich unterzeichnete er am 3.11.2009 den Lissabon-Vertrag, der nach Ratifizierung in allen Mitgliedstaaten zum 1.12.2009 in Kraft treten konnte.

2. Die Neuerungen im Vertragstext von Lissabon[97]

52 **Hinweis**

Die in den folgenden Teilen gewählte Darstellung basiert auf den Änderungen des am 1.12.2009 in Kraft getretenen Lissabon-Vertrages. Es wird daher hier von einer Zusammenfassung der Änderungen abgesehen.

3. Maßnahmen zur Koordinierung und Überwachung der Haushaltsdisziplin in den EURO-Staaten[98]

53 Aufgrund der drohenden Zahlungsunfähigkeit von Griechenland Ende 2009, Anfang 2010 war die Stabilität des Euros in Gefahr. Im Mai 2010 wurde gem. Art. 122 AEUV ein 750 Mrd. € umfassender Finanzstabilisierungsmechanismus von den Ratsmitgliedern beschlossen,[99]die den EURO als Zahlungsmittel eingeführt haben. Sofern ein Mitgliedstaat der EURO-Zone nicht mehr in der Lage sein sollte, zu vertretbaren Konditionen am Finanzmarkt Kredite zu erhalten, soll dieser einen Kredit nach den Bedingungen des Finanzstabilisierungsmechanismus beantragen können[100]. Der Finanzstabilisierungsmechanismus wird auch EURO-Rettungsschirm genannt. Der Rettungsschirm setzt sich aus von der Kommission gewährten Krediten der EU, einer Kreditlinie des Internationalen Währungsfonds und Krediten der Mitgliedstaaten zusammen. Die EURO-Staaten haben am 7.6.2010 die sog. European Financial Stability Facility[101] (EFSF) in der Form einer Luxemburgischen AG gegründet. Gesellschafter wurden alle EURO-Staaten. Die EFSF sollte als Provisorium bis zum 30.6.2013 in Kraft bleiben. Jeglicher Hilfe musste ein einstimmiger Beschluss des Direktoriums, also aller Mitgliedstaaten der Euro-Staaten, vorausgehen. Die Kreditbedingungen, zu denen die EFSF die Kredite an die betroffenen Mitgliedstaaten weitergab, wurden von der Europäischen Kommission ausgearbeitet.

97 *Streinz* Europarecht Rn. 62ff.

98 *Streinz* Europarecht Rn. 1094 ff.

99 VO 407/2010 des Rates vom 11.5.2010 zur Einführung eines europäischen Finanzstabilisierungsmechanismus, ABl 2010 L 118/1.

100 In Deutschland wurde der Europäische Finanzstabilisierungsmechanismus durch das Gesetz zur Übernahme von Gewährleistungen im Rahmen eines europäischen Stabilisierungsmechanismus vom 22.5.2010 umgesetzt. Danach können bis zu 123 Mrd. € vom Bundesfinanzministerium für den Rettungsschirm zur Verfügung gestellt werden.

101 Die EFSF ist eine Zweckgesellschaft nach luxemburgischen Recht.

Gegen das Stabilisierungsmechanismusgesetz, durch das die Beteiligung an der EFSF in Deutschland beschlossen worden war, wurden in Deutschland mehrere Klagen vor dem BVerfG erhoben. Das BVerfG hat die Verfassungsbeschwerden u.a. von dem CSU-Politiker Peter Gauweiler gegen die Umsetzung des Europäischen Rettungsschirms durch das Gesetz zur Übernahme von Gewährleistungen im Rahmen eines europäischen Stabilisierungsmechanismus am 7.9.2011 zurückgewiesen[102]. Das BVerfG begründete dies damit, dass es die Einschätzung des Gesetzgebers bezüglich der Tragfähigkeit des Bundeshaushalts und des wirtschaftlichen Leistungsvermögens der Bundesrepublik Deutschlands zu respektieren habe. Die Haushaltsautonomie des Deutschen Bundestages liefe nicht völlig leer. Künftige Rettungspakete bedürften jedoch der Zustimmung des Haushaltsausschuss des Deutschen Bundestags. 54

Der EFSF folgte ab dem 1.7.2013 der Europäische Stabilitätsmechanismus (ESM)[103]. Der ESM ist auf Dauer angelegt. Er soll primärrechtlich in einem neuen Absatz 3 des Art. 136 AEUV verankert werden[104].

Art. 122 (2) AEUV sieht die Möglichkeit von finanziellen Hilfen der Union für einzelne Mitgliedstaaten nur vor, wenn diese aufgrund von Naturkatastrophen oder außergewöhnlichen Ereignissen, die sich ihrer Kontrolle entziehen, von Schwierigkeiten betroffen oder von gravierenden Schwierigkeiten ernstlich bedroht sind.

Gem. Art. 123 AEUV ist es der EZB und nationalen Zentralbanken der Mitgliedstaaten verboten, den Mitgliedstaaten Kreditfazilitäten zu gewähren oder gar direkt Schuldtitel von diesen zu erwerben. Eine weit verbreitete Ansicht legt diese Regelung dahingehend aus, dass der Erwerb von Schuldtiteln über den Ankauf am Markt zulässig sei.

Gem. Art. 125 (1) AEUV[105] haften weder die EU noch die Mitgliedstaaten für die Verbindlichkeiten eines Mitgliedstaates. Teilweise wird zur Rechtfertigung des EFSF sowie des ESM dazu argumentiert, dass Art. 125 (1) AEUV die freiwillige Übernahme von Verbindlichkeiten nicht ausschließen wolle. Außerdem werde die Unterstützung nicht unmittelbar, sondern über die EFSF bzw. später die ESM geleistet[106].

102 *BVerfG* Urteil vom 7.9.2011.

103 Gründung am 27.9.2012 nach Ratifizierung des Vertrags zur Einrichtung des Europäischen Stabilitätsmechanismus zwischen dem Königreich Belgien, der Bundesrepublik Deutschland, der Republik Estland, Irland, der Hellenischen Republik, dem Königreich Spanien, der Französischen Republik, der Italienischen Republik, der Republik Zypern, dem Großherzogtum Luxemburg, Malta, dem Königreich der Niederlande, der Republik Österreich, der Portugiesischen Republik, der Republik Slowenien, der Slowakischen Republik und der Republik Finnland.

104 Beschluss *des Europäischen Rates* vom 22.3.2011 (2011/199/EU). Folgender (3) soll Art. 136 AEUV ergänzen: „Die Mitgliedstaaten, deren Währung der Euro ist, können einen Stabilitätsmechanismus einrichten, der aktiviert wird, wenn dies unabdingbar ist, um die Stabilität des Euro-Währungsgebiets insgesamt zu wahren. Die Gewährung aller erforderlichen Finanzhilfen im Rahmen des Mechanismus wird strengen Auflagen unterliegen."

105 Sog. „no bailout-Klausel".

106 *Streinz* Europarecht Rn. 1097 f.

C. Die Erweiterungen der Europäischen Gemeinschaft

55	1951	Gründung der EGKS Gründung durch Frankreich, Italien, Deutschland, Niederlande, Belgien und Luxemburg
	1957	Gründung der EWG und Euratom Gründung durch Frankreich, Italien, Deutschland, Niederlande, Belgien und Luxemburg
	1973	Erweiterung der Europäischen Gemeinschaften um Dänemark, Großbritannien und Irland (9 Mitgliedstaaten)
	1981	Erweiterung der Europäischen Gemeinschaften um Griechenland (10 Mitgliedstaaten)
	1985	Schengener Übereinkommen unterzeichnet zunächst von Deutschland, Frankreich, Belgien, Luxemburg und den Niederlanden
	1986	Erweiterung der Gemeinschaft um Spanien und Portugal (12 Mitgliedstaaten)
	1995	Erweiterung der Gemeinschaft um Finnland, Österreich und Schweden (15 Mitgliedstaaten)
	2004	Erweiterung der Gemeinschaft um Polen, Tschechien, Litauen, Lettland, Estland, Slowenien, Slowakei, Ungarn, Malta, griech. Zypern (25 Mitgliedstaaten)
	2007	Erweiterung der Gemeinschaft um Bulgarien und Rumänien (27 Mitgliedstaaten)
	2013	Erweiterung der Gemeinschaft um Kroatien (28 Mitgliedstaaten)

2. Teil
Die Rechtsnatur der Europäischen Union

Bislang wurden die Rechtsnatur der Europäischen Union und diejenige der Europäischen 56
Gemeinschaft unterschieden. Gem. Art. 1 Abs. 3 S. 3 EUV n.F. tritt jetzt die Union an die Stelle der Europäischen Gemeinschaft, deren Rechtsnachfolger sie ist. Die am 1.12.2009 in Kraft getretenen EUV n.F. und der AEUV sprechen nicht mehr von der (den) Europäischen Gemeinschaft(en), sondern nur noch von der „Union" bzw. der „Europäischen Union".

Hinweis

Zum besseren Verständnis der durch den Lissabon-Vertrag geänderten Architektur der Europäischen Union und der vor dem Inkrafttreten des Lissabon-Vertrages getroffenen Entscheidungen des EuGH wollen wir uns im Folgenden zunächst mit der bisherigen Unterscheidung der Europäischen Gemeinschaft und der Europäischen Union beschäftigen.

A. Die Rechtsnatur der Europäischen Gemeinschaft und der Europäischen Union bis zum Inkrafttreten des Lissabon-Vertrages

Hinweis 57

In der folgenden Darstellung wird Bezug genommen auf den EGV, der durch den AEUV seit dem 1.12.2009 ersetzt wurde.

Die Europäische Gemeinschaft war zwischen Staaten im herkömmlichen Sinne und internationalen Organisationen einzuordnen. Es fehlte ihr an einem eigenen europäischen Staatsvolk und der Kompetenz, für sich selbst Kompetenzen zu begründen. Sie war ein eigenständiges, keiner Rechtsordnung zuzuordnendes Gebilde, eine **Staatenverbindung eigener Art**.[1] Gem. Art. 281 EGV besaß die Europäische Gemeinschaft Rechtspersönlichkeit. Die Mitgliedstaaten hatten ihr **Völkerrechtsfähigkeit** in den Bereichen verliehen, in denen eine Zuständigkeitsübertragung durch die Mitgliedstaaten erfolgt war. Die Europäische Gemeinschaft konnte als **völkerrechtsfähige** Organisation gem. Art. 300 EGV Verträge mit **Drittstaaten** und anderen internationalen Organisationen abschließen oder selbst **internationalen Organisationen** beitreten. Gem. Art. 282 S. 1 EGV war die Europäische Gemeinschaft **privatrechtsfähig** wie juristische Personen in den jeweiligen Mitgliedstaaten. Die Vertretung erfolgte gem. Art. 282 S. 2 EGV durch die Kommission.

Die EG war eine supranationale Gemeinschaft. Die Mitgliedstaaten der EG haben ursprünglich in ihre Hoheitsgewalt fallende Zuständigkeiten auf diese Europäische Gemeinschaft zu deren selbständiger Wahrnehmung übertragen.

1 *Arndt/Fischer/Fetzer* Europarecht S. 9.

Hinweis

Supranationale Gemeinschaften können verbindliche Beschlüsse fassen, die die Mitgliedstaaten auch gegen deren Willen zu einem bestimmten Verhalten verpflichten können. Hierfür können Beschlussorgane gebildet werden, in denen gar keine, nur ein Teil oder auch alle Mitglieder vertreten sind. Entscheidungen in diesen Organen können auch nach dem Mehrheitsprinzip getroffen werden. Die getroffenen Entscheidungen haben **Vorrang vor dem nationalen Recht** der Mitgliedstaaten. Ein großer Teil des Gemeinschaftsrechts gilt unmittelbar ohne Dazwischentreten eines nationalen Bestätigungsaktes.[2]

58 Der EUV a.F. enthielt selbst keine Bestimmung zur Rechtsnatur der EU. Die EU war selbst nicht handlungsfähig, sondern bediente sich gem. Art. 5 EUV a.F. der Organe der weiterhin existierenden Europäischen Gemeinschaft. Nur der Europäische Rat war in Art. 4 und 13 EUV a.F. unmittelbar selbst geregelt. Die EU wurde daher auch als bloße **politische Zielvorgabe** charakterisiert und nicht als Völkerrechtssubjekt.[3]

» Wiederholen Sie in Rn. 13–18 die Ausführungen zum Maastricht-Vertrag. «

59 Der EUV a.F. begründete einen Staatenverbund zur Verwirklichung einer immer engeren Union der staatlich organisierten Völker Europas, keinen sich auf ein europäisches Staatsvolk stützenden Staat. Das **Wesen der EU** bestand bis zum Inkrafttreten des Lissabon-Vertrages in der **Verklammerung der zwei Europäischen Gemeinschaften** in der ersten Säule mit der GASP in der zweiten Säule und der PJZS in der dritten Säule. Die EU ruhte demnach auf drei Säulen.[3] Diese Verklammerung war insbesondere durch das in Art. 3 Abs. 2 EUV a.F. verankerte **Kohärenzgebot** geprägt.

B. Die Rechtsnatur der Europäischen Union nach dem Inkrafttreten des Lissabon-Vertrages

60 Gem. Art. 47 des EUV n.F. besitzt die „einheitliche" EU ausdrücklich Rechtspersönlichkeit. Aufgrund des Wegfalls der Säulenstruktur nach Ratifizierung des Lissabon-Vertrages besteht konsequenterweise auch keine Verklammerung mehr, sondern die EU ist gem. Art. 1 Abs. 3 S. 3 des EUV n.F. als Rechtsnachfolgerin der EG an deren Stelle getreten. Die „einheitliche" EU hat überwiegend supranationalen Charakter. Für die GASP und den bisherigen Bereich der PJZS bestehen jedoch weiterhin besondere Regelungen, sodass die intergouvernementale Zusammenarbeit der Mitgliedstaaten nicht vollständig beendet wird.[4]

I. Der Beitritt zur Union

61 In Art. 49 EUV n.F. wird der Beitritt zur Union für jeden europäischen Staat geregelt, der die in Art 2 EUV n.F. genannten Werte achtet und sich für ihre Förderung einsetzt.

Art. 2 EUV n.F.

Die Werte, auf die sich die Union gründet, sind die Achtung der Menschenwürde, Freiheit, Demokratie, Gleichheit, Rechtsstaatlichkeit und die Wahrung der Menschenrechte einschließlich der Rechte der Per-

2 *Streinz* Europarecht Rn. 129–132.
3 *Arndt/Fischer/Fetzer* Europarecht S. 9.
4 *Hellmann* Der Vertrag von Lissabon S. 2 f.

sonen, die Minderheiten angehören. Diese Werte sind allen Mitgliedstaaten in einer Gesellschaft gemeinsam, die sich durch Pluralismus, Nichtdiskriminierung, Toleranz, Gerechtigkeit, Solidarität und die Gleichheit von Frauen und Männern auszeichnet.

Die Grundwerte der Union werden des Weiteren gem. Art. 6 Abs. 1 EUV n.F. konkretisiert. Danach erkennt die Union die Rechte, Freiheiten und Grundsätze an, die in der Charta der Grundrechte der Europäischen Union vom 7.12.2000 in der am 12.12.2007 in Straßburg angepassten Fassung niedergelegt sind.

Ausdrücklich wird in Art. 49 Abs. 1 S. 4 EUV n.F. auf die notwendige Berücksichtigung der Kopenhagener Kriterien hingewiesen. Abweichend von der bisher bestehenden Regelung des Art. 49 Abs. 1 S. 2 EUV a.F. muss das Europäische Parlament nicht mehr mit absoluter Mehrheit, sondern mit der Mehrheit seiner Mitglieder gem. Art. 49 Abs. 1 S. 3 EUV n.F. dem Beitritt eines weiteren Mitgliedstaates zustimmen. Wie vor Inkrafttreten des Lissabon-Vertrages ist ein **Assoziierungsabkommen** gem. Art. 49 Abs. 2 EUV n.F. abzuschließen. In dem Assoziierungsabkommen sind die Aufnahmebedingungen und die durch die Aufnahme erforderlich werdenden Anpassungen der Verträge, auf denen die Union beruht, zu regeln. Es bedarf der Ratifizierung durch alle Vertragsstaaten gem. ihren jeweiligen verfassungsrechtlichen Vorschriften. Die Türkei und Mazedonien sind zur Zeit die aktuellen Beitrittskandidaten.

Der Antrag ist gem. Art. 49 Abs. 1 S. 3 EUV n.F. an den Rat zu richten, der über den Antrag einstimmig nach Anhörung der Kommission und nach Zustimmung der Mehrheit der Mitglieder des Europäischen Parlamentes beschließt.

In Vorbereitung auf die Osterweiterung hat der Europäische Rat am 22.6.1993 die **Kriterien**[5] 62
für den Beitritt konkretisiert, die ein am Beitritt interessierter Staat vor dem tatsächlichen Beitritt erfüllen muss.

Art. 2 der Akte über die Bedingungen des Beitritts zur EU[6]

Ab dem Tag des Beitritts sind die ursprünglichen Verträge und die vor dem Beitritt erlassenen Rechtsakte der Organe und der Europäischen Zentralbank für die neuen Mitgliedstaaten verbindlich und gelten in diesen Staaten nach Maßgabe der genannten Verträge und dieser Akte.

Hinweis

In Kopenhagen wurden die Beitrittskriterien beschlossen, weshalb sie als **Kopenhagener Kriterien** bezeichnet werden.

a) Die politischen Kriterien

Bestandteile der politischen Beitrittskriterien sind: 63

- Die demokratische und rechtsstaatliche Ordnung
- Die Wahrung der Menschenrechte
- Die Achtung und der Schutz von Minderheiten
- Die Zulassung politischer Parteien
- Die Struktur in der Judikative
- Die institutionelle Stabilität und
- Maßnahmen zur Korruptionsbekämpfung.

5 Akte über die Bedingungen des Beitritts zur Europäischen Union, ABl. vom 23.9.2003, 33 ff.
6 ABl. vom 23.9.2003, 33.

Der Europäische Rat legte auf seiner Sitzung in Luxemburg vom 12./13.12.1997 fest, dass die Einhaltung der politischen Kriterien zukünftig Voraussetzung bereits für die Aufnahme von Beitrittsverhandlungen sein sollte.

b) Die wirtschaftlichen Kriterien

64 Die erfolgreichen Beitrittskandidaten müssen eine funktionierende Marktwirtschaft und offene Märkte gegenüber dem Ausland nachweisen. Des Weiteren ist ein Nachweis notwendig, dass ihre Volkswirtschaften dem Wettbewerbsdruck innerhalb des EU-Binnenmarktes standhalten können.

c) Das Acquis-Kriterium

65 Die erfolgreichen Beitrittskandidaten müssen den gemeinschaftlichen Besitzstand übernommen haben. Zum **gemeinschaftlichen Besitzstand** gehören:[7]

- Alle Gemeinschaftsverträge in aktueller Fassung,
- alle Verordnungen,
- alle Richtlinien,
- alle Entscheidungen der Gemeinschaftsorgane,
- alle Entschließungen und Erklärungen der Gemeinschaftsorgane,
- alle Rechtsakte zur GASP und zur PJZS,
- alle EuGH-Entscheidungen und
- alle Verträge der Gemeinschaft mit anderen Staaten und Staatenbünden.

Eine erste schriftliche 31-bändige Gesamtausgabe des gemeinschaftlichen Besitzstandes mit ca. 85 000 Seiten wurde im Rahmen des EU-Projektes „The Image of Europe" unter Leitung des Niederländers Rem Koolhaas zu Ausstellungszwecken angefertigt.

II. Der Austritt nach dem Vertrag von Lissabon

66 Der **Austritt** war in den Gemeinschaftsverträgen bis zum Inkrafttreten des Lissabon-Vertrages nicht geregelt. Es hieß vielmehr in Art. 51 EUV a.F., dass der Vertrag auf unbegrenzte Zeit gelten sollte. Der EGKSV war hingegen gem. seinem Art. 97 nur für die Dauer von fünfzig Jahren abgeschlossen worden. Daraus wurde von Einigen abgeleitet, dass ein Austritt aus der EG nicht möglich sein sollte, da eine begrenze Laufzeit nicht vereinbart worden sei. Da die Mitgliedstaaten **Herren der Verträge** seien, wurde von anderen Stimmen dennoch vertreten, dass ein Austritt im gegenseitigen Einvernehmen der Mitglieder möglich sein müsste.[8] Mit der Austrittsmöglichkeit wollte man auch dem Fall eines faktischen Austritts einzelner Mitgliedstaaten begegnen, die sich nicht mehr an der Umsetzung des Gemeinschaftsrechts beteiligten bzw. ihren Zahlungsverpflichtungen nicht mehr entsprachen.

67 Die Austrittsmöglichkeit ist jetzt in Art. 50 EUV n.F. ausdrücklich geregelt. Es wird auf die Austrittsmöglichkeiten entsprechend dem nationalen Verfassungsrecht verwiesen. Ein freiwilliger Austritt soll durch entsprechende Mitteilung des austrittswilligen Mitgliedstaates gegenüber dem Europäischen Rat und dem anschließenden Abschluss eines Austrittsabkommens mit

---

7 *Streinz* Europarecht Rn. 100.
8 *Streinz* Europarecht Rn. 105 f.

der Union gem. Art. 50 Abs. 2 des EUV n.F. möglich sein. In diesem Abkommen sollen die Einzelheiten des Austritts und die künftigen Beziehungen dieses Staates zur Union festgelegt werden.

III. Die Änderung des Hoheitsgebiets eines Mitgliedstaates

Grönland ist seit 1979 in inneren Angelegenheiten autonom von Dänemark und seit dem 21.6.2009 selbständig.[9] Die Bevölkerungsmehrheit von Grönland hatte am 1.2.1985 für einen EG-Austritt gestimmt. Dies wurde aber mehrheitlich in den übrigen Mitgliedstaaten nicht als Austritt aus der Gemeinschaft aufgefasst, sondern als Reduzierung des territorialen Geltungsbereichs der Gemeinschaftsverträge. **68**

Durch die **Wiedervereinigung** der beiden deutschen Staaten am 3.10.1990 wurde das Gemeinschaftsgebiet insgesamt erweitert. Das Hoheitsgebiet der Bundesrepublik Deutschland vergrößerte sich um das Gebiet der DDR. Die völkerrechtliche Identität eines Staates wird durch Änderungen seines Staatsgebietes jedoch nicht berührt. Gem. Art. 299 Abs. 1 EGV galten die Gemeinschaftsverträge daher im wiedervereinigten Deutschland, ohne dass Beitrittsverhandlungen mit der **DDR** vorausgehen mussten. **69**

9 Dänemark ist seit 1973 in der EG.

3. Teil
Der Anwendungs- oder Geltungsvorrang des Unionsrechts

70 Die Vorrangstellung des unmittelbar anwendbaren Unionsrechts im nationalen Recht ist im Grundsatz mittlerweile anerkannt. Weder das Unionsrecht noch das deutsche Recht enthalten jedoch eine Norm, die das Verhältnis der beiden Rechtsordnungen zueinander im Kollisionsfall ausdrücklich regelt.

PRÜFUNGSSCHEMA

Voraussetzungen des Anwendungsvorrangs[1]

I. Unmittelbare Anwendbarkeit der den Vorrang beanspruchenden Unionsrechtsnorm

II. Wirksamkeit der Unionsrechtsnorm

III. Tatsächlicher inhaltlicher Widerspruch der nationalen Norm zur Unionsrechtsnorm

P Verhältnis zum nationalen Verfassungsrecht Rn. 77–79

IV. Keine Ausnahmetatbestände für den nationalen Gesetzgeber für das Abweichen von der unmittelbaren Anwendbarkeit

V. Keine Möglichkeit für eine unionsrechtskonforme Auslegung des nationalen Rechts.

1 *Karpenstein* Praxis des EG-Rechts Rn. 92–95.

A. Die unmittelbare Anwendbarkeit des Unionsrechts

Voraussetzungen der unmittelbaren Anwendbarkeit[2] 71

PRÜFUNGSSCHEMA

I. **Hinreichende Bestimmtheit der Norm** *und*

II. **inhaltliche Unbedingtheit der Norm** *und*

III. **kein nationaler Ermessensspielraum für die Anwendbarkeit der Unionsrechtsnorm** *und*

IV. **Auferlegung von Handlungs- und Unterlassungspflichten für die Mitgliedstaaten** *und*

V. **subjektiv unmittelbare Wirkung der Norm** *oder*

VI. **objektiv unmittelbare Wirkung der Norm.**

Einen **Anwendungsvorrang** vor dem nationalen Recht der Mitgliedstaaten genießen die Normen des Unionsrechts, die unmittelbar anwendbar sind. Die Frage, ob eine Unionsrechtsnorm unmittelbar anwendbar ist, ist aber nur dann relevant, wenn diese für denselben Sachverhalt eine Rechtsfolge vorsieht, die der des nationalen Rechts widerspricht. In Art. 288 Abs. 2 AEUV n.F. ist nur die Verordnung ausdrücklich als unmittelbar anwendbar bezeichnet.

Hinweis

Begrifflich bedeuten **unmittelbare Wirkung** bzw. **„Direktwirkung"** dasselbe wie die **„unmittelbare Anwendbarkeit"**.

Der EuGH hat in seiner Rechtsprechung im Laufe der Zeit die Voraussetzungen der unmittelbaren Anwendbarkeit herausgearbeitet. Unmittelbar anwendbar können danach auch Bestimmungen des Unionsrechts sein, die den Einzelnen zwar nicht begünstigen, aber hinreichend bestimmt und inhaltlich unbedingt formelle Anforderungen des Unionsrechts aufstellen (objektiv unmittelbare Wirkung).

Beispiel zur objektiv unmittelbaren Wirkung Die aus Art. 2, 3 und 8 der UVP-Richtlinie[3] folgende Verpflichtung zur Durchführung einer Umweltverträglichkeitsprüfung haben die deutschen Genehmigungsbehörden unabhängig davon zu beachten, ob sich die von den jeweiligen Projekten Betroffenen auf diese Richtlinie berufen können oder nicht.[4]

Eine unmittelbar anwendbare Norm vermittelt dem Einzelnen gegenüber einem Mitgliedstaat ein eigenes, subjektives Recht und wirkt wie ein innerstaatliches Gesetz. Unmittelbar anwendbares Unionsrecht geht dem nationalen Recht der Mitgliedstaaten vor,[5] wenn die übrigen Voraussetzungen des Anwendungsvorrangs erfüllt sind. 72

2 *EuGH* Rs. 26/62, van Gend&Loos, Slg 1963, 1/24 ff.; *Arndt/Fischer/Fetzer* Europarecht S. 93–94.
3 Richtlinie zur Umweltverträglichkeitsprüfung.
4 *EuGH* Rs. C-431/92, Wärmekraftwerk Großkrotzenburg, Slg. 1995, I-218.
5 *Thiele* Europarecht S. 103 f.; *Streinz* Europarecht Rn. 448.

73 Die Europäische Union kann autonom von der Willensbildung in den Mitgliedstaaten in bestimmten von diesen Mitgliedstaaten übertragenen Bereichen für diese unmittelbar verbindliche Rechtsregeln erlassen. Allerdings hat die EU keine eigene Kompetenz zur Begründung neuer, noch nicht von den Mitgliedstaaten auf sie übertragenen Kompetenzen.[6] Aus Art. 5 Abs. 1 und 2 EUV n.F. wird das **Prinzip der begrenzten Einzelermächtigung** abgeleitet. Hier wird deutlich, dass die Rechtsetzungsorgane der Union einer ausdrücklichen **Kompetenzzuweisung** in den Gründungsverträgen bedürfen. Es sei aber besonders auf Art. 352 AEUV verwiesen, der für unvorhergesehene Fälle der Europäischen Union eine **Kompetenzergänzung** einräumt.[7] Abweichend von der außer Kraft getretenen Regelung in Art. 308 EGV soll die Union jedoch gem. Art. 352 AEUV lediglich im Rahmen der in den „Verträgen"[8] festgelegten Politikbereiche und zur Verwirklichung eines der Ziele der Verträge tätig werden dürfen. In Art. 83 Abs. 1 Unterabs. 3 des AEUV wird dem Rat die Kompetenz eingeräumt, je nach Entwicklung der Kriminalität einen Beschluss zu erlassen, in dem andere als die in Art. 83 Abs. 1 Unterabs. 2 des AEUV bestimmten Kriminalitätsbereiche von ihm bestimmt werden können. Diese anderen Kriminalitätsbereiche müssen die Kriterien des Art. 83 Abs. 1 AEUV erfüllen.

JURIQ-Klausurtipp

Nur wenn wirklich keine andere Kompetenzgrundlage erkennbar ist, sollten Sie als ultima ratio die Kompetenzergänzung gem. Art. 352 AEUV prüfen.

B. Der Anwendungsvorrang

74 Das unmittelbar anwendbare Unionsrecht genießt nach der Rechtsprechung des EuGH und der des BVerfG Anwendungsvorrang vor jeglichem nationalen Recht, also auch vor dem nationalen Verfassungsrecht.[9] Alle Behörden einschließlich Gebietskörperschaften und sämtliche nationalen Gerichte müssen den Anwendungsvorrang beachten. Sie sind nicht befugt, Akte der Unionsorgane auf ihre Vereinbarkeit mit den Grundrechten der nationalen Verfassungen zu überprüfen. Denn folgt die nationale Normsetzung dem zwingenden Unionsrecht, dann kann deren Überprüfung nur nach den unionsrechtlich gewährleisteten Grundrechten erfolgen. Die Mitgliedstaaten sind verpflichtet, unionsrechtswidrige mitgliedstaatliche Regelungen zu unterlassen. Der Anwendungsvorrang greift auch gegenüber bestandskräftigen Verwaltungsakten der Mitgliedstaaten durch, da dem Einzelnen sonst nach Auffassung des EuGH der durch das unmittelbar anwendbare Unionsrecht vermittelte Rechtsschutz vorenthalten würde.[10] Die Mitgliedstaaten haben durch die Gründungsverträge gem. Art. 4 Abs. 3 EUV n.F. die gegenseitige Verpflichtung übernommen, alle Maßnahmen zu unterlassen, die der Verwirklichung der Unionsziele entgegenstehen könnten. Die Funktionsfähigkeit der Union setzt die Einheitlichkeit der Rechtsanwendung voraus.

6 Kompetenz-Kompetenz.
7 *Streinz* Europarecht Rn. 135.
8 EUV n.F. und AEUV.
9 *Thiele* Europarecht S. 123; *Karpenstein* Praxis des EG-Rechts Rn. 87.
10 *EuGH* EuZW 1999, 405 (Ciola).

Soweit ein Widerspruch zwischen dem nationalen Recht und dem Unionsrecht nicht 75
besteht, ist das nationale Recht von den nationalen Behörden und den Gerichten des jeweiligen Mitgliedstaates zu beachten.[11]

Hinweis

Bei einem **Anwendungsvorrang** des Unionsrechts wird das nationale Recht nur soweit und nur solange von dem unmittelbar anwendbaren Unionsrecht verdrängt, wie es im konkreten Fall inhaltlich dem Unionsrecht widerspricht und eine unionsrechtskonforme Auslegung des nationalen Rechts nicht möglich ist.

Der Anwendungsvorrang ist ausgeschlossen, wenn bei inhaltlichen Widersprüchen z.B. gem. Art. 114 Abs. 4 AEUV ausnahmsweise ein **nationaler Alleingang** in einzelnen Mitgliedstaaten zugelassen wurde.

I. Die Begründung des BVerfG zum Anwendungsvorrang des unmittelbar anwendbaren Unionsrechts

Das BVerfG[12] leitete den Anwendungsvorrang aus den innerstaatlichen Zustimmungsgeset- 76
zen ab. Art. 23 Abs. 1 S. 2 GG enthalte einen entsprechenden **Rechtsanwendungsbefehl**, aus dem sich kraft nationalem **Verfassungsrechts** ein Anwendungsvorrang des **unmittelbar anwendbaren** Unionsrechts vor dem bundesdeutschen Recht ergebe.

Nicht klar war lange Zeit, ob es nach Auffassung des BVerfG auch einen Anwendungsvorrang 77
vor dem nationalen Verfassungsrecht des GG geben sollte. Seit 1986 erkennt das BVerfG jedoch an, dass der **Grundrechtsschutz** auf Unionsebene durch die EuGH-Rechtsprechung mit dem des GG vergleichbar ist.[12] In dem Urteil zum Vertrag von Maastricht[13] hat das BVerfG festgestellt, dass es seine Gerichtsbarkeit über die Anwendbarkeit von Unionsrecht in Deutschland in einem Kooperationsverhältnis zum EuGH ausübt. Das BVerfG könne sich auf eine Prüfung der generellen Gewährleistung der unabdingbaren Grundrechtsstandards beschränken, da der EuGH für das gesamte Gebiet der Europäischen Union den Grundrechtsschutz garantiere.

II. Die Begründung des EuGH zum Anwendungsvorrang des unmittelbar anwendbaren Unionsrechts

Der EuGH leitete[14] den Vorrang des Unionsrechts aus der notwendigen Sicherstellung der 78
Funktionsfähigkeit des Unionsrechts ab. Die Mitgliedstaaten hätten durch die Gründung bzw. den späteren Beitritt zur EG ihre Souveränitätsrechte freiwillig beschränkt, damit die EG selbst für die Mitgliedstaaten verbindlich handeln könne. Soweit die Mitgliedstaaten ihre Kompetenzen auf die EG übertragen hätten, sei die EG als supranationale Organisation zuständig.

---

11 *Thiele* Europarecht S. 123 f.

12 *BVerfGE* 73, 339 (Solange-II-Beschluss).

13 *BVerfGE* 89, 155 (Maastricht-Entscheidung).

14 *EuGH* Slg 1964, 1251 (1270) COSTA-E.N.E.L.

79 Aufgrund der freiwilligen Beschränkung der Souveränitätsrechte besteht nach Auffassung des EuGH zwangsläufig auch ein Vorrang des Unionsrechts vor dem nationalen Verfassungsrecht der Mitgliedstaaten.

Aus der Simmenthal-II-Entscheidung[15]

... dass jeder im Rahmen seiner Zuständigkeit angerufene staatliche Richter verpflichtet ist, das Gemeinschaftsrecht uneingeschränkt anzuwenden und die Rechte, die es dem Einzelnen verleiht, zu schützen, indem er jede möglicherweise entgegenstehende Bestimmung des nationalen Rechts, gleichgültig, ob sie früher oder später als die Gemeinschaftsnorm ergangen ist, unangewendet lässt...

Der EuGH erteilte in der zuvor zitierten Entscheidung jedem nationalen Richter die Befugnis, selbständig die Vereinbarkeit des nationalen Rechts mit dem unmittelbar anwendbaren Unionsrecht zu überprüfen und bei widersprüchlichem nationalen Recht dieses nicht anzuwenden.

C. Der Geltungsvorrang

80 Soweit ein Widerspruch zwischen dem nationalen Recht und dem unmittelbar anwendbaren Unionsrecht besteht, ist bei der Annahme eines Geltungsvorrangs das nationale Recht nichtig. Wird beim Anwendungsvorrang nur die Anwendbarkeit einer nationalen Norm bei einem konkreten Widerspruch mit einer unmittelbar anwendbaren Unionsrechtsnorm ausgeschlossen, kann diese nationale Norm aber bei einem rein innerstaatlichen Sachverhalt durchaus zur Anwendung kommen. Wäre die nationale Norm aber nichtig aufgrund des Widerspruchs zur unmittelbar anwendbaren Unionsrechtsnorm, wäre sie überhaupt nicht mehr anwendbar.[16] Der Geltungsvorrang wird weder vom EuGH noch vom BVerfG und auch nicht von großen Teilen des Schrifttums vertreten.

15 *EuGH* Slg.1978, 629 (Simmenthal-II).

16 *Arndt/Fischer/Fetzer* Europarecht S. 93.

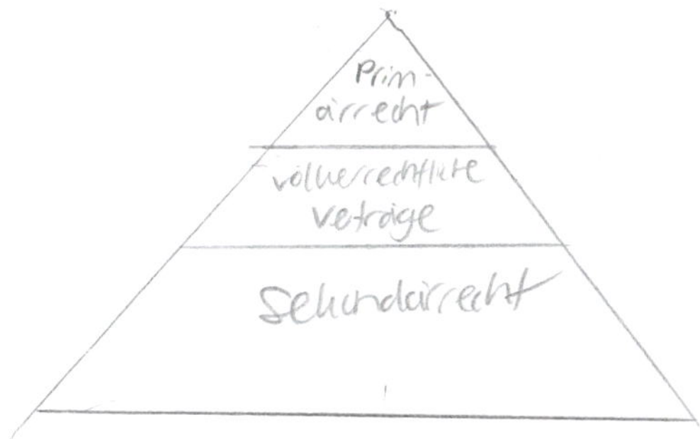

4. Teil
Quellen des Unionsrechts

Hinweis 81

Zwischen dem Primärrecht, den völkerrechtlichen Verträgen und dem Sekundärrecht besteht eine **Normenhierarchie**. Das Sekundärrecht darf dem Primärrecht und den völkerrechtlichen Verträgen, die völkerrechtlichen Verträge dürfen dem Primärrecht nicht widersprechen.

A. Das Primärrecht

Das **Primärrecht** besteht aus unterschiedlichen Rechtsquellen.[1] 82

Zum Primärrecht gehören
- die Gründungsverträge,
- die Protokolle, Anhänge und **Erklärungen**,
- die **allgemeinen Rechtsgrundsätze** und
- das **Gewohnheitsrecht**.

I. Die Gründungsverträge

Zu den Gründungsverträgen gehören: 83
- der AEUV, EUV n.F. und der EAV,[2]
- die EEA,
- der Vertrag von Maastricht,
- der Vertrag von Amsterdam,
- der Vertrag von Nizza,
- der Vertrag von Lissabon,
- die **Beitrittsverträge** mit allen nach der Gründung beigetretenen Mitgliedstaaten.

» Wiederholen Sie zur unmittelbaren Anwendbarkeit die Darstellung in Rn. 71–73. «

Die **Gründungsverträge** regeln überwiegend die Rechte und Pflichten der Mitgliedstaaten und der Gemeinschaftsorgane. Nur ausnahmsweise können einzelne Bestimmungen der Gründungsverträge unmittelbar Rechte und Pflichten für natürliche oder juristische Personen begründen.[3] Eine einzelne Bestimmung aus den Gründungsverträgen muss dann im konkreten Fall unmittelbar anwendbar sein.

Der EuGH[4] hatte u.a. folgende Bestimmungen des EGV für unmittelbar anwendbar erklärt, 84
sodass bzgl. dieser Normen nicht mehr im konkreten Fall geprüft werden muss, ob die Voraussetzungen der unmittelbaren Anwendbarkeit vorliegen:

1 *Thiele* Europarecht S. 103; *Arndt/Fischer/Fetzer* Europarecht S. 42–44.
2 Der EGKSV war auf fünfzig Jahre abgeschlossen und ist zwischenzeitlich ausgelaufen.
3 *Streinz* Europarecht Rn. 448.
4 *Thiele* S. 104; *Karpenstein* Rn. 48–50.

Unmittelbar anwendbar sind:

- Art. 18 AEUV[5] (Diskriminierungsverbot)
- Art. 28–37 AEUV[6] (Warenverkehrsfreiheit)
- Art. 45–55 AEUV[7] (Personenverkehrsfreiheit)
- Art. 56–62 AEUV[8] (Dienstleistungsfreiheit)
- Art. 63–66 AEUV[9] (Kapital- und Zahlungsverkehrsfreiheit)
- sowie Art. 101,[10] 102,[11] 108 Abs. 3,[12] 110 Abs. 1[13] und Abs. 2[14] und 157 AEUV.[15]

II. Die Protokolle, Anhänge und Erklärungen

85 In Art. 51 EUV n.F. werden die **Protokolle** und **Anhänge** der Verträge zu Bestandteilen der Verträge erklärt. In diesen Protokollen werden Ausnahmen von vertraglichen Regelungen für einzelne Mitgliedstaaten erfasst und Konkretisierungen des Vertragstextes vorgenommen. Die rechtlich verbindlichen Protokolle binden grundsätzlich nur die EU-Organe und die mit dem Vollzug des Unionsrechts betrauten staatlichen Organe. Sie gelten aber auch im Verhältnis zwischen dem Bürger und dem jeweiligen Mitgliedstaat, wenn sie die Voraussetzung der unmittelbaren Anwendbarkeit erfüllen.[16]

86 **Erklärungen** können ebenfalls den Verträgen beigefügt werden. Sie sind rechtlich nicht bindende Auslegungshilfen für die Vertragstexte.

III. Die allgemeinen Rechtsgrundsätze

87 Auf allgemeine Rechtsgrundsätze bezieht sich Art. 340 Abs. 2 AEUV. Danach haftet die Union für durch ihre Organe oder Bedienstete verursachte Schäden nach den allgemeinen Rechtsgrundsätzen, die den Mitgliedstaaten gemeinsam sind.

Zu den allgemeinen Rechtsgrundsätzen gehören

- die **Grundrechte** des Unionsrechts,[17]
- die allgemeinen Prinzipien wie das **Rechtsstaatsprinzip** und
- elementare Vorstellungen von Recht und Gerechtigkeit, denen sich jede Rechtsordnung verpflichtet fühlt.[18]

---

5 Bisher Art. 12 EGV.
6 Bisher Art. 23–31 EGV.
7 Bisher Art. 39–48 EGV.
8 Bisher Art. 49–55 EGV.
9 Bisher Art. 56–60 EGV.
10 Bisher Art. 81 EGV.
11 Bisher Art. 82 EGV.
12 Bisher Art. 88 Abs. 3 EGV.
13 Bisher Art. 90 Abs. 1 EGV.
14 Bisher Art. 90 Abs. 2 EGV.
15 Bisher Art. 141 EGV.
16 Prüfungsschema Rn. 71.
17 Die Gründungsverträge enthalten keine ausdrückliche Kompetenzzuweisung zugunsten des EuGH bzgl. der Entwicklung von Unionsgrundrechten; *EuGH* Rs. 11/70, Internationale Handelsgesellschaft/Einfuhr- und Vorratsstelle, Slg 1970, 1125 Rn. 3.
18 *Arndt/Fischer/Fetzer* Europarecht S. 43.

Der EuGH ermittelt diese Rechtsgrundsätze vorrangig durch **Rechtsvergleichung** der **Verfassungsprinzipien der Mitgliedstaaten** und aus der EMRK.

Diese allgemeinen Rechtsgrundsätze binden grundsätzlich nur die Unionsorgane und die mit dem Vollzug des Unionsrechts betrauten staatlichen Organe. Sie gelten aber auch im Verhältnis zwischen dem Bürger und dem jeweiligen Mitgliedstaat, wenn sie die Voraussetzung der unmittelbaren Anwendbarkeit erfüllen.[19]

IV. Das Gewohnheitsrecht[20]

Hierbei handelt es sich um eine durch lang dauernde Übung und Rechtsüberzeugung entstandene Rechtsregel. In der Praxis hat das Gewohnheitsrecht eine untergeordnete Bedeutung. Gewohnheitsrechtliche Regelungen binden grundsätzlich nur die Unionsorgane und die mit dem Vollzug des Unionsrechts betrauten staatlichen Organe. Sie gelten aber auch im Verhältnis zwischen dem Bürger und dem jeweiligen Mitgliedstaat, wenn sie die Voraussetzung der unmittelbaren Anwendbarkeit erfüllen.[19] 88

B. Die völkerrechtlichen Verträge

Die Union kann mit anderen **Völkerrechtssubjekten** wie z.B. mit **assoziierten Staaten** oder mit internationalen Organisationen völkerrechtliche Verträge gem. Art. 218 AEUV schließen. Gem. Art. 216 Abs. 2 AEUV sind die von der Union geschlossenen Übereinkünfte für die Unionsorgane und die Mitgliedstaaten bindend. Völkerrechtsverträge werden mit ihrem Inkrafttreten integraler Bestandteil des Unionsrechts. 89

Völkerrechtliche Verträge binden grundsätzlich nur die Unionsorgane und die mit dem Vollzug des Unionsrechts betrauten staatlichen Organe. Sie gelten aber auch im Verhältnis zwischen dem Bürger und dem jeweiligen Mitgliedstaat, wenn sie die Voraussetzung der unmittelbaren Anwendbarkeit erfüllen.[21] Für die Arbeitnehmer-, Freizügigkeits- und Sozialversicherungsrechte von Staatsangehörigen der assoziierten Staaten hat diese EuGH-Rechtsprechung[22] eine erhebliche Bedeutung erlangt.

JURIQ-Klausurtipp

Aus **Assoziierungsabkommen** können sich bei der unmittelbaren Anwendbarkeit einschlägiger Normen Ansprüche der Bürger der Assoziierungsstaaten gegenüber einem Mitgliedstaat der Union ergeben.

---

19 Prüfungsschema in Rn. 71.

20 Gewohnheitsrecht kann auf der Ebene des Primär- als auch des Sekundärrechts entstehen; *Arndt/Fischer/Fetzer* Europarecht S. 43.

21 Prüfungsschema in Rn. 71; *Streinz* Europarecht Rn. 531-534.

22 *Karpenstein* Praxis des EG-Rechts Rn. 77 f.

C. Das Sekundärrecht

» Lesen Sie noch einmal die kurze Erläuterung zur Normenhierarchie in Rn. 81. «

90 Das **Sekundärrecht** umfasst das Recht, das sich die Unionsorgane selbst geben. Es darf niemals eine nach dem Primärrecht und nach den völkerrechtlichen Verträgen zwingende Rechtsfolge ausschließen. Gem. Art. 13 Abs. 2 EUV n.F. haben alle Unionsorgane nach Maßgabe der ihnen in den Verträgen[23] zugewiesenen Befugnisse nach den Verfahren, Bedingungen und Zielen zu handeln, die in den Verträgen festgelegt sind.

Beachten Sie die Normenhierarchie!

Das Sekundärrecht soll das Primärrecht und die völkerrechtlichen Verträge konkretisieren. Eine Auslegung des Sekundärrechts hat stets im Lichte des Primärrechts und der völkerrechtlichen Verträge zu erfolgen. Das Sekundärrecht besteht aus unterschiedlichen Rechtsquellen, die in Art. 288 AEUV aufgeführt sind.

91 Rechtsquellen des Sekundärrechts sind
- **Verordnungen**
- **Richtlinien**
- **Beschlüsse**
- **Empfehlungen**
- **Stellungnahmen.**

» Lesen Sie unter Rn. 202–210 mehr zum Erlass von Rechtsakten, die ohne oder nach einem Rechtsetzungsverfahren angenommen wurden. «

92 Sekundärrechtliche Normen können in unterschiedlichen Verfahrensweisen auf den Weg gebracht werden:
- Im ordentlichen Gesetzgebungsverfahren gem. Art. 289 Abs. 1 und Art. 294 AEUV,
- im besonderen Gesetzgebungsverfahren gem. Art. 289 Abs. 2 AEUV oder
- als Rechtsakte ohne Gesetzescharakter, wenn das Gesetzgebungsverfahren keine Beteiligung des Parlamentes vorsieht.

Hinweis

Art. 288 AEUV ist selbst keine **Kompetenznorm** zum Erlass von sekundärrechtlichen Normen. Die Kompetenznorm muss sich aus den materiell-rechtlichen Regelungen der Verträge ergeben.

93 Die Unionsorgane genießen nach Art. 296 Abs. 1 AEUV grundsätzlich Wahlfreiheit hinsichtlich der Handlungsform[24], der sie sich zur Umsetzung eines Rechtsetzungsverfahrens bedienen wollen, wenn die Art des zu erlassenden Rechtsakts nicht bereits von den Verträgen vorgegeben wird.

JURIQ-Klausurtipp

Beachten Sie in einer Klausur, dass es bei der Bestimmung der Handlungsform im Einzelfall nicht auf die jeweilige Bezeichnung durch das handelnde Unionsorgan ankommt, sondern allein darauf, welche Rechtswirkungen durch die gewählte Handlungsform erzeugt werden sollen.

---

23 Gemeint sind der EUV n.F. und der AEUV.

24 D.h., sie können Recht durch eine Verordnung, Richtlinie, Beschlüsse, Empfehlungen oder Stellungnahmen setzen.

I. Die Verordnung

Gem. Art. 288 Abs. 2 AEUV n.F. haben Verordnungen **allgemeine Geltung**. Sie sind in allen ihren Teilen verbindlich und gelten unmittelbar in jedem Mitgliedstaat. Verordnungen beziehen sich abstrakt auf eine unbestimmte Zahl von Fällen und eine unbestimmte Zahl von Personen. Aufgrund ihres abstrakt-generellen Charakters sind sie die Gesetze der Union. Die Verordnung ist daher hinsichtlich ihres gesamten Inhalts in allen ihren Teilen verbindlich und gilt in jedem Mitgliedstaat. 94

Die Verordnung gilt mit ihrem Inkrafttreten in den Mitgliedstaaten, ohne dass die Gesetzgebungsorgane der Mitgliedstaaten diese Geltung gesondert anordnen müssten. Die nationalen Gerichte und Behörden in den Mitgliedstaaten haben die Verordnungen selbst anzuwenden und entgegenstehendes nationales Recht außer Acht zu lassen. Je nach Regelungsgehalt wird der Einzelne durch eine Verordnung unmittelbar berechtigt bzw. verpflichtet, denn eine Verordnung wird als unionsrechtliche Norm Bestandteil der national geltenden Rechtsordnung. Ein nationaler Umsetzungsakt, eine Inkorporierung oder **Transformation** ist unzulässig, da dadurch die unmittelbare Wirkung der Verordnung in Frage gestellt würde.[25] Nur bei unvollständigen **(hinkenden) Verordnungen** sind die Mitgliedstaaten verpflichtet, in dem Umfang innerstaatliche Durchführungs- und konkretisierende Vorschriften zu erlassen wie dies zum Vollzug der hinkenden Verordnung notwendig ist.[26] Eine inhaltliche Ergänzung oder eine sonstige Änderung ist nicht zulässig, um die Einheitlichkeit der Anwendung des Unionsrechts zu gewährleisten. 95

Hinweis

Verordnungen begründen wie nationale Gesetze Rechte und Pflichten für den Einzelnen im Verhältnis zum Staat, aber auch von natürlichen bzw. juristischen Personen untereinander.[27]

II. Die Richtlinie

Gem. Art. 288 Abs. 3 AEUV ist die Richtlinie für jeden Mitgliedstaat, an den sie gerichtet wird, hinsichtlich des zu erreichenden Zieles verbindlich, überlässt jedoch den innerstaatlichen Stellen die Wahl der Form und der Mittel. Somit ist die Richtlinie in jedem Mitgliedstaat, an den sie gerichtet ist, in nationales Recht umzusetzen. 96

Hinweis

Richtlinien sind in nationales Recht umzusetzen.

---

25 *EuGH* Slg. 1985, 1057.

26 *Karpenstein* Praxis des EG-Rechts Rn. 53.

27 Zum Vergleich: Das unmittelbar anwendbare Primärrecht begründet nur ein Rechtsverhältnis zwischen dem Einzelnen und dem Staat, *Karpenstein* Praxis des EG-Rechts Rn. 55.

1. Die nationale Umsetzung

97 Es besteht für die Mitgliedstaaten eine Frist für die Umsetzung von bis zu drei Jahren, die jeweils konkret in den letzten Artikeln der Richtlinie bezeichnet wird, bei deren Nichtbeachtung die Kommission ein Vertragsverletzungsverfahren gem. Art. 258 AEUV gegen den nicht rechtzeitig umsetzenden Mitgliedstaat einleiten kann.[28] Der eingeräumte **Umsetzungsspielraum** führt dazu, dass die Richtlinien nicht immer rechtzeitig und vollständig in allen Mitgliedstaaten umgesetzt werden, wodurch die Einheitlichkeit der Unionsrechtsanwendung gefährdet wird. Zum Teil wird diesem Problem durch Richtlinien mit sehr detailliertem Regelungsgehalt begegnet, sodass es kaum noch einen Umsetzungsspielraum für die Mitgliedstaaten gibt. Andererseits versucht die Kommission, statt Richtlinien eher Verordnungen zu erlassen.[29]

98 Bei der Umsetzung besteht in der Regel ein **Gestaltungsspielraum** bzgl. der Form und dem Mittel der Umsetzung, sodass die Mitgliedstaaten selbst bestimmen können, mit welchen Rechtsakten und -techniken das Richtlinienziel umgesetzt werden soll. Form und Mittel müssen allerdings am besten zur Zielerreichung geeignet sein. Die gewählte nationale Vorschrift zur Umsetzung der Richtlinie muss rangmäßig derjenigen entsprechen, die den Sachverhalt bislang geregelt hat. Es muss sich um verbindliche innerstaatliche Normen handeln, die den Erfordernissen der Rechtssicherheit und -klarheit genügen.

Ah, deswegen! Der Bürger kann sich nicht auf Verwaltungsvorschriften berufen!

Hinweis

Bei der Umsetzung der Richtlinie müssen die Mitgliedstaaten diejenigen innerstaatlichen Handlungsformen wählen, die für die Gewährleistung der praktischen Wirksamkeit des Unionsrechts am besten geeignet sind. Daher scheidet eine Umsetzung in bloßen Verwaltungsvorschriften aus, da der durch die Richtlinie Begünstigte sich vor nationalen Behörden und Gerichten auf die die Richtlinie umsetzende nationale Norm berufen können soll **(Gebot der effektiven Umsetzung).**

Beispiel Der EuGH zur TA-Luft[30]

In der Bundesrepublik Deutschland wurden die RL 80/779[31] und RL 82/884[32] durch die TA-Luft[33] umgesetzt, einer Verwaltungsvorschrift gem. § 48 BImSchG. Die TA-Luft wird von der Bundesregierung nach Anhörung der beteiligten Kreise mit Zustimmung des Bundesrates erlassen. Das Bundesverwaltungsgericht hatte nur bzgl. einiger Vorschriften der TA-Luft anerkannt, dass diese für die Verwaltungsgerichte verbindlich seien. Bei der Umsetzung der eingangs genannten Richtlinien hat der EuGH entschieden, dass eine ordnungsgemäße Umsetzung nicht vorliege. Die TA-Luft sei an die im BImSchG getroffenen Wertungen gebunden, sodass die Verwaltungsgerichte an die TA-Luft nur innerhalb der gesetzlich gezogenen Grenzen gebunden seien. Daher fehle es an einer klaren Richtlinienumsetzung. ■

Die nationale Umsetzungsnorm muss wirksame Sanktionen für Verstöße gegen die umgesetzte Richtlinie enthalten.

28 Im März 2013 lag das Umsetzungsdefizit durchschnittlich bei 0,9 % der umzusetzenden Richtlinien.
29 *Streinz* Europarecht Rn. 475 f.
30 *EuGH* Rs. C-361/88 bzw. C-59/89, Kommission/Deutschland, Slg. 1991, I-2567 bzw. 2607.
31 ABl. 1980 Nr. L 229/30.
32 ABl. 1982 Nr. L 379/15.
33 GMBl. 1986 I, 95/202.

2. Die unmittelbare Anwendbarkeit der Richtlinie im Verhältnis des Einzelnen zum Staat

Grundsätzlich hat eine Richtlinie vor ihrer nationalen Umsetzung keine Rechtswirkungen in 99
dem Rechtsverhältnis zwischen dem Einzelnen und dem Staat. Ausnahmsweise kann eine Richtlinie bei Vorliegen bestimmter Voraussetzungen jedoch im Rechtsverhältnis des Einzelnen gegenüber dem Staat unmittelbar anwendbar sein **(vertikale Direktwirkung)**.

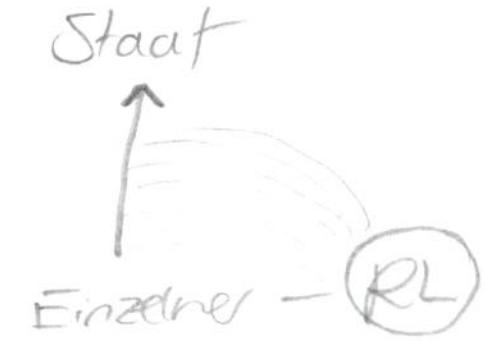

> Unter einer **vertikalen Direktwirkung** wird die unmittelbare Anwendbarkeit einer Richtlinie im Verhältnis des Einzelnen zum Staat verstanden.

PRÜFUNGSSCHEMA

Die unmittelbare Anwendbarkeit einer Richtlinie (vertikale Direktwirkung)

I. **Ablauf der Umsetzungsfrist** *und*

II. **keine oder nur unzulängliche Umsetzung der Richtlinie** *und*

III. **inhaltlich unbedingte Bestimmungen der Richtlinie** *und*

IV. **hinreichend genaue Bestimmungen der Richtlinie** *und*

V. **keine unmittelbare Anwendbarkeit im Verhältnis der Bürger zueinander**
horizontale Direktwirkung Rn. 103

VI. **vertikale Direktwirkung bei Richtlinien mit Doppelwirkung**
unmittelbare Anwendbarkeit Rn. 105

VII. **Verleihung von Rechten durch die Richtlinie für den Einzelnen gegenüber dem Mitgliedstaat** *oder*

VIII. **objektiver Inhalt der Richtlinie.** ->s. Rn 102

3. Der unionsrechtliche Staatshaftungsanspruch

Aus der vertikalen Direktwirkung der Richtlinie im Verhältnis des Einzelnen zum Staat kann 100
sich der unionsrechtliche Staatshaftungsanspruch ergeben, der vom EuGH in seinem Francovich-Urteil entwickelt worden ist. Der EuGH hat seine Rechtsprechung zur Staatshaftung in anderen Urteilen bestätigt[34] und um die Anforderung eines offenkundigen und erheblichen Ermessensfehlers ergänzt.[35] Es ist daher festzuhalten, dass das Gemeinschaftsrecht eine neue Rechtsordnung darstellt, in der Rechte der Einzelnen auch aufgrund eindeutiger Verpflichtungen der Mitgliedstaaten entstehen können, die von den nationalen Gerichten in den Mitgliedstaaten zu schützen sind.[36]

34 *EuGH* Rs. C-334/92, Teodoro Wagner Miret/Fondo de Garantà Salarial, Slg. 1993, I-6911.

35 *EuGH* Rs. C-392/93, The Queen/H.M. Treasury, ex parte: British Telecommunications, Slg. 1996, I-1631, Rn. 38 ff.

36 *Herrmann* Examens-Repetitorium Europarecht Rn. 81.

PRÜFUNGSSCHEMA

Der unionsrechtliche Staatshaftungsanspruch

I. Vorliegen der Voraussetzungen für die vertikale Direktwirkung einer Richtlinie

II. Unterlassene Umsetzung als offenkundiger und erheblicher Ermessensfehler des säumigen Mitgliedstaates

III. Bestehender Kausalzusammenhang zwischen der unterlassenen Umsetzung und dem eingetretenen Schaden

Konsequenz: Haftung des säumigen Mitgliedstaates gegenüber dem klagenden Einzelnen nach dem nationalen Staatshaftungsrecht.

101 Das Unionsrecht soll möglichst effektiv ausgelegt werden. Ein Mitgliedstaat, der einer **Umsetzungsfrist** nicht rechtzeitig nachgekommen ist, soll sich nicht gegenüber seinen Bürgern auf die von ihm unterlassene Umsetzung einer Richtlinie berufen können. Zwar besteht die Möglichkeit, dass die Kommission ein Vertragsverletzungsverfahren gem. Art. 258 ff. AEUV gegen den Mitgliedstaat einleitet, der seiner Umsetzungspflicht nicht nachgekommen ist. Aber selbst im Falle der Verurteilung dieses säumigen Staates gem. Art. 260 AEUV durch den EuGH kann die Umsetzung nur durch den säumigen Staat selbst erfolgen.

Beispiel Das Francovich-Urteil des EuGH[37]

Um Arbeitnehmern einen finanziellen Mindestschutz bei Zahlungsunfähigkeit des Arbeitgebers zu gewährleisten, wurde die EG-RL 80/987/EWG erlassen, die dem Arbeitnehmer einen Anteil an nicht erfüllten Lohnforderungen gegen seine Arbeitgeber garantieren sollte. Die Mitgliedstaaten hatten dafür ein Garantiesystem einzuführen. Italien hatte die Richtlinie nicht rechtzeitig umgesetzt. Der Italiener Francovich verlangte von Italien die Mindestgarantieleistung oder Schadensersatz. Zur Begründung führte er an, dass sein Arbeitgeber in Konkurs gefallen sei. Wegen der mangelnden Richtlinienumsetzung habe keine **Mindestlohngarantie** bestanden. Er sei schon einige Monate zuvor nur gelegentlich bezahlt worden.

Das italienische Gericht beteiligte den EuGH im Wege des Vorabentscheidungsverfahrens gem. Art. 234 EGV.[38] Der EuGH entschied, dass der Staat nicht zwingend Schuldner des Garantieanspruchs sei. Italien hafte jedoch schon deshalb, weil es die Richtlinie nicht in der vorgesehenen Frist umgesetzt habe. Francovich wurde ein Entschädigungsanspruch gegenüber Italien zugesprochen. Die italienische Republik musste dem Kläger die Schäden ersetzen, die ihm dadurch entstanden waren, dass die Richtlinie nicht rechtzeitig umgesetzt worden war. ■

37 *EuGH* Slg. 1991-I, 5357.
38 Heute Art. 267 AEUV.

Hinsichtlich der Richtlinienbestimmungen, die weder subjektiv-öffentliche Rechte, noch 102
Belastungen Einzelner begründen, sondern lediglich objektive Behördenpflichten normieren, sind die staatlichen Stellen bereits aufgrund der objektiven Wirkung der Richtlinienbestimmungen zur Erfüllung der in der Richtlinie enthaltenen Pflichten verpflichtet.[39] Da alle staatlichen Instanzen in den Mitgliedstaaten bei der Erfüllung der sich aus dem Gemeinschaftsrecht ergebenden nationalen Verpflichtungen mitzuwirken haben, erstreckt sich der unionsrechtliche Staatshaftungsanspruch auch auf Handlungen und Unterlassungen der nationalen Legislativ- und Judikativorgane.[40]

4. Die unmittelbare Anwendbarkeit der Richtlinie im Verhältnis der Bürger zueinander

Eine unmittelbare Anwendbarkeit von Richtlinien unter Privaten **(horizontale Direktwirkung)** 103
wird in der h.L.[41] und vom EuGH abgelehnt. Eine Privatperson soll gegenüber einer anderen Privatperson keine Anspruchsgrundlage unmittelbar aus einer Richtlinie herleiten können.[42] Begründet wird diese Ablehnung damit, dass in dem Verhältnis der Privatpersonen untereinander der Sanktionscharakter der unmittelbaren Anwendbarkeit von nicht rechtzeitig oder unvollständig umgesetzten Richtlinien nicht zum Tragen kommen kann. Nur der säumige Mitgliedstaat soll durch die unmittelbare Anwendbarkeit der von ihm nicht fristgerecht umgesetzten Richtlinie sanktioniert werden. Der Bürger hingegen soll darauf vertrauen können, dass er erst dann von Vorschriften einer Richtlinie in seinen Rechten belastet wird, wenn diese in nationales Recht umgesetzt worden ist.

Unter der **horizontalen Wirkung** wird die unmittelbare Anwendbarkeit einer nicht rechtzeitig umgesetzten Richtlinie zwischen Privatpersonen verstanden.

Beispiel Die Faccini Dori-Entscheidung des EuGH[43]

Faccini Dori hatte am Bahnhof einen Vertrag über einen kostenpflichtigen Sprachkurs mit einer Sprachschule abgeschlossen. Sie wollte von dem Vertrag kurz darauf zurücktreten. Der Rücktritt wurde von der Sprachschule nicht akzeptiert. Die EG-Richtlinie zum Verbraucherschutz im Falle von außerhalb von Geschäftsräumen geschlossenen Verträgen **(HaustürgeschäfteRL)** hätte Faccini Dori ein Rücktrittsrecht innerhalb von sieben Tagen eingeräumt. Italien hatte diese Richtlinie jedoch nicht rechtzeitig umgesetzt.

Der EuGH erkannte den unionsrechtlichen Entschädigungsanspruch gegen den säumigen Staat nach dem nationalen Haftungsrecht wegen der nicht fristgerechten Richtlinienumsetzung an. Der EuGH lehnte hingegen die horizontale Wirkung der nicht rechtzeitig umgesetzten Richtlinie ab. ■

39 Siehe hierzu die *EuGH*-Entscheidung zu Delena Wells Rn. 103.
40 *Herrmann* Examens-Repetitorium Europarecht Rn. 82 f.
41 *Thiele* Europarecht S. 117; *Arndt/Fischer* Europarecht S. 80 f.
42 In Abgrenzung hierzu die folgenden Ausführungen zur Richtlinie mit Doppelwirkung.
43 *EuGH* Slg. 1994-I, 3325; *Arndt/Fischer/Fetzer* Fälle zum Europarecht S. 37–44.

Hinweis

Eine nicht rechtzeitig umgesetzte Richtlinie hat grundsätzlich keine horizontale Direktwirkung.

104 Ausnahmsweise besteht dann eine horizontale Direktwirkung einer nicht rechtzeitig oder unvollständig umgesetzten Richtlinie, wenn die eine Seite unabhängig von ihrer Rechtsform unter staatlicher Aufsicht eine Dienstleistung im öffentlichen Interesse anbietet. Der EuGH fasst den Begriff des Staates im Zusammenhang mit der unmittelbaren Anwendbarkeit relativ weit. Die Handlungsformen des Staates, ob nun öffentlich- oder privatrechtlich, sollen daher unerheblich sein.[44]

Beispiel Die Rieser-Entscheidung des EuGH[45]

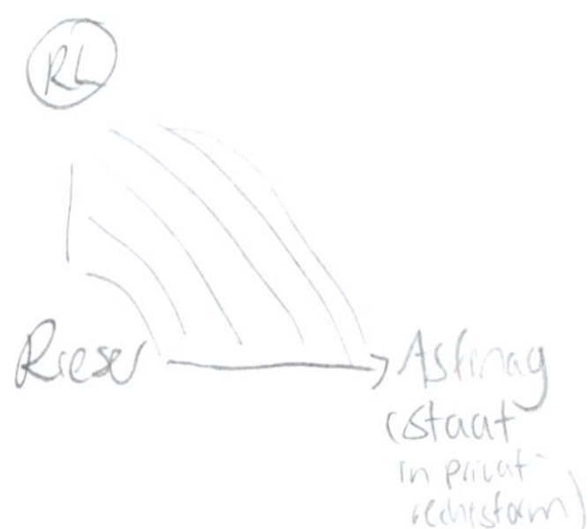

Art. 7 der Richtlinie 93/89/EWG sieht vor, dass die Maut- und Benutzungsgebühren auf Straßen innerhalb des Gemeinschaftsgebietes weder mittelbar noch unmittelbar zu einer unterschiedlichen Behandlung aufgrund der Staatsangehörigkeit des Verkehrsunternehmens oder des Ausgangs- oder Zielpunkts des Verkehrs führen dürfen. Österreich hatte bei der Umsetzung dieser Richtlinie in nationales Recht dennoch die Maut für die Gesamtstrecke der österreichischen Brennerautobahn, die vorwiegend von LKW-Spediteuren anderer Mitgliedstaaten genutzt wird, erhöht, aber nicht für die Teilstrecken, die überwiegend von österreichischen Spediteuren befahren werden. Die im internationalen Güterverkehr tätige österreichische Rieser GmbH nutzte auch die Strecken, für die die erhöhten Gebühren galten. Rieser verlangte unter Berufung auf die EG-RL 93/89/EWG von der Autobahnen- und Schnellstraßen-Finanzierungs-AG (Asfinag) einen Teil der gezahlten Mautgebühren zurück.

Das angerufene österreichische Gericht legte die Frage, ob sich eine Privatperson gegenüber einer anderen Privatperson auf die unmittelbare Anwendbarkeit der nicht vollständig umgesetzten Richtlinie berufen könne, im Rahmen des Vorabentscheidungsverfahrens dem EuGH gem. Art. 234 EGV[46] vor. Der EuGH entschied, dass eine derartige Berufung zulässig sei, da der Staat sich zur Erfüllung seiner hoheitlichen Aufgaben der privatrechtlich organisierten Asfinag bediene. ■

JURIQ-Klausurtipp

Beachten Sie, dass ausnahmsweise, wenn der Staat sich zur Erfüllung seiner hoheitlichen Aufgaben privatrechtlich organisierten Rechtspersonen bedient, eine horizontale Direktwirkung möglich ist.

Eine **Richtlinie mit Doppelwirkung** begünstigt eine Partei, hat aber unbeabsichtigte negative Auswirkungen auf die Rechte Dritter.[47]

105 Bei **Richtlinien mit Doppelwirkung** ist die unmittelbare Anwendbarkeit strittig, da der Begünstigte sein von der Richtlinie gewährtes Recht vor den nationalen Behörden nur durchsetzen kann, wenn ein Dritter dadurch belastet wird. Es geht hier z.B. um Richt-

---

44 *Streinz* Europarecht Rn. 490.

45 *EuGH* Rs. C-157/02, Fall einer nicht vollständig umgesetzten Richtlinie.

46 Heute Art. 267 AEUV.

47 *Thiele* Europarecht S. 118.

linien zum Umweltschutz, die für einen Anlagenbetreiber bestimmte – diesen belastende – Genehmigungsvorbehalte aufstellen. Der EuGH[48] bejaht die unmittelbare Anwendbarkeit von Richtlinien mit Doppelwirkung, obwohl dadurch auch das Rechtsverhältnis von Privatpersonen betroffen wird. In Abgrenzung zur unzulässigen horizontalen Direktwirkung sei eine Berufung des Einzelnen auf die unmittelbare Anwendbarkeit einer Richtlinie mit Doppelwirkung zulässig, wenn es um die Erfüllung von Verpflichtungen gehe, die nach der jeweiligen Richtlinienvorschrift nicht dem Einzelnen, sondern den Behörden obliege.[49]

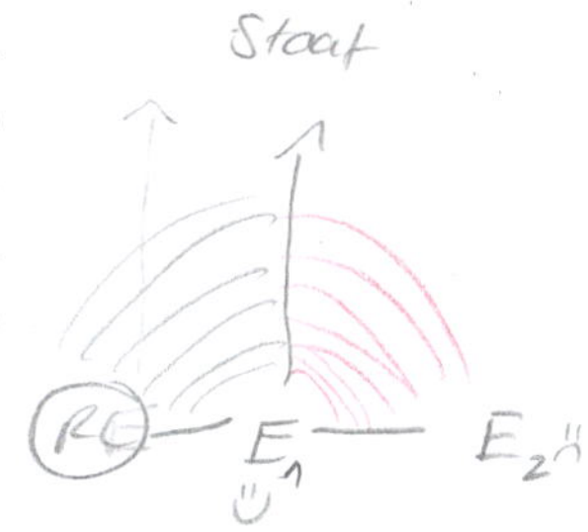

Beispiel **Das EuGH-Urteil zu Delena Wells**[50]

Frau Wells erwarb in unmittelbarer Nähe eines stillgelegten Steinbruchs ein Haus. Später wurde einem Bauunternehmer die Wiederinbetriebnahme des Steinbruchs erlaubt, ohne zuvor eine **Umweltverträglichkeitsprüfung** nach der entsprechenden, aber noch nicht umgesetzten UVP-EG-Richtlinie durchgeführt zu haben. Frau Wells klagte auf Aufhebung der Betriebsgenehmigung vor einem deutschen Verwaltungsgericht. Diese begehrte Aufhebung setzte nach § 48 VwVfG die Rechtswidrigkeit der Genehmigung als Verwaltungsakt voraus.

Das nationale Gericht legte im Rahmen des Vorabentscheidungsverfahrens gem. Art. 234 EGV[51] dem EuGH die Frage vor, ob die Regelung zur Umweltverträglichkeitsprüfung aus der in Deutschland nicht rechtzeitig umgesetzten UVP-Richtlinie unmittelbar anwendbar und ob die Berufung auf diese Richtlinie aufgrund der Doppelwirkung gegenüber dem Bauunternehmer zulässig sei. Der EuGH bejahte die unmittelbare Anwendbarkeit der Richtlinie trotz der Doppelwirkung, da die Klägerin gegenüber dem Bauunternehmer nicht direkt die unmittelbare Anwendbarkeit der nicht rechtzeitig umgesetzten Richtlinie geltend gemacht habe. Aufgrund dieser EuGH-Entscheidung wurde die Betriebsgenehmigung des Bauunternehmers aufgehoben. ■

5. Die Vorwirkung der noch nicht umzusetzenden Richtlinie

Eine Richtlinie kann bereits vor Ablauf ihrer Umsetzungsfrist und vor Umsetzung in nationales Recht Rechtswirkungen entfalten. Ab dem Zeitpunkt der Bekanntgabe einer Richtlinie gem. Art. 297 Abs. 1 AEUV verbietet es der Grundsatz der **Vertragstreue**, dass in den Mitgliedstaaten Handlungen vorgenommen werden, die geeignet sind, das durch die Richtlinie vorgegebene Ziel ernstlich zu gefährden.[52] Bereits ab dem Zeitpunkt der **Bekanntgabe einer Richtlinie** müssen daher alle Staatsorgane diese Richtlinie bei der Auslegung des nationalen Rechts aufgrund ihrer Vorwirkung beachten.[53] 106

Die Frage, ab welchem Zeitpunkt nationale Gerichte zur **richtlinienkonformen Auslegung** verpflichtet sind, ist bisher von dem EuGH nicht eindeutig entschieden worden. Allerdings hatte der EuGH bereits in einem Urteil vom 18.12.1997[54] entschieden, dass Richtlinien bereits vor Ablauf der Umsetzungsfrist eine Vorwirkung für die nationale Gesetzgebung haben. Der 107

48 *Karpenstein* Praxis des EG-Rechts Rn. 71.
49 *Herrmann* Examens-Repetitorium Europarecht Rn. 50.
50 *EuGH* EWS 2004, 232.
51 Heute Art. 267 AEUV.
52 *Thiele* Europarecht S. 114; *Streinz* Europarecht Rn. 505.
53 *Streinz* Europarecht Rn. 505.
54 *EuGH* Slg. 1997-I, 7411 – Inter-Environnement.

BGH[55] hat inzwischen festgestellt, dass den nationalen Gerichten bereits vor Ablauf der Umsetzungsfrist die **Rechtsfortbildungskompetenz** zustehe, das nationale Recht entsprechend auszulegen.

> **Hinweis**
>
> Pflicht zur **richtlinienkonformen Auslegung**
>
> Das nationale Recht ist im Regelungsbereich von Richtlinien richtlinienkonform auszulegen. Dies gilt unabhängig davon, ob die Umsetzungsfrist bereits abgelaufen ist oder nicht.

Beispiel BGH-Entscheidung zur Vorwirkung

Die RL 97/55/EG lässt die **vergleichende Werbung** unter gewissen Umständen zu. Der BGH hielt es für geboten, diese RL auch schon vor Ablauf der Umsetzungsfrist zu berücksichtigen. In seiner bisherigen Rechtsprechung hatte der BGH die vergleichende Werbung als Verstoß gegen die guten Sitten gem. § 1 UWG in der Fassung vor der Richtlinienumsetzung grundsätzlich verboten. Die Bedenken, eine richtlinienkonforme Auslegung vor Ablauf der Umsetzungsfrist greife in die Kompetenzen des nationalen Gesetzgebers ein, sind aus der Sicht des BGH unbegründet, solange sich die Konformität mittels Auslegung im nationalen Recht herstellen lasse und soweit dem Gesetzgeber ohnehin kein Umsetzungsspielraum bleibe.[55] ■

6. Die Sperrwirkung der umgesetzten Richtlinie[56]

108 Die aufgrund einer Richtlinie angepassten nationalen Rechtsvorschriften stehen nicht mehr zur unbeschränkten Disposition des nationalen Gesetzgebers. Sie dürfen nicht mehr entgegen den Richtlinienvorgaben abgeändert werden.

> **JURIQ-Klausurtipp**
>
> Fälle zu nicht rechtzeitig oder nicht vollständig umgesetzten Richtlinien werden gerne in Klausuren verarbeitet.

III. Die Beschlüsse

109 Gem. Art. 288 Abs. 4 AEUV ist ein Beschluss in allen seinen Teilen für diejenigen verbindlich, die er bezeichnet. Rechte und Pflichten des individualisierbaren Adressatenkreises werden durch ihn unmittelbar begründet. Im Gegensatz zur Verordnung regelt der Beschluss konkret individuell. Adressat eines Beschlusses kann ein Mitgliedstaat oder auch eine juristische oder natürliche Person sein. Beschlüsse sind für seine Adressaten unmittelbar anwendbar. Beschlüsse gegenüber Mitgliedstaaten können unmittelbare Wirkungen für Einzelne in den

55 *BGH* NJW 1998, 2208.
56 *Thiele* Europarecht S. 114.

adressierten Mitgliedstaaten erzeugen.[57] Der Einzelne kann sich unmittelbar auf einen Beschluss berufen, der an einen Mitgliedstaat gerichtet ist, wenn folgende Voraussetzungen erfüllt sind:[58]

- Der Beschluss ist inhaltlich unbedingt und hinreichend genau,
- der Beschluss begründet Rechte des Einzelnen gegenüber einem Mitgliedstaat und
- die in ihm gesetzte Frist ist abgelaufen.

Beispiel **Leberpfennig-Urteil des EuGH**[59]

Der Rat beschloss ein gemeinsames **Umsatzsteuersystem** für die Güterbeförderung im Eisenbahn-, Straßen- und Binnenschifffahrtsverkehr. Dieses wurde in der Bundesrepublik in Kraft gesetzt. Es erging zeitgleich eine Entscheidung an die Mitgliedstaaten, dass mit Inkrafttreten des neuen Umsatzsteuersystems die Mitgliedstaaten keine ähnlichen Steuern mehr erheben dürften. Dennoch führte die Bundesrepublik aufgrund eines neu erlassenen Gesetzes die **Straßengüterverkehrssteuer** als ähnliche Steuer ein. Güterverkehrsunternehmer G wurde mit dieser neuen Steuer belastet. Er berief sich zu seinem Schutz auf die Entscheidung, die unmittelbar auf ihn anwendbar sei.

Der EuGH wies darauf hin, dass dieser Beschluss als Norm des Europarechts Vorrang gegenüber dem deutschen Gesetz habe. Die Bundesrepublik hätte daher die Straßengüterverkehrssteuer nicht beschließen dürfen. G könne sich auf diese nicht an ihn adressierte Entscheidung berufen, da diese inhaltlich unbedingt und hinreichend genau sei und Rechte eines Einzelnen gegenüber einem Mitgliedstaat begründe. ■

IV. Empfehlungen und Stellungnahmen

In Art. 288 Abs. 5 AEUV heißt es zu **Empfehlungen**, dass sie unverbindlich sind. Mit Hilfe 110
einer Empfehlung können Unionsorgane dem Adressaten ein bestimmtes Verhalten nahe legen.[60] So kann z.B. gem. Art. 117 Abs. 1 S. 2 AEUV die Kommission eine Empfehlung von Maßnahmen zur Vermeidung von **Wettbewerbsverzerrungen** an einzelne Mitgliedstaaten richten.

Nach Art. 288 Abs. 5 AEUV ist auch eine **Stellungnahme** unverbindlich. In einer Stellungnahme können Unionsorgane ihre Auffassung zu einer Initiative äußern.[60] Beispielhaft sei die Stellungnahme des Europäischen Parlamentes gem. Art. 294 Abs. 3 AEUV im Mitentscheidungsverfahren genannt.

Empfehlungen und Stellungnahmen sind unverbindliche Interpretationshilfen. Sie haben einen offenen Adressatenkreis, sind aber auch häufig an einzelne Mitgliedstaaten gerichtet. Trotz ihrer rechtlichen Unverbindlichkeit kommt ihnen eine hohe politische Bedeutung zu. Nationale Gerichte haben diese zu berücksichtigen, wenn sie Aufschluss über die unionsrechtliche Auslegung von nationalen Durchführungsregelungen geben wollen.[61]

57 *Streinz* Europarecht Rn. 515f; *Thiele* Europarecht S. 120; *Herrmann* Examens-Repetitorium Europarecht Rn. 53.
58 *Arndt/Fischer/Fetzer* Europarecht S. 54-55; *Karpenstein* Praxis des EG-Rechts Rn. 75.
59 *EuGH* Slg. 1970, 825.
60 *Streinz* Europarecht Rn. 517.
61 *Arndt/Fischer/Fetzer* Europarecht S. 55; *Thiele* Europarecht S. 120 f.

V. Übungsfall Nr. 1

111 „Der Sprachkurs"

Der dänische Staatsangehörige C wird auf dem Kopenhagener Hauptbahnhof von einem Vertreter der Firma X angesprochen. Der Vertreter überzeugt C, an einem Italienischkurs im Fernunterricht teilzunehmen. C unterschreibt einen entsprechenden Vertrag auf dem Bahnhof. Schon kurze Zeit später bereut C den Vertragsabschluss und widerruft nach drei Tagen seine Bestellung gegenüber X.

X weist den Widerruf zurück, da ein Widerruf einer Willenserklärung im dänischen Zivilgesetzbuch nicht geregelt sei.

C beruft sich daraufhin auf die Richtlinie 85/577/EWG **(HaustürgeschäfteRL)**, deren fristgemäße Umsetzung Dänemark versäumt hat. Die Richtlinie, die inhaltlich unbedingt und hinreichend genau ist, soll entsprechend ihrer Begründung einen Mindestschutz der Verbraucher gewährleisten. Die Richtlinie sieht vor, dass bei Verträgen, die auf Initiative eines Gewerbetreibenden außerhalb seiner Geschäftsräume abgeschlossen wurden, dem jeweiligen Vertragspartner ein **Widerrufsrecht** innerhalb einer Frist von sieben Tagen zusteht.

Aufgabe: Steht C mit Rücksicht auf die Richtlinie 85/577/EWG ein Widerrufsrecht gegenüber X zu? Wenn diese Frage zu verneinen ist, ist ein gegen Dänemark gerichteter unionsrechtlich begründeter Anspruch auf Ersatz des dem C entstandenen Schadens zu prüfen.

112 Lösung

A. Hat C gegenüber X mit Rücksicht auf die in Dänemark nicht rechtzeitig umgesetzte HaustürgeschäfteRL ein Widerrufsrecht?

I. Die horizontale Direktwirkung

Es ist zu prüfen, ob die nicht rechtzeitig umgesetzte Richtlinie eine unmittelbare Wirkung im Verhältnis der Bürger zueinander entfalten kann. Man spricht hier auch von der horizontalen Direktwirkung.

1. Voraussetzungen der Direktwirkung der HaustürgeschäfteRL

Gem. Art. 288 Abs. 3 AEUV ist die Richtlinie für jeden Mitgliedstaat, an den sie gerichtet wird, hinsichtlich des zu erreichenden Zieles verbindlich, überlässt jedoch den innerstaatlichen Stellen die Wahl der Form und der Mittel. Somit ist die Richtlinie in jedem Mitgliedstaat, an den sie gerichtet wird, in nationales Recht umzusetzen. Es besteht für die adressierten Mitgliedstaaten eine Frist zur Umsetzung von in der Regel bis zu drei Jahren. Die Frist wird jeweils konkret in den letzten Artikeln der Richtlinie bezeichnet. Dänemark hatte die HaustürgeschäfteRL nicht rechtzeitig umgesetzt. Die Mitgliedstaaten sollen selbst bestimmen können, mit welchen Rechtsakten und -techniken das Richtlinienziel national umgesetzt werden soll. Grundsätzlich hat eine Richtlinie vor ihrer Umsetzung keine Rechtswirkungen, denn dadurch würde das Ausfüllen des soeben beschriebenen Gestaltungsspielraums unmöglich gemacht. Nur die Verordnung gilt unmittelbar im nationalen Recht.

Für das Rechtsverhältnis zwischen Bürger und Staat ist beim Vorliegen bestimmter vom EuGH entwickelter Kriterien eine unmittelbare Wirkung der nicht fristgemäß umgesetzten Richtlinie ausnahmsweise anerkannt worden.

2. Vorliegen einer horizontalen Direktwirkung

Die unmittelbare Wirkung im Verhältnis der Bürger zueinander wurde bislang immer abgelehnt. Begründet wird diese Ablehnung damit, dass in dem Verhältnis der Bürger zueinander der Sanktionscharakter der unmittelbaren Wirkung von nicht rechtzeitig oder unvollständig umgesetzten Richtlinien nicht zum Tragen kommen kann, da der Bürger hierfür nicht verantwortlich ist. Nur der säumige Mitgliedstaat soll durch die unmittelbare Anwendbarkeit der von ihm nicht fristgemäß umgesetzten Richtlinie sanktioniert werden. Der Bürger hingegen soll darauf vertrauen können, dass er erst dann von Vorschriften einer Richtlinie in seinen Rechten belastet wird, wenn diese in nationales Recht umgesetzt worden ist. Ausnahmsweise besteht eine horizontale Direktwirkung, wenn die eine Seite – unabhängig von ihrer Rechtsform – unter staatlicher Aufsicht eine Dienstleistung im öffentlichen Interesse anbietet. Davon kann man bei X als Firma, die Sprachkurse im Fernunterricht betreibt, nicht ausgehen.

3. Zwischenergebnis

C kann sich somit nicht auf die nicht rechtzeitig umgesetzte Richtlinie zur Begründung eines Widerrufsrechts gegenüber X berufen.

II. Die richtlinienkonforme Auslegung

Es ist zu prüfen, ob aufgrund der richtlinienkonformen Auslegung des nationalen Rechts dem C ein Widerrufsrecht zusteht.

Eine Richtlinie kann bereits vor Ablauf der Umsetzungsfrist und vor Umsetzung in nationales Recht Rechtswirkungen entfalten. Ab dem Zeitpunkt der Bekanntgabe einer Richtlinie gem. Art. 297 Abs. 1 AEUV verbietet es der Grundsatz der Vertragstreue gem. Art. 4 Abs. 3 EUV n.F., dass in den Mitgliedstaaten Handlungen vorgenommen werden, die geeignet sind, das durch die Richtlinie vorgegebene Ziel ernstlich zu gefährden. Bereits ab dem Zeitpunkt der Bekanntgabe der Richtlinie müssen alle Staatsorgane bei der Auslegung des nationalen Rechts die Gefährdung der Zielerreichung der Richtlinie vermeiden.

Würde C also nun vor einem dänischen Gericht gegen X wegen des Widerrufs des Vertrages klagen, müsste das Gericht das dänische Gesetz richtlinienkonform auslegen. Allerdings enthält das dänische Zivilgesetzbuch laut Sachverhalt keinerlei Regelung zu einem Widerruf einer Willenserklärung. Es ist daher auch nicht möglich, das dänische Gesetz bzgl. des einzuräumenden Widerrufsrechts innerhalb von sieben Tagen nach Vertragsabschluss richtlinienkonform auszulegen.

III. Ergebnis

C hat gegenüber X mit Rücksicht auf die in Dänemark nicht rechtzeitig umgesetzte HaustürgeschäfteRL kein Widerrufsrecht.

B. Besteht ein gegen Dänemark gerichteter unionsrechtlich begründeter Anspruch auf Ersatz des dem C entstandenen Schadens?

I. Der unionsrechtliche Staatshaftungsanspruch

Wie unter A bereits ausgeführt, ist für das Rechtsverhältnis zwischen Bürger und Staat beim Vorliegen bestimmter vom EuGH entwickelter Kriterien eine unmittelbare Wirkung der nicht fristgemäß umgesetzten Richtlinie ausnahmsweise anerkannt worden. In der Francovich-Entscheidung hat der EuGH die Voraussetzungen benannt, die einen Schadensersatzanspruch des Einzelnen gegen den jeweiligen Mitgliedstaat bei unterbliebener oder fehlerhafter Richtlinienumsetzung begründen können.

1. Ablauf der Umsetzungsfrist

Die Frist zur Umsetzung der HaustürgeschäfteRL ist abgelaufen, ohne dass Dänemark die notwendigen nationalen Umsetzungsmaßnahmen durchgeführt hat.

2. Begünstigung des Einzelnen

Durch die nicht umgesetzte Richtlinie muss der Einzelne begünstigt werden. Die Richtlinie dient dem Verbraucherschutz, ist also schon deshalb eine begünstigende Regelung. Da diese Richtlinie u.a. dem Einzelnen eine Widerrufsmöglichkeit einräumt, erfolgt eine Begünstigung. C hätte innerhalb der vorgegebenen Frist von sieben Tagen den Vertrag widerrufen können. Tatsächlich hat er schon nach drei Tagen einen Widerruf erklärt.

3. Inhaltliche Unbedingtheit

Die Wirkung der Richtlinie darf nicht an Bedingungen geknüpft sein. Die inhaltliche Unbedingtheit wird bereits im Sachverhalt bejaht.

4. Hinreichende Bestimmtheit

Die Richtlinie muss auch ohne nationale Umsetzung hinreichend bestimmt sein. Dies wird bereits im Sachverhalt angegeben.

5. Hinreichend qualifizierter Verstoß gegen das Unionsrecht

Ein derartiger Verstoß durch einen Mitgliedstaat wird bejaht, wenn die unterlassene Umsetzung einen offenkundigen und erheblichen Ermessensfehler des säumigen Mitgliedstaates darstellt. Da die Umsetzungsfrist in der Richtlinie benannt ist und keine Gründe zur Rechtfertigung der nicht erfolgten Umsetzung genannt werden, ist von einem offenkundigen und erheblichen Fehlverhalten Dänemarks auszugehen. Es steht nicht im Ermessen der Mitgliedstaaten, ob sie die von den Gemeinschaftsorganen beschlossenen Richtlinien dann auch in ihr nationales Recht umsetzen.

6. Kausalzusammenhang zwischen der unterlassenen Umsetzung und dem entstandenen Schaden

C konnte wegen der nicht rechtzeitig erfolgten Umsetzung den Vertrag mit X nicht widerrufen und musste daher die vereinbarte Unterrichtsgebühr zahlen. Das ist sein Schaden. Der Kausalzusammenhang ist zu bejahen.

C. Ergebnis

C hat einen gegen Dänemark gerichteten unionsrechtlich begründeten Anspruch auf Ersatz des ihm entstandenen Schadens.

D. Sekundärrechtliche Normen im Bereich der GASP und im Raum der Freiheit, der Sicherheit und des Rechts

Gemeint ist das Recht, das von der EU in den bisherigen[62] Politikfeldern der zweiten und dritten Säule erlassen werden konnte. Man sprach auch vom **Unionssekundärrecht**.[63] Die Politikfelder der GASP gem. Art. 11–28 EUV a.F. (zweite Säule) und der PJZS gem. Art. 29–43 EUV a.F. (dritte Säule) gehörten bis zum Inkrafttreten des Lissabon-Vertrages nicht zum Gemeinschaftsrecht der Europäischen Gemeinschaft, sondern waren Gegenstand der im EUV a.F. geregelten intergouvernementalen Zusammenarbeit aller Mitgliedstaaten. Das Unionssekundärrecht band zwar alle Mitgliedstaaten nach den allgemeinen völkerrechtlichen Grundsätzen, war aber nicht unmittelbar im nationalen Recht der Mitgliedstaaten anwendbar. Es bedurfte stets eines gesonderten Transformationsaktes in jedem Mitgliedstaat.[64] Das Unionssekundärrecht hatte somit keinen Anwendungsvorrang vor dem nationalen Recht. 113

I. Sekundärrechtsnormen im Bereich der GASP nach Inkrafttreten des Lissabon-Vertrages

Die Zuständigkeit der Union ist für die GASP nach Inkrafttreten des Lissabon-Vertrages besonders in Art. 2 Abs. 4 AEUV i.V.m. Art. 24 Abs. 1 EUV n.F. geregelt. Die Zuständigkeit der Union in der GASP erstreckt sich danach auf alle Bereiche der Außenpolitik sowie auf sämtliche Fragen im Zusammenhang mit der Sicherheit der Union einschließlich der schrittweisen Festlegung einer gemeinsamen Verteidigungspolitik, die zu einer gemeinsamen Verteidigung führen kann. 114

Entsprechend der Auflösung der bisherigen Säulenstruktur gilt der Vorrang des Sekundärrechts vor dem Recht der Mitgliedstaaten auch für Rechtsakte in Bereichen der bisherigen zweiten Säule.[65] Dies wird aber für die GASP durch Art. 24 Abs. 1 Unterabs. 2 EUV n.F. dahingehend eingeschränkt, dass für diese besondere Bestimmungen und Verfahren gelten. Der Erlass von Rechtsetzungsakten ist ausgeschlossen. Von den möglichen Rechtsakten des Art. 288 AEUV bleiben daher nur noch die Beschlüsse übrig, die gem. Art. 31 Abs. 1 Unterabs. 1 EUV n.F. grundsätzlich einstimmig vom Rat und vom Europäischen Rat zu erlassen sind. Beschlüsse können gem. Art. 25b EUV n.F. zur Festlegung der 115

- von der Union durchzuführenden Aktionen und
- von ihr anzunehmenden Standpunkte

erlassen werden. Das Europäische Parlament wird an der Beschlussfassung nicht beteiligt.

Der EuGH ist in Bezug auf diese Beschlüsse gem. Art. 24 Abs. 1 Unterabs. 2, S. 6 EUV n.F. nicht zuständig. Hiervon ausgenommen sind nur die Kontrolle der Einhaltung des Art. 40 des EUV n.F. und die Überwachung der Rechtmäßigkeit bestimmter Beschlüsse nach Art. 275 Abs. 2 AEUV.

Enthält sich ein Mitglied des Rates bei der Beschlussfassung gem. Art. 31 Abs. 1 EUV n.F. seiner Stimme, kann es hierzu eine förmliche Erklärung abgeben. Es ist dann nicht verpflichtet, den Beschluss durchzuführen, akzeptiert jedoch, dass dieser für die Union bindend ist. Es ist

62 Vor Inkrafttreten des Lissabon-Vertrages.
63 *Karpenstein* Praxis des EG-Rechts Rn. 21; *Streinz* Europarecht Rn. 5, 4f.
64 *Karpenstein* Praxis des EG-Rechts Rn. 22, 91.
65 *Hellmann* Der Vertrag von Lissabon S. 63.

zu berücksichtigen, dass der Beschluss dann als nicht erlassen gilt, wenn mindestens ein Drittel der Mitgliedstaaten sich der Stimme enthält und hierzu eine entsprechende Erklärung abgibt, vorausgesetzt, dieses Drittel vertritt mindestens ein Drittel der Unionsbevölkerung. Beschlussfassungen mit qualifizierter Mehrheit sind gem. Art. 31 Abs. 2 EUV n.F. allerdings wie bisher auch möglich, wenn es sich nicht um Beschlüsse mit militärischen oder verteidigungspolitischen Bezügen handelt.

116 Beschlüsse im Bereich der GASP können in all ihren Teilen gem. Art. 288 Unterabs. 4 AEUV verbindlich sein. Sie können bei Vorliegen der Voraussetzungen ihrer unmittelbaren Anwendbarkeit Anwendungsvorrang in den Mitgliedstaaten haben.[66] Die Union verfolgt gem. Art. 25a EUV n.F. die GASP auch, indem sie allgemeine Leitlinien bestimmt. Gem. Art. 26 Abs. 1 EUV n.F. bestimmt der Europäische Rat die strategischen Interessen der Union und legt die Ziele und die allgemeinen Leitlinien der GASP fest und zwar auch bei Fragen mit verteidigungspolitischen Bezügen. Der Rat gestaltet gem. Art. 26 Abs. 2 EUV n.F. die GASP auf der Grundlage dieser allgemeinen Leitlinien.

117 Die **Gemeinsame Sicherheits- und Verteidigungspolitik** ist gem. Art. 42 Abs. 1 EUV n.F. integraler Bestandteil der GASP. Die Union erfüllt ihre Aufgaben in diesem Bereich der Gemeinsamen Sicherheits- und Verteidigungspolitik durch Missionen, bei deren Durchführung sie in Übereinstimmung mit den Grundsätzen der Charta der Vereinten Nationen zur Friedenssicherung, Konfliktverhütung und Stärkung der internationalen Sicherheit auf zivile und militärische Mittel zurückgreifen kann. Gem. Art. 2 Abs. 4 AEUV ist die Union für die schrittweise Festlegung einer gemeinsamen Verteidigungspolitik zuständig. Für eine gemeinsame Verteidigung ist gem. Art. 42 Abs. 2 Unterabs. 1 EUV n.F. zunächst ein einstimmiger Beschluss des Europäischen Rates erforderlich. Alle Mitgliedstaaten müssen entsprechend ihres nationalen Verfassungsrechts diesem Beschluss zustimmen. Ein Beschluss als Voraussetzung für eine gemeinsame Verteidigung wird nur dann unmittelbar anwendbar sein, wenn alle Mitgliedstaaten ihm zugestimmt haben. In diesem Bereich besteht nur eine intergouvernementale Zusammenarbeit der Mitgliedstaaten.

Hinweis

Im Bereich der GASP können keine Rechtsetzungsakte erlassen werden. Von den möglichen Sekundärrechtsnormen des Art. 288 AEUV können in der GASP nur Beschlüsse erlassen werden.

II. Der Raum der Freiheit, der Sicherheit und des Rechts[67]

118 Zu diesem Raum gehören gem. Art. 67–89 AEUV die Grenzkontrollen, Asyl und Einwanderung, die justizielle Zusammenarbeit in Zivil- und Strafsachen und die polizeiliche Zusammenarbeit. Die Regelungen zur polizeilichen und justiziellen Zusammenarbeit, welche bis zum Inkrafttreten des Lissabon-Vertrages im intergouvernementalen Bereich der PJZS zusammengefasst worden waren, sind hier integriert worden. Gem. Art. 4 Abs. 2j AEUV teilt sich die Union ihre Zuständigkeit in dem Raum der Freiheit, der Sicherheit und des Rechts mit den Mitgliedstaaten, die gem. Art. 2 Abs. 2 S. 2 AEUV ihre Zuständigkeit wahrnehmen können,

66 *Hellmann* Der Vertrag von Lissabon S. 76.
67 *Arndt/Fischer/Fetzer* Europarecht S. 178 f.

sofern und soweit die Union ihre Zuständigkeit nicht ausgeübt hat. Die Zuständigkeit für die Aufrechterhaltung der öffentlichen Ordnung und für den Schutz der inneren Sicherheit bleibt bei den Mitgliedstaaten gem. Art. 72 AEUV. Aufgrund der Auflösung der bisherigen Säulenstruktur stehen den Unionsorganen auch in diesem Bereich die Rechtsakte gem. Art. 288 AEUV zur Verfügung. Die Rechtsakte in diesem Bereich können jetzt uneingeschränkt durch den EuGH kontrolliert werden.[68]

Die Rechtsakte sind in all ihren Teilen gem. Art. 288 AEUV verbindlich. Sie können bei Vorliegen der Voraussetzungen ihrer unmittelbaren Anwendbarkeit Anwendungsvorrang in den Mitgliedstaaten haben.[69] 119

Hinweis

Im Raum der Freiheit, der Sicherheit und des Rechts können von den zuständigen Unionsorganen alle Handlungsformen des Art. 288 AEUV eingesetzt werden.

Online-Wissens-Check

Was ist der wesentliche Unterschied zwischen einer Richtlinie und einer Verordnung?

Überprüfen Sie jetzt online Ihr Wissen zu den in diesem Abschnitt erarbeiteten Themen. Unter **www.juracademy.de/skripte/login** steht Ihnen ein Online-Wissens-Check speziell zu diesem Skript zur Verfügung, den Sie kostenlos nutzen können. Den Zugangscode hierzu finden Sie auf der Codeseite.

68 *Hellmann* Der Vertrag von Lissabon S. 89.
69 *Hellmann* Der Vertrag von Lissabon S. 76.

5. Teil
Das institutionelle System der Union

A. Die Unionsorgane

120 In Art. 13 EUV n.F. werden die folgenden **Unionsorgane** aufgeführt:

- Das Europäische Parlament
- Der Europäische Rat
- Der Rat
- Die Europäische Kommission
- Der Gerichtshof der Europäischen Union
- Die Europäische Zentralbank (EZB)
- Der Rechnungshof.

121 Bis zum Inkrafttreten des Lissabon-Vertrages wurde zwischen den Organen der Europäischen Gemeinschaft und den Organen der Union unterschieden. In Art. 7 Abs. 1 EGV wurden die Organe der Gemeinschaft genannt. Diese Gemeinschaftsorgane konnten in den Bereichen der zweiten Säule der Union (GASP) und der dritten Säule (PJZS) nicht in den Handlungsformen des Art. 249 EGV[1] tätig werden. Es war strittig, ob die in Art. 7 EGV genannten Gemeinschaftsorgane überhaupt Organe der EU waren oder von der EU nur zur Erledigung der intergouvernementalen Zusammenarbeit eingesetzt werden konnten. Aus der Formulierung des Art. 5 EUV a.F. wurde teilweise[2] abgeleitet, dass es sich auch um EU-Organe handele, da hier bestimmt werde, dass sie ihre Befugnisse im Übrigen nach den Bestimmungen des EUV a.F. ausübten. Die im EUV a.F. geregelten Politikbereiche als intergouvernementale Zusammenarbeitsfelder sprachen wiederum dafür, dass nur der Europäische Rat, der ja auch als einziges Organ im EUV a.F. direkt geregelt wurde, Organ der EU a.F. war und die anderen im EGV geregelten Organe im Rahmen der ihnen im EUV a.F. zugewiesenen Aufgaben als EG-Organe nur unterstützend für die EU tätig werden sollten.[3]

Hinweis

Gem. Art. 13 EUV n.F. stellen alle bisherigen fünf Gemeinschaftsorgane und die zum Unionsorgan aufgestiegene EZB sowie der Europäische Rat als Unionsorgane den institutionellen Rahmen der Union dar.

Die Befugnisse und Verpflichtungen aller Unionsorgane ergeben sich aus dem EUV n.F. und dem AEUV.

I. Das Europäische Parlament gem. Art. 14 EUV n.F

122 Das Europäische Parlament besteht gem. Art. 14 EUV n.F. aus Vertretern der Völker der in der Gemeinschaft zusammengeschlossenen Staaten. Das Europäische Parlament ist das einzige Unionsorgan, dass direkt von den wahlberechtigten Unionsbürgern gewählt wird.

---

1 Heute in Art. 288 AEUV.

2 *Streinz* Europarecht Rn. 41.

3 *Arndt/Fischer/Fetzer* Europarecht S. 64.

1. Die Abgeordneten des Europäischen Parlaments

Der Rat hatte am 20.9.1976 den Akt zur Einführung allgemeiner unmittelbarer Wahlen der Abgeordneten des Europäischen Parlaments beschlossen.[4,5] Nach Art. 1 dieses Aktes werden die Mitglieder des Europäischen Parlaments nach dem Verhältniswahlsystem auf der Grundlage von Listen oder von übertragbaren Einzelstimmen gewählt. Gem. Art. 2a des Aktes können die Mitgliedstaaten eine Mindestschwelle festlegen, die landesweit nicht mehr als 5 % der abgegebenen Stimmen betragen[6] darf. Erst seit 1979 werden die Abgeordneten des Europäischen Parlamentes für einen Zeitraum von fünf Jahren gem. Art. 14 Abs. 3 EUV n.F. in allgemeiner, unmittelbarer, freier und geheimer Wahl gewählt.[7] Die Europawahl fand 2004 erstmals nach einem einheitlichen Wahlverfahren in allen Mitgliedstaaten nach dem Verhältniswahlsystem statt. Die letzte Europawahl fand am 7.6.2009 statt. Das Parlament hat gem. Art. 14 Abs. 2 Unterabs. 1 S. 2 EUV n.F. 750 Mitglieder zzgl. des Parlamentspräsidenten[8]. Seit der Wahl zum Europäischen Parlament im Jahr 2004 ist die Mitgliedschaft im Europäischen Parlament unvereinbar mit der Eigenschaft als Abgeordneter eines nationalen Parlaments.[9] 123

Für die **Verteilung der Parlamentssitze** an die einzelnen Mitgliedstaaten regelt Art. 14 Abs. 2 S. 3 EUV n.F. nach dem **Grundsatz der degressiven Proportionalität**, dass die kleinen Mitgliedstaaten mindestens 6 gewählte Abgeordnete stellen können, während größere Mitgliedstaaten höchstens 96 gewählte Abgeordnete entsenden dürfen. Dies bedeutet, dass die Verteilung der Parlamentssitze auf die Mitgliedstaaten nicht proportional zur Bevölkerungszahl[10] ist. Kleine Staaten haben überproportional viele Abgeordnete, während große Staaten, insbesondere Deutschland, unterproportional berücksichtigt werden. Die 6 maltesischen Abgeordneten vertreten deutlich weniger auf Malta lebende Unionsbürger als die 96 deutschen Abgeordneten. Malta zählt 0,4 Mio. Einwohner. Ein maltesischer Abgeordneter vertritt somit die Interessen von 66 666 maltesischen Einwohnern, ein deutscher Abgeordneter vertritt hingegen bei einer Einwohnerzahl von 82,4 Mio. jeweils 858 333 Einwohner Deutschlands[11]. Die Gleichheit der Wahl ist damit nicht gewährleistet. 124

Hinweis

Die Parlamentssitze werden nach dem **Grundsatz der degressiven Proportionalität** verteilt.

4 BGBl. 1977 II, 743; in Kraft getreten am 1.7.1978 (ABl. Nr. L 173 vom 29.6.1978, 30; BGBl. 1978 II, 1003).

5 Bis 1979 setzte sich das Europäische Parlament aus abgesandten Mitgliedern der nationalen Parlamente zusammen.

6 5 %-Klausel.

7 Beschluss und Akt zur Einführung allgemeiner unmittelbarer Wahlen der Abgeordneten der Versammlung vom 20.9.1976; Sart. II Nr. 262.

8 Tatsächlich richtet sich die Zusammensetzung des Europäischen Parlaments bis zur Ende der Legislaturperiode 2014 nach den Grundsätzen des EGV, da die letzte Europawahl vor Inkrafttreten des Lissabon-Vertrages stattgefunden hat. Im Europäischen Parlament sitzen daher 754 Abgeordnete.

9 Art. 6 Abs. 2 S. 1 des Akts zur Einführung allgemeiner unmittelbarer Wahlen der Abgeordneten des Europäischen Parlamentes.

10 Die Bevölkerungszahl bezieht sich auf die im Aufenthaltsstaat wahlberechtigten Unionsbürger. *Streinz* Europarecht Rn. 303.

11 *Streinz* Europarecht Rn. 303; *Thiele* Europarecht S. 91.

2. Die Kompetenzen des Europäischen Parlamentes

a) Die parlamentarische Beteiligung an der Gesetzgebung und an der Haushaltsaufstellung

125 Das Europäische Parlament ist an der **Rechtsetzung** beteiligt. Die Rechtsetzung war bis zum Inkrafttreten des Lissabon-Vertrages primär Aufgabe des Rates. Jetzt hat das Europäische Parlament stärkere Mitentscheidungsrechte gem. Art. 294 AEUV. Dieses Mitentscheidungsverfahren ist jetzt zum ordentlichen Rechtsetzungsverfahren aufgestiegen.

Hinweis

Es gibt grundsätzlich 2 Formen der parlamentarischen Beteiligung an der Rechtsetzung.

Es sind folgende parlamentarische Beteiligungsformen an der Gesetzgebung zu unterscheiden:

- Das ordentliche Rechtsetzungsverfahren[12] gem. Art. 289 Abs. 1 i.V.m. Art. 294 AEUV,
- das besondere Rechtsetzungsverfahren gem. Art. 289 Abs. 2 AEUV,
- das Anhörungsverfahren durch Abgabe von Stellungnahmen z.B. gem. Art. 192 Abs. 2 AEUV,
- das Zustimmungsverfahren z.B. gem. Art. 49 Unterabs. 1 EUV n.F.

126 Das Europäische Parlament beschließt grundsätzlich gem. Art. 231 AEUV mit der Mehrheit der abgegebenen Stimmen, soweit die Verträge nicht etwas anderes bestimmen. Die Geschäftsordnung des Europäischen Parlamentes regelt die Beschlussfähigkeit des Parlaments. Anderslautende Vertragsbestimmungen zu den Mehrheiten für Beschlussfassungen finden sich z.B. in Art. 234 Unterabs. 2 AEUV zum Misstrauensantrag. Gem. Art. 352 Abs. 1 AEUV ist für die Wahrnehmung der Vertragsabrundungskompetenz durch den Rat die Zustimmung des Europäischen Parlamentes erforderlich.

Hinweis

Bis zum Inkrafttreten des Lissabon-Vertrages war in Art. 308 EGV vorgesehen, dass der Rat die **Vertragsabrundungskompetenz** einstimmig auf Vorschlag der Kommission und nach Anhörung des Europäischen Parlamentes wahrnehmen kann. Durch das parlamentarische Zustimmungserfordernis wird nach Inkrafttreten des Lissabon-Vertrages die Position des Europäischen Parlamentes aufgewertet.

Auch der Lissabon-Vertrag sieht für das Europäische Parlament kein Gesetzesinitiativrecht vor. Allerdings kann das Parlament die Kommission gem. Art. 225 AEUV auffordern, von ihrem Gesetzesinitiativrecht Gebrauch zu machen. Legt die Kommission keinen Gesetzesvorschlag vor, so hat sie dem Parlament die Gründe dafür mitzuteilen.

12 Bis zum Inkrafttreten des Lissabon-Vertrages das Mitentscheidungsverfahren.

Hinweis

Das Europäische Parlament hat auch weiterhin grundsätzlich kein **Gesetzesinitiativrecht.** Es besteht nur ausnahmsweise ein Gesetzesinitiativrecht gem. Art. 48 Abs. 2 und Abs. 6 Unterabs. 1 EUV n.F. bzgl. der Änderung der Verträge.[13]

Das Europäische Parlament ist an der **Haushaltsaufstellung** beteiligt. Das **Haushaltsverfahren** ist in den Art. 313 ff. AEUV geregelt. Das Haushaltsjahr beginnt gem. Art. 313 AEUV am 1. Januar und endet am 31. Dezember eines jeden Jahres. Das Europäische Parlament hatte bis zum Inkrafttreten des Lissabon-Vertrages keinen maßgeblichen Einfluss auf die Haushaltsaufstellung. Es war daran nur in einem gestuften Mitwirkungsverfahren beteiligt. Dies hat sich durch den Lissabon-Vertrag geändert. 127

Der Jahreshaushaltsplan der Union wird gem. Art. 314 AEUV im Rahmen eines besonderen Rechtsetzungsverfahrens vom Europäischen Parlament und dem Rat festgelegt. Jedes Organ mit Ausnahme der EZB stellt vor dem 1. Juli einen **Haushaltsvoranschlag** für seine Ausgaben für das folgende Haushaltsjahr auf. Die Kommission fasst diese Voranschläge in einem Entwurf für den Haushaltsplan zusammen, der abweichende Voranschläge enthalten kann, und legt ihn dem Europäischen Parlament und dem Rat vor. Der Rat legt seine Standpunkte zu dem Entwurf fest und leitet sie dem Europäischen Parlament zu. Der **Haushaltsplan** ist erlassen, wenn das Parlament binnen 42 Tagen entweder den Standpunkt des Rates gebilligt oder selbst keinen Beschluss gefasst hat. Das Parlament kann aber auch innerhalb dieser Frist mit der Mehrheit seiner Mitglieder Abänderungen des Haushaltsvoranschlags beschließen, die es dem Rat und der Kommission zuleitet. Abweichend von dem Verfahren bis zum Inkrafttreten des Lissabon-Vertrages zur Aufstellung des jährlichen Haushaltsplans besteht jetzt gem. Art. 314 Abs. 4c AEUV die Möglichkeit zur Durchführung eines **Vermittlungsverfahrens.** Stimmt der Rat den Änderungen des Parlamentes nicht zu, dann wird der Vermittlungsausschuss vom Präsidenten des Parlamentes und des Rates einberufen. Im Vermittlungsausschuss soll innerhalb von 21 Tagen eine Einigung über einen gemeinsamen Entwurf von Parlament und Rat erzielt werden. Im Falle dieser Einigung haben das Parlament und der Rat innerhalb von 14 Tagen die Möglichkeit, diesen gemeinsamen Entwurf des Vermittlungsausschusses zu billigen. Sollten sich Rat und Europäisches Parlament auch im Vermittlungsverfahren nicht einigen können, dann soll sich das Europäische Parlament gem. Art. 314 Abs. 7d AEUV gegenüber dem Rat durchsetzen können. Wenn innerhalb einer Frist von 14 Tagen der gemeinsame Entwurf vom Europäischen Parlament gebilligt wird, während er vom Rat abgelehnt wird, dann kann das Europäische Parlament binnen 14 Tagen ab dem Tag der Ablehnung durch den Rat mit der Mehrheit seiner Mitglieder und drei Fünfteln der abgegebenen Stimmen beschließen, alle oder einzelne Änderungen des Haushaltsplans zu bestätigen. 128

Die bisherige Unterscheidung zwischen **obligatorischen und nicht obligatorischen Ausgaben** ist weggefallen, sodass sich das Europäische Parlament bzgl. aller Ausgaben durchsetzen kann. 129

13 Damit sind stets der EUV n.F. und der AEUV gemeint.

Als **obligatorische Ausgaben** wurden die Ausgaben bezeichnet, die sich zwingend aus dem Vertrag oder den aufgrund des Vertrages erlassenen Rechtsakten ergaben. Unabhängig von der haushaltsmäßigen Bewilligung bestand eine unbedingte Leistungspflicht der Gemeinschaft bzw. ein durchsetzbarer Leistungsanspruch eines Dritten dem Grunde und der Höhe nach.[14]

Hinweis

Die parlamentarische Beteiligung bei der Haushaltsaufstellung ist nach Inkrafttreten des Lissabon-Vertrages deutlich aufgewertet worden.

b) Die Kontrollrechte

130 Im Europäischen Parlament kann gem. Art. 234 AEUV wegen der Tätigkeit der Kommission ein **Misstrauensantrag** eingebracht werden, über den erst nach Ablauf von drei Tagen in offener Abstimmung entschieden werden darf. Wird der Misstrauensantrag mit der Mehrheit von zwei Dritteln der abgegebenen Stimmen und mit der Mehrheit der Mitglieder des Europäischen Parlaments angenommen, so müssen die Mitglieder der Kommission geschlossen ihr Amt niederlegen. Sie führen die laufenden Geschäfte bis zur Ernennung ihrer Nachfolger weiter. Ebenfalls hat dann der Hohe Vertreter der Union für Außen- und Sicherheitspolitik sein im Rahmen der Kommission ausgeübtes Amt niederzulegen.

Beispiel Rücktritt der Santer-Kommission

Die Kommission von Jacques Santer (1995–1999) wurde gegen Ende der Amtszeit von einem Korruptionsskandal um Edith Cresson erschüttert, der schließlich am 15.3.1999 zum Rücktritt der gesamten Kommission führte. Zuvor war der im Europäischen Parlament eingebrachte Misstrauensantrag mit 232 von 552 Stimmen gescheitert. ■

131 Die Ernennung der Kommission als Ganzes, des Präsidenten und des Hohen Vertreters der Union für Außen- und Sicherheitspolitik bedarf gem. Art. 17 Abs. 7 Unterabs. 3 EUV n.F. der Zustimmung des Europäischen Parlaments. Gem. Art. 230 Abs. 2 AEUV hat das Europäische Parlament gegenüber der Kommission ein **Fragerecht**. Die Kommission ist zur Beantwortung der gestellten Fragen verpflichtet.[15] Die Kommission muss sich zur Ausführung des Haushalts gem. Art. 319 Abs. 1 S. 1 AEUV vom Europäischen Parlament entlasten lassen. Gem. Abs. 2 kann das Parlament vor der Entlastung sowie auch zu anderen Zwecken im Zusammenhang mit der Ausübung ihrer Haushaltsbefugnisse die Kommission auffordern, Auskunft über die Vornahme der Ausgaben oder die Arbeitsweise der Finanzkontrollsysteme zu erteilen. Die Kommission hat dem Parlament auf dessen Ersuchen alle notwendigen Informationen vorzulegen.

Hinweis

Beachten Sie, dass das Europäische Parlament keine direkten Kontrollrechte gegenüber dem Rat besitzt.

14 *Streinz* Europarecht Rn. 719.
15 *Streinz* Europarecht Rn. 318.

Das Europäische Parlament kann gem. Art. 226 AEUV die Einsetzung eines **Untersuchungsausschusses** beschließen. Ein Viertel der Mitglieder des Parlaments muss diesen Beschluss treffen. Der Untersuchungsausschuss prüft unbeschadet der Befugnisse, die anderen Organen oder Institutionen durch diesen Vertrag übertragen sind, behauptete Verstöße gegen das Unionsrecht oder Missstände bei dessen Anwendung. Dies gilt dann jedoch nicht, wenn ein Gericht mit den behaupteten Sachverhalten befasst ist, solange das Gerichtsverfahren nicht abgeschlossen ist. Der Untersuchungsausschuss endet mit der Vorlage eines Berichtes. 132

Das Europäische Parlament kann gem. Art. 263 AEUV Nichtigkeitsklagen beim EuGH wegen nichtiger Handlungen des Rates, der Kommission, des Europäischen Rates und der Europäischen Zentralbank erheben. Es kann auch Untätigkeitsklagen gem. Art. 265 AEUV bei rechtswidrigem Unterlassen einer Beschlussfassung durch ein anderes Organ erheben.

3. Die Nähe zum Unionsbürger

Jeder Unionsbürger besitzt gem. Art. 24 S. 2 AEUV das **Petitionsrecht** beim Europäischen Parlament nach der Regelung des Art. 227 AEUV bei Angelegenheiten, die in die Tätigkeitsbereiche der Gemeinschaft fallen, die ihn unmittelbar betreffen. 133

Gem. Art. 24 S. 3 AEUV kann sich auch jeder Unionsbürger an den nach Art. 228 AEUV eingesetzten **Bürgerbeauftragten** wenden. Der Bürgerbeauftragte wird vom Europäischen Parlament ernannt.

II. Der Europäische Rat gem. Art. 15 EUV n.F

Der Europäische Rat besteht gem. Art. 15 Abs. 2 EUV n.F. aus den Staats- und Regierungschefs sowie dem Präsidenten des Europäischen Rates und dem Präsidenten der Kommission. Der Hohe Vertreter der Union für Außen- und Sicherheitspolitik nimmt an der Arbeit des Europäischen Rates teil, ist aber selbst nicht Mitglied des Europäischen Rates. 134

» Häufig wird der Europäische Rat mit dem Rat oder dem Europarat verwechselt. Der Europäische Rat ist erst seit dem Inkrafttreten des Lissabon-Vertrages in den Rang eines Organs der Union aufgestiegen. Lesen Sie zur Abgrenzung des Rates vom Europäischen Rat im 5. Teil unter Rn. 139–155 die Ausführungen zum Rat. «

1. Die Organisation des Europäischen Rates

Der Europäische Rat tagt gem. Art. 15 Abs. 3 EUV n.F. mindestens zweimal pro Halbjahr. Hinzu kommen Sondergipfel zu besonderen Themen. Der Europäische Rat hat gem. Art. 15 Abs. 5 EUV n.F. einen Präsidenten, den er mit qualifizierter Mehrheit für eine Amtszeit von zweieinhalb Jahren wählt. Der Präsident kann einmal wiedergewählt werden. Er darf gem. Art. 15 Abs. 6 Unterabs. 3 EUV n.F. kein einzelstaatliches Amt ausüben. Im Falle einer Verhinderung oder einer schweren Verfehlung kann der Europäische Rat ihn im Wege des gleichen Verfahrens von seinem Amt entbinden. Die Aufgaben des Präsidenten des Europäischen Rates werden in Art. 15 Abs. 6 EUV n.F. beschrieben. Besonders hervorzuheben ist die Außenvertretung der Union im Bereich der GASP. 135

Bis zum Inkrafttreten des Lissabon-Vertrages war einer der Staats- bzw. Regierungschefs Vorsitzender des Europäischen Rates. Das Amt des Vorsitzenden wechselte halbjährlich. 136

Der Europäische Rat hatte zunächst keinen festen Sitz, sondern traf sich in dem Land, das jeweils den Vorsitz hatte. Auf der Grundlage des Vertrages von Nizza finden seit Mai 2004 alle 137

Tagungen des Europäischen Rates in Brüssel statt.[16] Die Tagungen des Europäischen Rates sind nicht öffentlich. Der Präsident des Europäischen Rates legt gem. Art. 15 Abs. 6d EUV n.F. dem Europäischen Parlament aber nach jeder Tagung einen Bericht vor.

2. Die Kompetenzen des Europäischen Rates

138 Der Europäische Rat ist das **oberste politische Gremium der EU**. Er legt gem. Art. 15 Abs. 1 EUV n.F. die politischen Leitlinien und Ziele der Union fest. Hauptsächlich beschäftigt sich der Europäische Rat jedoch mit groben Vorgaben für die weitere Entwicklung der Europäischen Union. Diese Vorgaben sind politisch verbindlich und stellen die Voraussetzungen für ein weiteres Tätigwerden des Rates dar. Ausdrücklich wird in Art. 15 Abs. 1 S. 2 EUV n.F. festgelegt, dass der Europäische Rat nicht gesetzgeberisch tätig wird. Der Europäische Rat bestimmt gem. Art. 26 Abs. 1 EUV n.F. die strategischen Interessen der Union und legt die Ziele und die allgemeinen Leitlinien der GASP fest und zwar auch bei Fragen mit verteidigungspolitischen Bezügen. Wenn eine internationale Entwicklung es erfordert, beruft der Präsident des Europäischen Rates eine außerordentliche Tagung des Europäischen Rates ein, um die strategischen Vorgaben für die Politik der Union angesichts dieser Entwicklung festzulegen. Der Rat gestaltet gem. Art. 26 Abs. 2 EUV n.F. die GASP und fasst die für die Festlegung und Durchführung dieser Politik erforderlichen Beschlüsse auf der Grundlage der vom Europäischen Rat festgelegten allgemeinen Leitlinien und strategischen Vorgaben.

Anhand eines gemeinsamen Jahresberichtes des Rates und der Kommission prüft der Europäische Rat gem. Art. 148 Abs. 1 AEUV jährlich die Beschäftigungslage in der Union und nimmt hierzu Schlussfolgerungen an. Diese Schlussfolgerungen sind die Grundlage für die Leitlinien des Rates zur Beschäftigungspolitik in den Mitgliedstaaten.

Nach Art. 48 Abs. 6 und 7 EUV n.F. kann der Europäische Rat im Zusammenwirken mit dem Europäischen Parlament über bestimmte Änderungen der Verträge im vereinfachten Verfahren beschließen.

Der Europäische Rat nominiert gem. Art. 17 Abs. 7 EUV n.F. den Kandidaten für das Amt des Kommissionspräsidenten, ernennt die Mitglieder des Direktoriums der EZB gem. Art. 283 Abs. 2 AEUV und den Hohen Vertreter der Union für Außen und Sicherheitspolitik gem. Art. 18 Abs. 1 EUV n.F.

Auf Vorschlag eines Drittels der Mitgliedstaaten oder der Europäischen Kommission und nach Zustimmung des Europäischen Parlaments kann der Europäische Rat gem. Art. 7 Abs. 2 EUV n.F. einstimmig feststellen, dass eine schwerwiegende und anhaltende Verletzung der in Art. 2 EUV n.F. genannten Werte durch einen Mitgliedstaat vorliegt, nachdem er den betroffenen Mitgliedstaat vergeblich zu einer Stellungnahme aufgefordert hat.

Es finden grundsätzlich keine Abstimmungen nach festen Regeln im Europäischen Rat statt, da der Europäische Rat ein politisches, aber kein rechtliches Entscheidungsorgan wie etwa die Europäische Kommission oder das Europäische Parlament ist. Die Mitglieder des Europäischen Rates sind gezwungen, solange zu verhandeln, bis kein Mitglied mehr einen Einspruch erhebt. Es wird dann von einem Konsens gem. Art. 15 Abs. 4 EUV n.F. ausgegangen.

16 *Streinz* Europarecht Rn. 270; Erklärung (Nr. 22) der Schlussakte der Konferenz von Nizza zum Tagungsort des Europäischen Rates.

III. Der Rat gem. Art. 16 EUV n.F

Der Rat ist das wichtigste Entscheidungsorgan der Europäischen Gemeinschaft. Bis 1993 wurde 139
der Rat als **Ministerrat** bezeichnet. Durch Ratsbeschluss vom 8.11.1993[17] wurde die Bezeichnung „Rat der Europäischen Union" beschlossen. Allgemein wird vom Rat gesprochen.

> **JURIQ-Klausurtipp**
>
> Achten Sie besonders bei Klausuren darauf, den Rat nicht mit dem Europäischen Rat oder dem Europarat zu verwechseln. Es handelt sich nicht um mehrere Begriffe für dasselbe Gemeinschaftsorgan!

1. Die Zusammensetzung des Rates

Gem. Art. 16 EUV n.F. besteht der Rat aus je einem Vertreter jedes Mitgliedstaates auf Minis- 140
terebene. Dieser Vertreter ist befugt, für die Regierung des Mitgliedstaates verbindlich zu handeln und das Stimmrecht auszuüben. Da das Gesetz nur die Entsendung eines Vertreters auf „Ministerebene" verlangt, ist es in föderal strukturierten Mitgliedstaaten wie Deutschland möglich, einen Landesminister zu den Ratssitzungen zu schicken. Gem. Art. 23 Abs. 6 GG soll dies aber verfassungsrechtlich nur möglich sein, wenn in der jeweiligen Ratssitzung schwerpunktmäßig die ausschließliche Gesetzgebungskompetenz der Bundesländer betroffen ist.[18] Die Vertreter auf Ministerebene sind an die Weisungen ihrer jeweiligen Regierungen gebunden. In der Praxis ist auch die gesetzlich nicht geregelte Entsendung eines Staatssekretärs gewohnheitsrechtlich anerkannt.[19] Je nach den auf der Tagesordnung stehenden Fragen ändert sich die Zusammensetzung des Rates. In der Geschäftsordnung des Rates sind neun **Ratsformationen** genannt:[20]

- Allgemeiner Rat und auswärtige Beziehungen,
- Wirtschaft und Finanzen **(EcoFin)**,
- Justiz und Inneres,
- Beschäftigung, Sozialpolitik, Gesundheit und Verbraucherfragen,
- Wettbewerb (Binnenmarkt, Industrie und Forschung),
- Umwelt,
- Erziehung, Jugend und Kultur,
- Transport, Telekommunikation und Energie und
- Landwirtschaft und Fischerei.

In den verschiedenen Ratsformationen kommen die jeweiligen Fachminister zusammen. Der 141
Rat kann in seinen unterschiedlichen Zusammensetzungen zur gleichen Zeit tagen und Beschlüsse fassen. Der Vorsitz in jeder Ratsformation wechselt gem. Art. 16 Abs. 9 EUV n.F. zwischen den Mitgliedstaaten im Sechs-Monats-Rhythmus nach einer vom Rat gem. Art. 236b AEUV vorab festgelegten Reihenfolge. Der Rat hat einen entsprechenden

---

17 ABl. 1993, Nr. L 281/18.

18 *Arndt/Fischer/Fetzer* Europarecht S. 23.

19 *Thiele* Europarecht S. 77; *Streinz* Europarecht Rn. 332.

20 Ziff. 5 der Geschäftsordnung des Rates vom 22.3.2004, Beschluss 2004/338/EG.

Beschluss[21] gefasst, wonach der Vorsitz im Rat von zuvor festgelegten Gruppen mit je drei Mitgliedstaaten für einen Zeitraum von 18 Monaten wahrgenommen wird. Jeder Mitgliedstaat in der Gruppe übernimmt danach für sechs Monate den Vorsitz und wird von den beiden anderen Gruppenmitgliedern jeweils unterstützt. Dieses Rotationsverfahren gilt nur nicht für den Rat für Auswärtige Angelegenheiten. Ein **Hoher Vertreter für die Außen- und Sicherheitspolitik** führt gem. Art. 18 Abs. 3 EUV n.F. den Vorsitz im Rat für Auswärtige Angelegenheiten. Der Hohe Vertreter wird gem. Art. 18 Abs. 1 EUV n.F. vom Europäischen Rat mit qualifizierter Mehrheit und mit Zustimmung des Präsidenten der Kommission ernannt. Der Hohe Vertreter leitet die GASP und ist einer der Vizepräsidenten der Kommission.

Der Vorsitzende soll als Impulsgeber bei den Beratungen des Rates wirken. Im Dezember jeden Jahres legen die beiden Länder, die den Vorsitz im darauf folgenden Jahr wahrnehmen werden, gemeinsam den Entwurf eines Jahresprogramms vor. Der neue Vorsitz erstellt zudem die vorläufige Tagesordnung für die während seiner Amtszeit abzuhaltenden Tagungen.[22]

2. Die Kompetenzen

142 Die Kompetenzen des Rates werden in Art. 16 EUV n.F. beschrieben. Hier heißt es, dass der Rat gemeinsam mit dem Europäischen Parlament als Gesetzgeber tätig wird und gemeinsam mit ihm die Haushaltsbefugnisse ausübt. Ferner gehört zu seinen Aufgaben die Festlegung der Politik und die Koordinierung nach Maßgabe der Verträge.

a) Die Beteiligung des Rates an der Gesetzgebung

» Wiederholen Sie an dieser Stelle die Erörterungen des Sekundärrechts unter Rn. 90–110 «

143 Zusammen mit dem Europäischen Parlament ist der Rat das Hauptrechtsetzungsorgan für sekundäres Gemeinschaftsrecht.

Grundsätzlich werden Verordnungen und Richtlinien vom Rat erlassen. In Gesetzgebungsakten kann der Kommission gem. Art. 290 Abs. 1 AEUV die Befugnis übertragen werden, Rechtsakte ohne Gesetzescharakter mit allgemeiner Geltung zur Ergänzung oder Änderung bestimmter nicht wesentlicher Vorschriften des betreffenden Rechtsaktes zu erlassen.[23]

144 Erscheint ein Tätigwerden der Union im Rahmen der in den Verträgen festgelegten Politikbereiche erforderlich, um eines der Ziele der Verträge zu verwirklichen, und sind in den Verträgen die hierfür erforderlichen Befugnisse nicht vorgesehen, so kann der Rat gem. Art. 352 AEUV einstimmig auf Vorschlag der Kommission und nach Zustimmung des Europäischen Parlamentes die geeigneten Vorschriften erlassen. Diese **Vertragsabrundungskompetenz** darf nicht zu Harmonisierungen in den Bereichen führen, für die eine Harmonisierung vertraglich ausgeschlossen ist. Insbesondere können Ziele in der GASP nicht mit ihr erreicht werden.

---

21 Erklärung Nr. 9 zu Art. 16 Abs. 9 EUV n.F. „betreffend den Beschluss des Europäischen Rates über die Ausübung des Vorsitzes im Rat".

22 Ziff. 9 der Geschäftsordnung des Rates vom 22.3.2004, Beschluss 2004/338/EG.

23 Die Beteiligung des Rates an der Gesetzgebung wird im 6. Teil Rn. 187 ff. im Rahmen der Darstellung der Rechtsetzungsverfahren ausführlich behandelt.

Hinweis

Da durch die Möglichkeit der **Vertragsabrundungskompetenz** das Prinzip der Einzelermächtigung verletzt wird, ist von Art. 352 AEUV nur sehr restriktiv Gebrauch zu machen.

aa) Die qualifizierte Mehrheit

Soweit in den Verträgen nichts anderes festgelegt ist, beschließt der Rat gem. Art. 16 Abs. 3 **145**
EUV n.F. mit qualifizierter Mehrheit. Gem. Art. 16 Abs. 4 EUV n.F. gilt ab dem 1.11.2014 für die qualifizierte Mehrheit das **Prinzip der doppelt-qualifizierten Mehrheit**. Es ist zu unterscheiden, ob der Rat auf Vorschlag der Kommission oder des Hohen Vertreters der Union für Außen- und Sicherheitspolitik beschließt oder auf Vorschlag eines anderen Unionsorgans.

(1) Prinzip der doppelt-qualifizierten Mehrheit

- Es muss gem. Art. 16 Abs. 3 EUV n.F. eine Mehrheit von mindestens 55 % der Mitglieder **146**
des Rates erreicht werden, wenn der Rat **auf Vorschlag der Kommission oder des Hohen Vertreters der Union für Außen- und Sicherheitspolitik** beschließt. Diese Mehrheit muss aus mindestens 15 Mitgliedern gebildet werden, die zusammen mindestens 65 % der Bevölkerung der Union ausmachen.
- Beschließt der Rat gem. Art. 16 Abs. 4 Unterabs. 3 EUV n.F. i.V.m. Art. 238 Abs. 2 AEUV **auf Vorschlag anderer Unionsorgane**, so gilt als qualifizierte Mehrheit eine Mehrheit von mindestens 72 % der Mitglieder des Rates, sofern die von ihnen vertretenen Mitgliedstaaten zusammen mindestens 65 % der Unionsbevölkerung ausmachen.

(2) Sperrminorität

Das Prinzip der doppelt-qualifizierten Mehrheit wird durch die Vorschrift zur Sperrminorität **147**
gem. Art. 16 Abs. 4 EUV n.F. ergänzt. Diese zusätzliche Bedingung soll verhindern, dass drei große Mitgliedstaaten alleine einen Beschluss zu Fall bringen können, selbst wenn sie mehr als 35 % der Bevölkerung in der Union vertreten.

Hinweis

Für eine **Sperrminorität** sind mindestens vier Mitglieder des Rates erforderlich. Andernfalls gilt die qualifizierte Mehrheit als erreicht.

Ergänzt wird diese vorstehende Regelung um den bereits in einer Erklärung[24] vorformulierten **148**
Beschluss des Rates über den sogenannten **„Ioannina-Mechanismus"**. Eine Besonderheit dieses Mechanismus besteht darin, dass der Ratsbeschluss, mit dem dieses System eingeführt wird, nur durch Konsens geändert werden kann. In einem Zusammenspiel von Art. 16 Abs. 4 und 5 EUV n.F. und Art. 3 des Protokolls über die Übergangsbestimmungen wird die neue Regelung für die qualifizierte Mehrheit zeitlich dreifach gestaffelt eingeführt: bis 2014, 2014–2017 und ab 2017.

24 Erklärung Nr. 7 zu Art. 16 Abs. 4 des Vertrags über die Europäische Union und zu Art. 238 Abs. 2 des Vertrages über die Arbeitsweise der Europäischen Union.

Hinweis

Diese gestaffelten Voraussetzungen für eine qualifizierte Mehrheit treten gem. Art. 16 Abs. 4 EUV n.F. und gem. Art. 238 Abs. 2 AEUV erst ab dem 1.11.2014 in Kraft.

149 Bis zum 31.10.2014 bleibt es bei den bisherigen Regelungen auf der Grundlage des Vertrages von Nizza. Die Übergangsbestimmungen für die Definition der qualifizierten Mehrheit in dieser Übergangszeit sind gem. Art. 16 Abs. 5 EUV n.F. im Protokoll über die Übergangsbestimmungen festgelegt. Danach verfügen die Mitgliedstaaten bei Mehrheitsentscheidungen über **unterschiedliche Stimmengewichte**. Große Staaten wie Deutschland haben mehr Stimmen als kleinere wie Malta. Die Spannbreite liegt zwischen drei und neunundzwanzig Stimmen. Sollen Beschlüsse des Rates auf Vorschlag der Kommission gefasst werden, sind mindestens 255 von 345 Stimmen[25] erforderlich, welche die Mehrheit der Mitglieder, also mindestens fünfzehn von achtundzwanzig Mitgliedstaaten umfassen. Ein Mitglied kann beantragen, dass überprüft wird, ob die Mitgliedstaaten, die die qualifizierte Mehrheit bilden, mindestens 62 % der Gesamtbevölkerung[26] der Union repräsentieren. Ist diese Bedingung nicht erfüllt, ist der Beschluss nicht zustande gekommen. In allen anderen Fällen muss die Zustimmung von mindestens zwei Dritteln der Mitglieder zu der Mindestzahl von 255 Stimmen hinzutreten.

150 Ab 1.11.2014 gilt das zuvor geschilderte Verfahren der **doppelt-qualifizierten Mehrheit**. Gem. Art. 3 Abs. 2 des Protokolls über die Übergangsbestimmungen soll jedoch bis zum 31.3.2017 jeder Mitgliedstaat im Rat beantragen können, dass nach dem System der gewichteten Stimmen gemäß des Vertrages von Nizza abgestimmt wird. Ab dem 31.3.2017 gilt die Regelung zur qualifizierten Mehrheit uneingeschränkt.

Hinweis

Die **Ausweitung der Mehrheitsentscheidung** im Rat ist ein weiterer wichtiger Schritt, um die Handlungsfähigkeit des Rates herzustellen. Gleichzeitig bedeutet dies, dass den unterliegenden Mitgliedstaaten ein höheres Maß an gegenseitiger Toleranz abverlangt wird.

bb) Andere Mehrheiten

151 Regelungen zu anderen Mehrheiten sind z.B. in Art. 238 AEUV enthalten. Danach erfolgen die Abstimmungen im Rat je nach Rechtsakt einstimmig, mit einfacher oder per qualifizierter Mehrheit. Tatsächlich ist die Beschlussfassung mit einfacher Mehrheit die Ausnahme.[27] Ein Beschluss ist mit einfacher Mehrheit zustande gekommen, wenn fünfzehn von achtundzwanzig Ratsmitgliedern zugestimmt haben. Verlangt eine Beschlussfassung die Einstimmigkeit, dann steht die Stimmenthaltung von anwesenden oder vertretenen Mitgliedern gem. Art. 238 Abs. 4 AEUV dem Zustandekommen von einstimmig zu fassenden Ratsbeschlüssen nicht entgegen. Ein einstimmiger Beschluss kommt demnach nicht zustande, wenn ein Mit-

25 Die Übergangsbestimmungen für die Definition der qualifizierten Mehrheit im Protokoll Nr. 36 zum Lissabon-Vertrag von 2009 berücksichtigen nicht den Beitritt von Kroatien am 1.7.2013.

26 Die Bevölkerungszahl wird einmal pro Jahr durch eine Änderung des Anhangs II der Geschäftsordnung des Rates festgelegt. Gem. Art. 2 dieses Anhangs übermitteln die Mitgliedstaaten dazu ihre Bevölkerungszahlen (also nicht nur die Zahl ihrer Staatsangehörigen) jährlich an Eurostat.

27 *Streinz* Europarecht Rn. 355.

gliedstaat weder anwesend ist noch sich durch Stimmrechtsübertragung vertreten lässt. Jedes Mitglied kann einem anderen Mitglied gem. Art. 239 AEUV sein Stimmrecht übertragen. Allerdings kann sich jedes Mitglied das Stimmrecht nur eines anderen Mitglieds übertragen lassen. Einstimmige Beschlüsse des Rates sind immer dann erforderlich, wenn die Gemeinschaftsverträge dies ausdrücklich vorsehen. Einstimmigkeit wird beispielsweise in folgenden Fällen verlangt:

- Vertragsabrundungskompetenz gem. Art. 352 Abs. 1 AEUV,
- Aufnahme weiterer Mitglieder gem. Art. 49 Abs. 1 EUV n.F. oder bei
- Assoziierung mit dritten Staaten gem. Art. 212 i.V.m. Art. 218 Abs. 8 Unterabs. 2 AEUV.

Beispiel **Verletzung der Geschäftsordnung des Rates**[28]

Der Präsident des Rates forderte das Vereinigte Königreich schriftlich zur Zustimmung zu einer auf Art. 37 EGV[29] gestützten Richtlinie auf. Dieses stimmte weder dem schriftlichen Verfahren noch der Richtlinie selbst zu. Dennoch wurde die Richtlinie als im schriftlichen Verfahren zustande gekommen bekannt gegeben. Das Vereinigte Königreich reichte eine Nichtigkeitsklage beim EuGH hiergegen wegen Verletzung wesentlicher Formvorschriften ein. Der EuGH bejahte, dass der jetzige Art. 24 der Geschäftsordnung des Rates eine wesentliche Formvorschrift i.S.d. Art. 230 Abs. 2 EGV[30] sei. Diese Regelung sieht in Satz 2 vor, dass der Ratspräsident die Durchführung des schriftlichen Verfahrens vorschlagen kann, wenn alle Ratsmitglieder damit einverstanden sind. ■

b) Die Beteiligung des Rates an der Haushaltsaufstellung

Der Rat entscheidet gemeinsam mit dem Europäischen Parlament über den Haushalt gem. Art. 314 AEUV. 152

» Wiederholen Sie an dieser Stelle die Ausführungen zur parlamentarischen Beteiligung der Haushaltsaufstellung in Rn. 127–129. Hier sind auch die Rechte des Rates behandelt. «

c) Die Kontrollrechte

Der Rat kann gem. Art. 247 AEUV beim EuGH beantragen, dass ein Mitglied der Kommission, 153
das die Voraussetzungen für die Ausübung seines Amtes nicht mehr erfüllt oder eine schwere Verfehlung begangen hat, seines Amtes enthoben wird.

Sind mit einem oder mehreren Staaten oder internationalen Organisationen Abkommen auszuhandeln, so legt die Kommission gem. Art. 207 Abs. 3 AEUV dem Rat Empfehlungen vor. Der Rat ermächtigt die Kommission zur Aufnahme der erforderlichen Verhandlungen. Die Kommission führt diese Verhandlungen in Abstimmung mit einem zu ihrer Unterstützung vom Rat bestellten besonderen Ausschuss nach Maßgabe der Richtlinien, die ihr der Rat erteilen kann. Die Kommission erstattet dem besonderen Ausschuss regelmäßig Bericht über den Stand der Verhandlungen.

Der Rat kann gem. Art. 263 AEUV beim EuGH Klagen auf Feststellung rechtswidriger Handlungen des Europäischen Parlaments, der Kommission, des Europäischen Rates oder der Europäischen Zentralbank erheben. Die Feststellung einer Vertragsverletzung gem. Art. 265 AEUV infolge des Unterlassens eines Beschlusses durch das Europäische Parlament, den Europäischen Rat oder durch die Kommission kann der Rat ebenfalls beim EuGH beantragen.

---

28 *EuGH* Rs. 68/86, Vereinigtes Königreich/Rat, Slg 1988, 855.
29 Heute Art. 43 AEUV.
30 Heute Art. 263 AEUV.

d) Die Koordination der Wirtschaftspolitik

154 Gem. Art. 5 und Art. 121 AEUV koordinieren die Mitgliedstaaten ihre Wirtschaftspolitik innerhalb der Union. Zu diesem Zweck erlässt der Rat Maßnahmen und beschließt insbesondere die Grundzüge dieser Politik. Seit dem Vertrag von Maastricht gehört zu den Aufgaben der Union neben der Errichtung eines Gemeinsamen Marktes die Errichtung einer WWU. Gem. Art. 121 Abs. 2 AEUV erstellt der Rat auf Empfehlung der Kommission einen Entwurf für die Grundzüge der Wirtschaftspolitik der Mitgliedstaaten und der Union. Der Rat überwacht gem. Art. 121 Abs. 3 AEUV anhand von Berichten der Kommission die wirtschaftliche Entwicklung in jedem Mitgliedstaat und in der Gemeinschaft. Der Rat kann bei Gefahr für die WWU durch die Wirtschaftspolitik eines Mitgliedstaates die erforderlichen Empfehlungen an diesen Mitgliedstaat richten. Schließlich kann der Rat gem. Art. 122 AEUV auf Vorschlag der Kommission über die der Wirtschaftslage angemessenen Maßnahmen entscheiden. Dies gilt insbesondere dann, wenn gravierende Schwierigkeiten in der Versorgung mit bestimmten Waren auftreten.

3. Die Nähe zum Unionsbürger

155 Grundsätzlich sind die Tagungen des Rates nicht öffentlich. Gem. Art. 16 Abs. 8 EUV n.F. tagt der Rat aber dann öffentlich, wenn er über Entwürfe zu Rechtsetzungsakten berät und abstimmt. Zu diesem Zweck wird jede Ratstagung in zwei Teile unterteilt, von denen der eine den Beratungen über die Rechtsetzungsakte der Union und der andere den nicht die Gesetzgebung betreffenden Tätigkeiten gewidmet ist.

IV. Die Kommission gem. Art. 17 EUV n.F

156 Die Kommission fördert die allgemeinen Interessen der Union und ergreift geeignete Initiativen zu diesem Zweck. Sie sorgt für die Anwendung der Verträge sowie der von den Organen kraft der Verträge erlassenen Maßnahmen.

1. Die Zusammensetzung der Kommission

157 Gem. Art. 17 Abs. 4 EUV n.F. gehört der Kommission, die zwischen dem Zeitpunkt des Inkrafttretens des Lissabon-Vertrages und dem 31.10.2014 ernannt wird, neben dem Präsidenten und dem Hohen Vertreter der Union ein Kommissar aus jedem Mitgliedstaat an. Seit dem 1.1.2007 hatte die Kommission siebenundzwanzig Kommissare, seit dem 1.7.2013[31] achtundzwanzig Kommissare, also ein Kommissar pro Mitglied. Bis dahin hatten die großen Staaten noch jeweils zwei Kommissare. Gem. Art. 17 Abs. 5 EUV n.F. soll die Anzahl der Kommissionsmitglieder ab dem 1.11.2014 auf zwei Drittel der bisherigen Anzahl reduziert werden. Allerdings sieht der Vertragstext vor, dass der Europäische Rat einstimmig eine Änderung dieser Reduzierung beschließen kann. Der Europäische Rat hat 2008 bereits die Reduzierung vorläufig ausgesetzt.

31 Beitritt Kroatiens.

Hinweis

Im Vertrag von Lissabon war zunächst eine **Reduzierung der Anzahl der Kommissare** vorgesehen. Um im zweiten Anlauf eine Zustimmung im irischen Referendum zu erreichen,[32] wurde diese Regelung angepasst, sodass weiterhin ein Kommissar pro Mitgliedstaat in der Kommission vertreten ist.

Die Kommissare sind gem. Art. 17 Abs. 3 Unterabs. 3 EUV n.F. nicht an Weisungen einer nationalen Regierung oder einer anderen Stelle gebunden. Die Kandidaten für die Kommission werden gem. Art. 17 Abs. 3 Unterabs. 2 EUV n.F. aufgrund ihrer allgemeinen Befähigung von den Mitgliedstaaten nach politischen Erwägungen ausgewählt.

Der Kandidat für das Amt des Kommissionspräsidenten wird gem. Art. 17 Abs. 7 EUV n.F. vom Europäischen Rat, der sich mit qualifizierter Mehrheit auf diesen Kandidaten geeinigt haben muss, dem Europäischen Parlament vorgeschlagen. Der Kandidat ist gewählt, wenn die Mehrheit des Europäischen Parlamentes für ihn stimmt. Erzielt er diese Mehrheit nicht, so muss der Europäische Rat innerhalb eines Monats einen neuen Kandidaten mit qualifizierter Mehrheit dem Parlament vorschlagen. Auch dieser Kandidat muss die Mehrheit der Europäischen Parlamentarier gewinnen. Nach Wahl des Kommissionspräsidenten nimmt der Rat im Einvernehmen mit ihm die Liste der vorgeschlagenen Kommissionsmitglieder an. Die Kandidaten für die Mitglieder der Kommission werden von den Mitgliedstaaten vorgeschlagen. Der Kommissionspräsident, der Hohe Vertreter der Union für Außen- und Sicherheitspolitik und die übrigen Kommissionsmitglieder stellen sich als Kollegium einem Zustimmungsvotum des Europäischen Parlamentes. Auf dieser Grundlage wird die Kommission vom Europäischen Rat mit qualifizierter Mehrheit ernannt. Gem. Art. 17 Abs. 8 EUV n.F. ist die **Kommission als Kollegium** dem Europäischen Parlament verantwortlich. Wird wegen der Tätigkeit der Kommission gem. Art. 234 AEUV ein Misstrauensantrag im Europäischen Parlament eingebracht, so darf das Parlament nicht vor Ablauf von drei Tagen und nur in offener Abstimmung über den Antrag entscheiden. Wird der Misstrauensantrag mit der Mehrheit von zwei Dritteln der abgegebenen Stimmen und mit der Mehrheit der Mitglieder des Europäischen Parlamentes angenommen, so legen die Mitglieder der Kommission geschlossen ihr Amt nieder, und der Hohe Vertreter der Union für Außen- und Sicherheitspolitik legt sein im Rahmen der Kommission ausgeübtes Amt nieder. 158

» **Wiederholen Sie an dieser Stelle die Ausführungen zum Misstrauensantrag in Rn. 130.** «

2. Die Kompetenzen der Kommission

Die Aufgaben der Kommission ergeben sich aus Art. 17 Abs. 1 EUV n.F. Die Zuständigkeiten 159
der Kommission werden gem. Art. 248 AEUV vom Kommissionspräsidenten gegliedert und zwischen den Kommissionsmitgliedern aufgeteilt. Der Präsident kann diese Aufgabenverteilung jederzeit verändern. Die Kommission gibt sich gem. Art. 249 AEUV eine Geschäftsordnung, in der Regelungen zur den ordnungsgemäßen Arbeiten der Kommission enthalten sind.

32 Lesen Sie hierzu die Darstellung in Rn. 48 nach.

a) Die Beteiligung der Kommission an der Gesetzgebung und an der Haushaltsaufstellung[33]

160 Die Kommission besitzt das Recht zur Gesetzesinitiative. Soweit in den Verträgen nichts anderes festgelegt ist, darf ein Rechtsetzungsakt der Union nur auf Vorschlag der Kommission durch den Rat zusammen mit dem Europäischen Parlament erlassen werden. Sollten einzelne Mitgliedstaaten öffentlichen und monopolartigen Unternehmen gem. Art. 106 Abs. 3 AEUV besondere oder ausschließliche Rechte gewähren wollen, dann kann die Kommission ausnahmsweise auch selbst geeignete Richtlinien oder Entscheidungen an den jeweiligen Mitgliedstaat richten. Schließlich kann der Kommission gem. Art. 290 AEUV in Rechtsetzungsakten die Befugnis übertragen werden, Rechtsakte ohne Gesetzescharakter mit allgemeiner Geltung zur Ergänzung oder Änderung bestimmter nicht wesentlicher Vorschriften des betreffenden Rechtsetzungsaktes zu erlassen.

›› Wiederholen Sie an dieser Stelle die Ausführungen zur Haushaltsaufstellung in Rn. 127–129. ‹‹

161 Die Kommission erstellt gem. Art. 314 Abs. 2 AEUV den Haushaltsvorentwurf anhand der Haushaltsvoranschläge der einzelnen Unionsorgane. Sie kann bis zur Einberufung des Vermittlungsausschusses von den einzelnen Voranschlägen der übrigen Unionsorgane abweichen. Die Kommission nimmt an den Arbeiten des Vermittlungsausschusses teil und ergreift alle erforderlichen Initiativen, um eine Annäherung der Standpunkte des Europäischen Parlamentes und des Rates zu bewirken. Kann im Vermittlungsausschuss nicht innerhalb der vorgegebenen Einigungsfrist eine Einigung auf einen gemeinsamen Entwurf erreicht werden, so hat die Kommission gem. Art. 314 Abs. 7c bzw. Abs. 8 AEUV einen neuen Entwurf für den Haushaltsplan vorzulegen.

Die Kommission führt gem. Art. 317 Abs. 1 AEUV den Haushaltsplan zusammen mit den Mitgliedstaaten nach den Regelungen der Haushaltsordnung in eigener Verantwortung und im Rahmen der jeweils zugewiesenen Mittel nach dem Grundsatz der Wirtschaftlichkeit der Haushaltsführung aus. Hierbei kann die Kommission gem. Art. 317 Abs. 3 AEUV Mittel von Kapitel zu Kapitel oder von Untergliederung zu Untergliederung des Haushaltsplans übertragen. Auf Empfehlung des Rates erteilt das Europäische Parlament gem. Art. 319 AEUV der Kommission Entlastung zur Haushaltsausführung.

b) Die Kontrollrechte

162 Die Kommission kontrolliert gem. Art. 17 EUV n.F. die Einhaltung des primären und sekundären Gemeinschaftsrechts. Sie wird deshalb auch als **Hüterin der Verträge** bezeichnet. Sie kann gem. Art. 258 AEUV ein Vertragsverletzungsverfahren gegen jeden Mitgliedstaat einleiten, der gegen eine Verpflichtung aus den Gemeinschaftsverträgen verstößt.[34]

aa) Die Überwachung wettbewerbswidrigen Verhaltens von Unternehmen

163 Gem. Art. 101 und Art. 102 AEUV sind **wettbewerbshindernde Vereinbarungen** oder Beschlüsse von Unternehmen bzw. Unternehmensvereinigungen und der Missbrauch einer den **Markt beherrschenden Stellung** verboten. Dadurch soll die offene Marktwirtschaft mit freiem Wettbewerb als Grundlage der Europäischen Gemeinschaft geschützt werden. Jedes

33 Die Beteiligung der Kommission an der Gesetzgebung wird im 6. Teil im Rahmen der Darstellung der Rechtsetzungsverfahren ausführlich behandelt.

34 Die Beteiligung der Kommission im Vertragsverletzungsverfahren wird ausführlich im 7. Teil unter Rn. 241–252 im Rahmen der Darstellung des Rechtsschutzverfahrens behandelt.

Unternehmen soll grundsätzlich die gleichen Marktbedingungen wie seine Mitbewerber vorfinden. Bei einem Verstoß von Unternehmen oder Unternehmensvereinigungen gegen Art. 101 bzw. 102 AEUV kann die Kommission gem. Art. 105 AEUV von Amts wegen oder auf Beschwerde einer natürlichen oder juristischen Person zunächst die betroffenen Unternehmen zur Beendigung des Verstoßes auffordern.[35] Um den Verstoß feststellen zu können, stehen der Kommission entsprechende Ermittlungsbefugnisse zu.[36] Wird die Zuwiderhandlung nicht abgestellt, so trifft die Kommission gem. Art. 105 Abs. 2 AEUV in einem mit Gründen versehenen Beschluss die Feststellung, dass eine derartige Zuwiderhandlung vorliegt. Sie kann den Beschluss veröffentlichen und die Mitgliedstaaten ermächtigen, die erforderlichen Abhilfemaßnahmen zu treffen, deren Bedingungen und Einzelheiten von der Kommission festgelegt werden. Hierbei kann es sich um **Geldbußen**[37] für bereits begangene Verstöße und um **Zwangsgelder**[38] für den Fall zukünftiger Verstöße handeln.

Beispiel Microsoft[39]

Der EuGH hatte im Jahr 2004 gegen Microsoft wegen der Ausnutzung einer marktbeherrschenden Stellung im Bereich der PC-Betriebssysteme eine Rekordgeldbuße von 497 Mio. € festgesetzt. Die Entscheidung wurde vom EuGH bestätigt. Microsoft verzichtete auf Rechtsmittel. ■

bb) Die Überwachung der Beihilfevergaben in den Mitgliedstaaten

Staatlich gewährte **Beihilfen** führen zu einer Übervorteilung einzelner Unternehmen und **164**
stören dadurch das Bestreben innerhalb der Union, eine Wettbewerbsfreiheit mit Hilfe von gleichen Rahmenbedingungen sicherzustellen. In den Art. 107 ff. AEUV finden sich Regelungen über die Zulässigkeit von mitgliedstaatlichen Beihilfen. Diese sind in allen Mitgliedstaaten als Mittel in der Wirtschaftspolitik anerkannt. Die Union vergibt selbst erhebliche Beihilfen insbesondere im Agrarbereich. Die Kommission überwacht zentral, ob durch bewilligte Beihilfen eine unzulässige Privilegierung einzelner Unternehmen erfolgt. Gem. Art. 107 Abs. 1 AEUV sind staatliche Beihilfen oder aus staatlichen Mitteln gewährte Beihilfen gleich welcher Art, die den Wettbewerb verfälschen oder zu verfälschen drohen, mit dem Gemeinsamen Markt unvereinbar, soweit sie den zwischenstaatlichen Handel beeinträchtigen. Von dem Verbot gibt es in Art. 107 Abs. 2 AEUV Ausnahmen. Es sind auch **Gruppenfreistellungen** gem. Art. 107 Abs. 3 AEUV denkbar. Die **Rücknahme** von national bewilligten Beihilfen richtet sich nach dem nationalen Recht in den Mitgliedstaaten. Dabei ist zu unterscheiden zwischen der Rückforderung der Beihilfe und der Rücknahme des Bescheides. Die Rücknahme des Bescheides ist Voraussetzung für die **Rückforderung** der gewährten Beihilfe. Es handelt sich um zwei getrennte Verwaltungsakte, für deren Rücknahme nach deutschem Recht die § 48 Abs. 1 S. 1 und § 49a Abs. 1 S. 2 des **Verwaltungsverfahrensgesetzes (VwVfG)** zu berücksichtigen sind. Gegen die Rückforderung einer Beihilfe kann vom bislang Begünstigten nicht der Einwand des **Wegfalls der Bereicherung** erhoben werden.

35 Das Verfahren bei Wettbewerbsverstößen ist in der VO 1/2003, ABl. 2003 L 1/1, geregelt.
36 Art. 17–22 der VO 1/2003, ABl. 2003 L 1/1.
37 Art. 23 der VO 1/2003, ABl. 2003 L 1/1.
38 Art. 24 der VO 1/2003, ABl. 2003 L 1/1.
39 *EuGH* Rs. T-201/04.

Beispiel **Rücknahme eines gemeinschaftsrechtswidrigen Verwaltungsaktes**[40]

Die in der Bundesrepublik ansässige A-GmbH beantragte bei der zuständigen deutschen Behörde eine Investitionszulage, die ihr bewilligt wurde. A verwendete diese Zulage bestimmungsgemäß. Die nach deutschem Recht rechtmäßige Investitionszulage verstieß aber gegen Art. 107 Abs. 1 und Art. 108 Abs. 3 AEUV, da sie geeignet war, den innergemeinschaftlichen Handel zu beeinträchtigen und den Wettbewerb zwischen den Mitgliedstaaten zu verfälschen. Außerdem hatte die deutsche Behörde vor Bewilligung der beantragten Investitionszulage nicht die Kommission informiert. Nachdem die Kommission Kenntnis von der Bewilligung erlangt hatte, richtete sie an die Bundesrepublik Deutschland eine Entscheidung, in der die Kommission die Rückforderung der gewährten Beihilfe von Deutschland verlangte.

A erhob gegen diese Entscheidung fristgerecht Nichtigkeitsklage gem. Art. 263 AEUV. A war gem. Art. 263 Abs. 4 AEUV zur Klage gegen die an die Bundesrepublik gerichteten Entscheidung befugt. Obwohl selbst nicht Adressat der Entscheidung, war A durch diese unmittelbar und individuell betroffen.[41] Das gemeinschaftsrechtliche Beihilferecht in den Art. 107 ff. AEUV ist bei der nationalen Beihilfevergabe zu berücksichtigen. Die bewilligte Investitionszulage war aufgrund des Verstoßes gegen Art. 107 Abs. 1 AEUV rechtswidrig. Der Ermessensspielraum des § 48 Abs. 1 S. 1 VwVfG wird beim Vollzug des Gemeinschaftsrechts ausgeschlossen. Der EuGH begründete dies damit, dass sich die von ihm für den Vollzug von Gemeinschaftsrecht durch nationale Behörden entwickelten Grundsätze auch auf die Berücksichtigung gemeinschaftsrechtlicher Vorgaben in der Anwendung rein nationalen Rechts erstrecken.

Soweit der rechtwidrige **Verwaltungsakt** den Adressaten begünstigt, kann dieser Verwaltungsakt nur unter den Voraussetzungen des § 48 Abs. 2-4 VwVfG zurückgenommen werden. Gem. § 48 Abs. 2 VwVfG kann der Rücknahme eines rechtswidrigen Verwaltungsaktes, der eine einmalige oder laufende Geldleistung gewährt, der **Vertrauensschutz** des Begünstigten entgegenstehen. Dieser nach nationalem Recht eingeräumte Vertrauensschutz wird auch gemeinschaftsrechtlich beachtet, sodass eine Abwägung der gemeinschaftsrechtlichen Interessen an einer Beachtung des Gemeinschaftsrechts und dem Vertrauensschutz des Einzelnen vorzunehmen ist. Der A konnte sich nicht auf den Vertrauensschutz berufen, da von größeren Unternehmen erwartet wird, dass sie sich der gemeinschaftsrechtlichen Problematik von Beihilfen bewusst sind. Es wird von ihnen erwartet, dass sie sich vergewissern, ob die zuständige nationale Behörde das vorgeschriebene gemeinschaftsrechtliche Verfahren gem. Art. 108 AEUV eingehalten hat. ■

c) Die Beschlüsse der Kommission

165 Gem. Art. 250 AEUV sind die Entscheidungen in der Kommission mit der Mehrheit der Kommissionsmitglieder, also mit der einfachen Mehrheit von mindestens fünfzehn von achtundzwanzig Stimmen zu treffen. Die Abstimmungen erfolgen grundsätzlich mündlich in den Kommissionssitzungen.[42] Beschlüsse können nicht nur mündlich in den jeweiligen Kommissionssitzungen gefasst werden. Sofern der Juristische Dienst zuvor zu einem Entwurf eine befürwortende Stellungnahme abgegeben hat und die Dienststellen ordnungsgemäß ange-

40 *Streinz* Europarecht Rn. 600.

41 Zur unmittelbaren Anwendbarkeit einer Entscheidung siehe zur Wiederholung die Ausführungen in Rn. 71–73.

42 Art. 8 Geschäftsordnung der Kommission, ABl. L 308 vom 8.12.2000, 26.

hört worden sind, kann die Kommission dem Entwurf im **schriftlichen Verfahren** zustimmen.[43] Die Kommission kann auch eines oder mehrere ihrer Mitglieder beauftragen, im Einvernehmen mit dem Präsidenten den Wortlaut eines Beschlusses oder eines den übrigen Organen vorzulegenden Vorschlags endgültig anzunehmen, wenn dessen wesentlicher Inhalt bereits in den Beratungen der Kommission festgelegt worden ist.[44] Diese Befugnisse können auch auf die Generaldirektoren und Dienstleiter weiter delegiert werden.

Die Kommission ist beschlussfähig, wenn die Mehrheit der im Vertrag vorgesehenen Zahl **166** ihrer Mitglieder anwesend ist.[45] Die Mitglieder der Kommission sind zur Teilnahme an den Kommissionssitzungen verpflichtet. Ausnahmsweise kann der Präsident einzelne Kommissare von der Sitzungsteilnahme entbinden.[46] Die Vertretung eines Kommissars durch dessen Kabinettschef ist möglich.[47]

V. Der Europäische Gerichtshof (EuGH) gem. Art. 19 EUV n.F

Der EuGH wird in Art. 19 EUV n.F. und in den Art. 251 ff. AEUV dargestellt. Er soll die gleiche **167** Auslegung und Anwendung des Gemeinschaftsrechts in allen Mitgliedstaaten gewährleisten. Er hat die Entscheidungskompetenz bezüglich Rechtsstreitigkeiten zwischen einzelnen Mitgliedstaaten, den Unionsorganen, Unternehmen und natürlichen Personen.

Hinweis

Aufgrund der weitestgehenden Auflösung der Säulenstruktur nach Inkrafttreten des Lissabon-Vertrages erstreckt sich die Zuständigkeit des EuGH künftig auf fast alle Politikbereiche der Union.

Gem. Art. 276 AEUV wird der EuGH im Bereich der Freiheit, Sicherheit und des Rechts aber auch weiterhin nicht zur Überprüfung der Gültigkeit oder Verhältnismäßigkeit von nationalen Maßnahmen der Polizei oder anderer Strafverfolgungsbehörden oder zur Aufrechterhaltung der öffentlichen Ordnung und der inneren Sicherheit zuständig sein.

Im Bereich der GASP soll der EuGH gem. Art. 275 Abs. 2 AEUV eine eingeschränkte Überprü- **168** fungskompetenz bzgl. der Beachtung der Verfahren und der jeweiligen Befugnisse der Organe gem. Art. 40 EUV n.F. und im Rahmen der Nichtigkeitsklage von natürlichen und juristischen Personen gem. Art. 263 Abs. 4 AEUV haben. Ausdrücklich ist die Kompetenz bzgl. der Bestimmungen hinsichtlich der GASP und der auf der Grundlage dieser Bestimmungen erlassenen Rechtsakte ausgeschlossen.

1. Die Zusammensetzung des EuGH

Gem. Art. 19 Abs. 2 EUV n.F. besteht der EuGH aus einem Richter pro Mitgliedstaat. Gem. **169** Art. 252 Abs. 1 AEUV wird der EuGH von acht **Generalanwälte**n unterstützt. Die Richter und Generalanwälte werden gem. Art. 253 Abs. 1 AEUV von den Regierungen der Mitgliedstaaten im gegenseitigen Einvernehmen auf sechs Jahre ernannt. Alle drei Jahre findet gem. Art. 253

43 Art. 12 Geschäftsordnung der Kommission, ABl. L 308 vom 8.12.2000, 26.
44 Art. 13 Geschäftsordnung der Kommission, ABl. L 308 vom 8.12.2000, 26.
45 Art. 7 der Geschäftsordnung der Kommission, ABl. L 308 vom 8.12.2000, 26.
46 Art. 5 Abs. 3 der Geschäftsordnung der Kommission, ABl. L 308 vom 8.12.2000, 26.
47 Art. 10 Abs. 2 Geschäftsordnung der Kommission, ABl. L 308 vom 8.12.2000, 26.

Abs. 2 AEUV eine teilweise Neubesetzung statt. Die Wiederernennung ausscheidender Richter und Generalanwälte ist gem. Art. 253 Abs. 4 AEUV zulässig. Zu Richtern und Generalanwälten sind nur diejenigen Persönlichkeiten auszuwählen, die jede Gewähr für Unabhängigkeit bieten und in ihrem Staat die für die höchsten richterlichen Ämter erforderlichen Voraussetzungen erfüllen oder Juristen von anerkannt hervorragender Befähigung sind.

2. Die Organisation des EuGH

170 Der EuGH tagt gem. Art. 251 AEUV in Kammern oder als Plenum.

a) Das Gericht

171 **Hinweis**

Bis zum Inkrafttreten des Lissabon-Vertrages wurde das Gericht als Gericht Erster Instanz **(EuG)** bezeichnet.

Das Gericht ist kein eigenständiges Organ, denn es wird in Art. 13 Abs. 1 EUV n.F. nicht genannt. Seit dem Vertrag von Nizza wird das Gericht jedoch als eigenständige Institution angeführt. In dem Vertrag von Nizza war auch die Möglichkeit vorgesehen, dem Gericht zur weiteren Entlastung gerichtliche Kammern für bestimmte Sachbereiche beizuordnen.[48]

172 Das Gericht besteht aus achtundzwanzig Mitgliedern.[49] Es wählt sich einen Präsidenten.[50] Das Gericht bildet Kammern mit drei oder fünf Richtern sowie eine Große Kammer.[51] Entscheidungen können auch im Plenum getroffen werden, wenn die rechtlichen Schwierigkeiten oder die Bedeutung der Rechtssache oder besondere Umstände dies rechtfertigen.[52] Die Mitglieder des Gerichts können dazu bestellt werden, die Tätigkeit eines Generalanwalts auszuüben.[53] Rechtssachen können von einem Einzelrichter entschieden werden, wenn hierfür eine gesetzliche Kompetenzübertragung bzw. Zuweisung besteht.[54]

173 **Die Kompetenzen des Gerichts** ergeben sich aus Art. 256 AEUV. Das Gericht ist grundsätzlich zuständig für Nichtigkeitsklagen gem. Art. 263 AEUV und für Untätigkeitsklagen gem. Art. 265 AEUV. Sofern diese zwei Klagearten einem Fachgericht gem. Art. 257 AEUV übertragen werden und sofern sie der Zuständigkeit des EuGH vorbehalten sind,[55] ist das Gericht jedoch nicht zuständig.

---

48 *Thiele* Europarecht S. 91.

49 Art. 48 des Protokolls über die Satzung des Gerichtshofs vom 26.2.2001, ABl. Nr. C 80, 53; BGBl. 2006 II, 1146.

50 Art. 8 der Verfahrensordnung des Gerichts erster Instanz der Europäischen Gemeinschaft vom 2.5.1991, ABl. Nr. L 136/1, geändert am 12.10.2005, ABl. Nr. L 298/1.

51 Art. 10 der Verfahrensordnung des Gerichts erster Instanz der Europäischen Gemeinschaft vom 2.5.1991, ABl. Nr. L 136/1, geändert am 12.10.2005, ABl. Nr. L 298/1.

52 Art. 11 § 1 Abs. 2 und Art. 14 § 1 der Verfahrensordnung des Gerichts erster Instanz der Europäischen Gemeinschaft vom 2.5.1991, ABl. Nr. L 136/1, geändert am 12.10.2005, ABl. Nr. L 298/1.

53 Art. 49 Abs. 1 des Protokolls über die Satzung des Gerichtshofs vom 26.2.2001, ABl. Nr. C 80, 53; BGBl. 2006 II, 1146.

54 Art. 11 § 1 Abs. 3 und Art. 14 § 2 der Verfahrensordnung des Gerichts erster Instanz der Europäischen Gemeinschaft vom 2.5.1991, ABl. Nr. L 136/1, geändert am 12.10.2005, ABl. Nr. L 298/1.

55 Art. 225 Abs. 1 S. 1 EGV; Art. 51 des Protokolls über die Satzung des Gerichtshofs vom 26.2.2001, ABl. Nr. C 80, 53; BGBl. 2006 II, 1146.

Sachliche Zuständigkeit im Falle der Nichtigkeits- und Untätigkeitsklage

Gericht

- Klagen **juristischer oder natürlicher Personen** wegen Handlungen/Unterlassungen der Gemeinschaftsorgane

EuGH

- Klagen der Mitgliedstaaten wegen einer Handlung/Unterlassung des Europäischen Parlamentes, des Rates oder der Kommission
- Klagen eines Gemeinschaftsorgans oder der EZB wegen einer Handlung/Unterlassung des europäischen Parlaments, des Rates oder Kommission
- Klagen eines Gemeinschaftsorgans gegen eine Handlung/Unterlassen der EZB

Darüber hinaus hat das Gericht gem. Art. 256 Abs. 1 EGV weitere Kompetenzen.

Sonstige Zuständigkeiten des Gerichts

Schadensersatzklagen
gem. Art. 268 i.V.m. Art. 340 AEUV

Dienst- und Disziplinarstreitsachen mit ihren Bediensteten
gem. Art. 270 AEUV

Entscheidungen aufgrund von Schiedsklauseln
gem. Art. 272 AEUV

In der **Satzung des EuGH** kann gem. Art. 256 Abs. 1 Unterabs. 1 S. 2 AEUV vorgesehen werden, dass das Gericht für andere Kategorien von Klagen zuständig ist.

Gegen alle Entscheidungen des Gerichts ist gem. Art. 256 Abs. 1 Unterabs. 2 AEUV nur die **Revision** zum EuGH zulässig. Die Rechtsmittelfrist beträgt zwei Monate.[56]

Das Gericht ist für Entscheidungen über Rechtsmittel gegen die Entscheidungen der nach Art. 257 AEUV gebildeten Fachgerichte zuständig.

Das Gericht ist gem. Art. 256 Abs. 3 AEUV in besonderen in der Satzung des EuGH festgeleg- **174**
ten Sachgebieten für Vorabentscheidungen nach Art. 267 AEUV zuständig, wenn nicht nach Auffassung des Gerichts die Vorlagefrage eine Grundsatzentscheidung des EuGH erfordert.

56 Art. 56 Abs. 1 Hs. 2 des Protokolls über die Satzung des Gerichtshofs vom 26.2.2001, ABl. Nr. C 80, 53; BGBl. 2006 II, 1146.

Bislang wurde dem Gericht aber durch die Satzung des EuGH diese Kompetenz nicht zugewiesen. Die Regierungskonferenz konnte sich in Nizza diesbezüglich nicht auf eine Änderung der EuGH-Satzung verständigen.

b) Die Fachgerichte

wieder aufgehoben 2016

175 **Das Gericht für den öffentlichen Dienst der Europäischen Union** (EUGD) ist im Jahr 2005 nach den Regelungen des Art. 257 AEUV als erste Gerichtliche Kammer errichtet worden. Das **EuGD** ist im ersten Rechtszug für Streitsachen zwischen den Gemeinschaften und deren Bediensteten gem. Art. 270 AEUV einschließlich der Streitsachen zwischen den Einrichtungen sowie Ämtern und Agenturen und deren Bediensteten zuständig.[57] Das Verfahren vor dem EuGD bestimmt sich grundsätzlich nach dem Titel III der Satzung des EuGH[58] und einer eigenen Verfahrensordnung des EuGD.

3. Die Sprachenregelung beim EuGH, Gericht und EuGD[59]

» Wiederholen Sie an dieser Stelle die Ausführungen zur Regelung der Sprachenfrage in Rn. 6. «

176 Die Verfahrenssprachen sind alle anerkannten vierundzwanzig Amtssprachen der Gemeinschaft. Grundsätzlich kann der Kläger die Verfahrenssprache wählen. Ist allerdings die Klage gegen einen Mitgliedstaat oder eine natürliche oder juristische Person in einem Mitgliedstaat gerichtet, dann ist die Amtssprache dieses Mitgliedstaates die Verfahrenssprache. Abweichungen hiervon können die Parteien in einem gemeinsamen Antrag beantragen. Die Verfahrenssprache ist insbesondere bei den mündlichen Ausführungen und in den Schriftsätzen der Parteien einschließlich aller Anlagen sowie in den Protokollen und Entscheidungen des Gerichts anzuwenden. Urkunden in einer anderen Sprache sind in die Verfahrenssprache zu übersetzen. Aussagen von Zeugen und Sachverständigen können in einer anderen Sprache abgegeben werden und müssen in die Verfahrenssprache übersetzt werden.

Der Präsident des Gerichtshofs und die Kammerpräsidenten können sich bei der Leitung der Verhandlung statt der Verfahrenssprache einer anderen Amtssprache bedienen. Der Kanzler veranlasst die Übersetzung in die Verfahrenssprache. Berichterstatter können ihre Vorberichte und Sitzungsberichte ebenfalls in einer anderen Amtssprache abgeben. Gleiches gilt für Fragen von Richtern und Generalanwälten in der mündlichen Verhandlung. Der Kanzler veranlasst die Übersetzung in die Verfahrenssprache.

4. Die Nähe zum Unionsbürger

177 Die wesentlichen Punkte der Klage werden in einer Mitteilung in allen vierundzwanzig Amtssprachen im Amtsblatt der Europäischen Union veröffentlicht.[60] Die Verhandlungen vor dem EuGH, dem Gericht und dem EuGD sind öffentlich. Ausnahmsweise kann von Amts wegen

57 Art. 62c i.V.m. Art. 1 des Anhangs des Protokolls über die Satzung des Gerichtshofs vom 26.2.2001, ABl. Nr. C 80, 53; BGBl. 2006 II, 1146.

58 Art. 7 des Anhangs des Protokolls über die Satzung des Gerichtshofs vom 26.2.2001, ABl. Nr. C 80, 53; BGBl. 2006 II, 1146.

59 Die Bestimmungen des Gerichts über die Sprachenregelung finden auf das EuGD entsprechende Anwendung, Art. 7 Abs. 2 des Anhangs des Protokolls über die Satzung des Gerichtshofs vom 26.2.2001, ABl. Nr. C 80, 53; BGBl. 2006 II, 1146.

60 Art. 12 § 6 der Verfahrensordnung des Gerichtshofs der Europäischen Gemeinschaften vom 19.6.1991, zuletzt geändert durch Ratsbeschluss vom 15.1.2008, ABl. Nr. L 24 vom 29.1.2008.

oder auf Antrag der Parteien aus wichtigen Gründen die Öffentlichkeit ausgeschlossen werden.[61] Die Urteilsverkündung erfolgt in öffentlicher Sitzung.[62]

VI. Die Europäische Zentralbank (EZB) gem. Art. 129 und Art. 282 ff. AEUV

Hinweis 178

Die EZB gehört nach dem Inkrafttreten des Lissabon-Vertrages gem. Art. 13 Abs. 1 EUV n.F. zu den Unionsorganen.

Die EZB besitzt gem. Art. 282 Abs. 3 AEUV Rechtspersönlichkeit. Sie wird vom **EZB-Rat** und dem Direktorium geleitet.

1. Der EZB-Rat

Der **EZB-Rat** besteht gem. Art. 283 AEUV aus den Mitgliedern des Direktoriums der EZB und 179 den Präsidenten der nationalen Zentralbanken, deren Währung der Euro ist. Der Präsident des Rates und ein Kommissionsmitglied können gem. Art. 284 Abs. 1 AEUV ohne Stimmrecht an den Sitzungen des EZB-Rates teilnehmen. Der EZB-Rat erlässt die notwendigen Leitlinien und Entscheidungen zur Erfüllung der Aufgaben des ESZB.[63] Er legt die Geldpolitik der Union fest und entscheidet über die internationale Zusammenarbeit. Der EZB-Rat hat das ausschließliche Recht, die Ausgabe von Banknoten innerhalb der Union zu genehmigen.[64] Grundsätzlich hat jedes Mitglied eine Stimme.[65] Soweit nichts anderes geregelt ist, beschließt der EZB-Rat mit einfacher Mehrheit. Bei Stimmengleichheit gibt die Stimme des Präsidenten den Ausschlag.

2. Das EZB-Direktorium

Das **Direktorium** besteht gem. Art. 283 Abs. 2 AEUV aus dem Präsidenten, dem Vizepräsiden- 180 ten und vier weiteren Mitgliedern, die von den Regierungen der Mitgliedstaaten auf der Ebene der Staats- und Regierungschefs auf Empfehlung des Rates nach Anhörung des Europäischen Parlamentes und des EZB-Rates aus dem Kreis der in Währungs- oder Bankfragen anerkannten und erfahrenen Persönlichkeiten einvernehmlich ausgewählt und für acht Jahre ernannt werden. Eine Wiederernennung ist nicht zulässig. Das Direktorium führt[66] die Geld-

61 Art. 31 des Protokolls über die Satzung des Gerichtshofs vom 26.2.2001, ABl. Nr. C 80, 53; BGBl. 2006 II, 1146; Art. 57 der Verfahrensordnung des Gerichts erster Instanz der Europäischen Gemeinschaft vom 2.5.1991, ABl. Nr. L 136/1, geändert am 12.10.2005, ABl. Nr. L 298/1.

62 Art. 64 § 1 der Verfahrensordnung des Gerichtshofs der Europäischen Gemeinschaften vom 19.6.1991, zuletzt geändert durch Ratsbeschluss vom 15.1.2008, ABl. Nr. L 24 vom 29.1.2008.

63 Art. 12.1 Unterabs. 1 des Protokolls über die Satzung des ESZB und der EZB, Abl. Nr. L 236, 33 vom 23.9.2003.

64 Art. 16 S. 1 des Protokolls über die Satzung des ESZB und der EZB, Abl. Nr. L 236, 33 vom 23.9.2003.

65 Art. 10.2 Unterabs. 2 des Protokolls über die Satzung des ESZB und der EZB, Abl. Nr. L 236, 33 vom 23.9.2003.

66 Art. 12.1 Unterabs. 2 des Protokolls über die Satzung des ESZB und der EZB, Abl. Nr. L 236, 33 vom 23.9.2003.

politik gem. den Richtlinien und Entscheidungen des EZB-Rates aus. Es erteilt hierzu den nationalen Zentralbanken die erforderlichen Weisungen. Jedes persönlich anwesende Mitglied ist berechtigt, an Abstimmungen teilzunehmen. Es hat eine Stimme. Soweit nichts anderes bestimmt ist, beschließt das Direktorium mit der einfachen Mehrheit der abgegebenen Stimmen. Bei Stimmengleichheit gibt die Stimme des Präsidenten den Ausschlag.[67]

VII. Der Europäische Rechnungshof (ERH)

1. Die Zusammensetzung

181 Der **ERH** besteht gem. Art. 286 Abs. 1 AEUV aus einem Staatsangehörigen je Mitgliedstaat. Zu Mitgliedern des ERH sind gem. Art. 286 Abs. 2 AEUV Persönlichkeiten auszuwählen, die in ihren Ländern Rechnungsprüfungsorganen angehören oder angehört haben oder die für dieses Amt besonders geeignet sind. Sie müssen jede Gewähr für Unabhängigkeit bieten. Die Mitgliedstaaten schlagen gem. Art. 286 Abs. 3 AEUV ihre Kandidaten für den ERH vor. Zu dieser Vorschlagsliste ist das Europäische Parlament anzuhören. Der Rat stimmt über die Liste ab. Die Ernennung erfolgt auf sechs Jahre. Eine Wiederernennung ist zulässig. Das Amt eines Mitglieds endet gem. Art. 286 Abs. 6 AEUV nicht nur nach Zeitablauf, sondern auch durch seinen Tod, durch Rücktritt oder durch Amtsenthebung durch den EuGH. Die Mitglieder des ERH dürfen gem. Art. 286 Abs. 4 Unterabs. 2 AEUV bei der Erfüllung ihrer Pflichten Anweisungen von einer Regierung oder einer anderen Stelle weder anfordern noch entgegennehmen.

2. Die Kompetenzen

182 Gem. Art. 285 AEUV ist die **Rechnungsprüfung** Aufgabe des ERH. Der ERH prüft gem. Art. 287 AEUV die Rechnung über alle Einnahmen und Ausgaben der Gemeinschaft und grundsätzlich jeder von der Gemeinschaft geschaffenen Einrichtung. Er legt dem Europäischen Parlament und dem Rat eine Erklärung über die Zuverlässigkeit der Rechnungsführung sowie über die Rechtmäßigkeit und Ordnungsmäßigkeit der zugrunde liegenden Vorgänge vor. Der ERH prüft die **Wirtschaftlichkeit der Haushaltsführung**.

Hinweis

Überprüft werden vom ERH bei der Rechnungsprüfung
- Rechtmäßigkeit,
- Ordnungsmäßigkeit und
- Wirtschaftlichkeit.

Der ERH unterstützt gem. Art. 287 Abs. 4 Unterabs. 4 AEUV das Europäische Parlament und den Rat bei der Kontrolle der Ausführung des Haushaltsplans.

67 Art. 11.5 des Protokolls über die Satzung des ESZB und der EZB, Abl. Nr. L 236, 33 vom 23.9.2003.

VIII. Der Sitz der Unionsorgane gem. Art. 13 EUV n.F

Gem. Art. 341 AEUV wird der Sitz der Organe der Union im Einvernehmen zwischen den 183
Regierungen der Mitgliedstaaten bestimmt. Im Amsterdamer Vertrag ist ein Protokoll enthalten, in dem die Sitze der Organe bestätigt werden.[68]

Sitz der Organe

Das Europäische Parlament	12 je viertägige Plenarsitzungen/Jahr in **Straßburg,** sechsmal/Jahr kürzere Plenarsitzungen in Brüssel, Ausschuss- und Fraktionssitzungen in **Brüssel,** Sitz des Generalsekretariats in **Luxemburg,** politiknähere Generaldirektionen in **Brüssel,** sonstige Generaldirektionen in **Luxemburg**
Der Rat	**Brüssel,** im April, Juni und Oktober in Luxemburg
Der Europäische Rat	**Brüssel**
Die Kommission	**Brüssel**
Der EuGH	**Luxemburg**
Der Rechnungshof	**Luxemburg**
Die Europäische Zentralbank	**Frankfurt a.M.**

B. Die Hilfsorgane der Union

Neben den Unionsorganen gem. Art. 13 Abs. 1 EUV n.F. nehmen gem. Art. 13 Abs. 4 EUV n.F. 184
der Wirtschafts- und Sozialausschuss sowie ein Ausschuss der Regionen beratende Aufgaben für die Union wahr. Aufgrund der mangelnden Examensrelevanz wird von der Darstellung der Hilfsorgane abgesehen.

68 ABl. 1997, Nr. C 340/112.

Sitz der Hilfsorgane	
Wirtschafts- und Sozialausschuss	Brüssel
Ausschuss der Regionen	Brüssel
Europäische Investitionsbank	Luxemburg
Europäisches Polizeiamt	Den Haag

Online-Wissens-Check

Welche Kompetenzen hat das Europäische Parlament bei der Gesetzgebung?

Überprüfen Sie jetzt online Ihr Wissen zu den in diesem Abschnitt erarbeiteten Themen. Unter **www.juracademy.de/skripte/login** steht Ihnen ein Online-Wissens-Check speziell zu diesem Skript zur Verfügung, den Sie kostenlos nutzen können. Den Zugangscode hierzu finden Sie auf der Codeseite.

Übungsfall Nr. 2

„Rückforderung von Subventionen" 185

Das Goethe-Institut übersetzt deutsche Literaturklassiker in verschiedene Sprachen und vertreibt die Übersetzungen im europäischen Ausland. Das Institut ist in finanzielle Schwierigkeiten geraten, so dass das Land Baden-Württemberg einen Zuschuss in Höhe von 250 000 € bewilligt hat. Die Kommission war hierüber nicht vorher vom Bundesland informiert worden. Nach Kenntniserlangung hat die Kommission von dem beteiligten Institut und dem Bundesland eine Stellungnahme eingefordert, bevor sie an die Beteiligten eine Entscheidung erließ, dass das Land Baden-Württemberg vom Goethe-Institut den Zuschuss zurückzufordern habe. Der Zuschuss sei aufgrund eines Verstoßes gegen Art. 107 und 108 AEUV unzulässig gewährt worden. Rechtsmittel wurden gegen diese Entscheidung vom keinen der Beteiligten eingelegt.

Das Bundesland hat dreizehn Monate nach Erlass und Bekanntgabe der Entscheidung durch die Kommission und nach Anhörung des Institutes durch einen begründeten Verwaltungsakt an das Goethe-Institut den Zuwendungsbescheid zurückgenommen und den ausgezahlten Betrag von 250 000 € zurückgefordert. Das Goethe-Institut beruft sich darauf, dass das Gemeinschaftsrecht keine Regelungen zur Rückforderung von staatlichen Zuschüssen enthalte und zudem die Kommissionsentscheidung rechtswidrig gewesen sei. Außerdem beruft sich das Institut auf Vertrauensschutz, da der gesamte Zuschuss inzwischen verbraucht worden sei.

Aufgabe: Ist der Rückforderungsbescheid des Landes Baden-Württemberg rechtmäßig?

Lösung 186

Gefragt wird nach der Rechtmäßigkeit der Rückforderung der staatlichen Beihilfe.

Als Rechtsgrundlage für die Rücknahme des Bescheids kommt § 48 Abs. 1 VwVfG in Betracht. Die Rückforderung einer Geldzahlung könnte gem. § 49a Abs. 1 VwVfG erfolgen.

A. Gemeinschaftsrechtliche Rechtsgrundlage für den Rückforderungsbescheid

Von dem Institut wird auf die fehlende unionsrechtliche Grundlage für die Rückforderung verwiesen. Zu überlegen ist daher, ob für einen aufgrund Unionsrechts rechtswidrigen Beihilfebescheid eine unionsrechtliche Rückforderungsgrundlage erforderlich ist. Das Primärrecht enthält keine Rechtsgrundlage für eine Rückforderung eines von der Kommission als unionsrechtswidrig charakterisierten Beihilfebescheides. Zu prüfen ist, ob im Sekundärrecht in der VO 659/1999 eine entsprechende Rechtsgrundlage enthalten ist. Art. 14 dieser VO regelt die Rückforderungen von rechtswidrigen Beihilfen, indem er den Mitgliedstaaten aufgibt, die notwendigen Rückforderungsmaßnahmen zu ergreifen. Deutlich wird in Art. 14 Abs. 3 der VO, dass die Rückforderung nach dem Verfahren des jeweiligen Mitgliedstaates erfolgen soll. Als einschlägige Normen sind daher die §§ 48 und 49 VwVfG zu prüfen.

B. Die Rücknahme des Bescheids gem. § 48 Abs. 1 VwVfG

I. Formelle Rechtmäßigkeit

Das zuständige Ministerium hat den Bescheid zurückgenommen. Die gem. § 28 VwVfG erforderliche Anhörung des Institutes ist vor Erlass des Bescheides erfolgt. Ebenfalls liegt die gem. § 39 VwVfG notwendige Begründung des Bescheids vor.

II. Materielle Rechtmäßigkeit

1. Der Rückforderungsbescheid muss rechtswidrig sein

Rechtswidrig ist ein Verwaltungsakt dann, wenn er höherrangigem Recht widerspricht. Zu diesem Recht gehört auch das Unionsrecht. Die Kommission hatte einen Verstoß gegen Art. 107 und 108 AEUV festgestellt. Diese beiden Normen gehören zum Primärrecht und sind daher im nationalen Recht unmittelbar anwendbar. Das Institut hat eingeworfen, dass die Kommissionsentscheidung rechtswidrig gewesen sei. Fraglich ist, ob dieser dreizehn Monate nach Erlass und Bekanntgabe der Kommissionsentscheidung erhobene Einwand noch beachtet werden muss. Das Institut hätte gegen die Entscheidung eine Nichtigkeitsklage gem. Art. 263 Abs. 4 AEUV erheben können. Es war Empfänger der Entscheidung. Gem. Art. 263 Abs. 5 AEUV sind Nichtigkeitsklagen aber binnen zwei Monaten nach Bekanntgabe der betreffenden Handlung zu erheben. Der Einwand des Institutes ist daher jetzt zu spät. Die Entscheidung ist bestandskräftig. Daraus ergibt sich auch die bindende Feststellung der Rechtswidrigkeit des Zuwendungsbescheides des Landes Baden-Württemberg.

2. Vertrauensschutz bei rechtswidrig begünstigenden Verwaltungsakten

Begünstigende Verwaltungsakte dürfen gem. Art. 48 Abs. 1 S. 2 VwVfG nur bei Vorliegen der Voraussetzungen des Art. 48 Abs. 2-4 VwVfG zurückgenommen werden. Der Zuwendungsbescheid an das Institut war ein begünstigender Verwaltungsakt. Es ist daher zu prüfen, ob sich das Institut auf einen Vertrauensschutz gem. § 48 Abs. 2 VwVfG berufen kann. Im zweiten Satz in diesem Absatz heißt es, dass das Vertrauen in der Regel schutzwürdig ist, wenn der Begünstigte die gewährten Leistungen verbraucht oder eine Vermögensdisposition getroffen hat, die er nicht mehr oder nur unter unzumutbaren Nachteilen rückgängig machen kann. § 48 Abs. 2 S. 3 VwVfG enthält Konkretisierungen, bei deren Vorliegen der Vertrauensschutz verneint wird. Nach Ziff. 3 soll sich der Begünstigte von vornherein nicht auf Vertrauensschutz berufen können, wenn er die Rechtswidrigkeit des Verwaltungsaktes kannte oder in Folge grober Fahrlässigkeit nicht kannte. Nach der EuGH-Rechtsprechung besteht für beihilfebegünstigte Unternehmen nur dann ein entsprechender Vertrauensschutz, wenn die Beihilfe unter Beachtung des Verfahrens gem. Art. 108 AEUV gewährt wurde.

Da in diesem Fall das Verfahren gem. Art. 108 AEUV nicht durchgeführt wurde, kann sich das Institut nicht auf den Vertrauensschutz berufen.

3. Kein Ermessensfehler

Gem. § 48 Abs. 1 S. 1 VwVfG steht den Behörden bei der Rücknahme von Verwaltungsakten ein Ermessensspielraum zu. Aufgrund der Bestandskraft der Kommissionsentscheidung hatte das Land überhaupt keinen Ermessensspielraum mehr. Das Ermessen war auf Null reduziert, die Beihilfe musste zurückgefordert werden.

4. Fristgemäße Rücknahme

Gem. § 48 Abs. 4 S. 1 VwVfG beträgt die Rücknahmefrist ein Jahr. Die Jahresfrist beginnt nach Rechtsprechung des Bundesverwaltungsgerichts, sobald die zuständige Behörde die Rechtswidrigkeit des erlassenen Verwaltungsaktes erkennt und die für die Rücknahmeentscheidung erheblichen Tatsachen vollständig bekannt sind. In dem vorliegenden Fall ist zu prüfen, ob auf die Bekanntgabe der Entscheidung oder die gem. Art. 263 Abs. 5 AEUV zwei Monate später eintretende Bestandskraft einer Entscheidung abzustellen ist. Wenn auf den Zeitpunkt der Bekanntgabe abgestellt wird, ist der Rückforderungsbescheid dreizehn Monate danach verfristet. Nur wenn auf den Zeitpunkt der Bestandskraft abgestellt wird, ist der Rückforderungsbescheid noch rechtzeitig. Die EuGH-Rechtsprechung lässt diese Frage offen, wenn das Verfahren nach Art. 108 AEUV nicht durchgeführt wurde. Begründet wird dies damit, dass die nationale Behörde die Aufgabe habe, die Kommissionsentscheidung durchzusetzen. Wenn das Verfahren nicht durchgeführt worden sei, könne sich der Beihilfeempfänger auch nicht auf die Verfristung nach Ablauf von zwölf Monaten berufen.

5. Zwischenergebnis

Die Rücknahmeentscheidung war rechtmäßig.

C. Die Rückforderung der gezahlten Zuwendung

Die Rückforderung der aufgrund eines rechtswidrigen Bescheides gezahlten Zuwendung erfolgt gem. § 49a Abs. 1 S. 1 VwVfG. Bereits gezahlte Leistungen sind zu erstatten, soweit der Verwaltungsakt mit Wirkung für die Vergangenheit zurückgenommen worden ist. Für die Berücksichtigung einer Entreicherung auf Seiten des Beihilfeempfängers verweist § 49a Abs. 2 VwVfG auf die Vorschriften des BGB. Der Einwand der **Entreicherung** nach dem Bereicherungsrecht kann nach EuGH-Rechtsprechung aber dann nicht erhoben werden, wenn das Verfahren nach Art. 108 AEUV nicht durchgeführt worden ist.

D. Ergebnis

Das Goethe-Institut hat daher die gesamte Zuwendung zurückzuzahlen.

6. Teil
Das Rechtsetzungsverfahren

A. Die Grundlagen für die Rechtsetzungskompetenz der Union

187 Um sekundärrechtliche Normen erlassen zu können, müssen die Unionsorgane zu der beabsichtigten Rechtsetzung überhaupt berechtigt sein, denn ohne eine entsprechende Rechtsetzungskompetenz darf eine Rechtsmaterie nicht auf Gemeinschaftsebene geregelt werden. Die Union besitzt keine **Kompetenz-Kompetenz**, ist also nicht berechtigt, aus eigener Souveränität heraus neue Kompetenzen für sich zu begründen. Da die Kommission gem. Art. 293 Abs. 1 AEUV das Gesetzesinitiativrecht hat, wählt sie auch die Grundlage für die Rechtsetzungskompetenz der Union aus. Nach ständiger EuGH-Rechtsprechung muss diese Wahl auf objektiven, gerichtlich nachprüfbaren Umständen beruhen, wie z.B. dem Ziel und dem Inhalt des beabsichtigten Rechtsaktes.[1]

Hinweis

Die begrenzte Einzelermächtigung gem. Art. 5 Abs. 2 EUV n.F.

Die Union wird nur innerhalb der Grenzen der Zuständigkeiten tätig, die die Mitgliedstaaten ihr in den Verträgen zur Verwirklichung der darin niedergelegten Ziele übertragen haben. Alle der Union nicht übertragenen Zuständigkeiten verbleiben bei den Mitgliedstaaten.

188 Für die Kompetenzabgrenzung der Zuständigkeiten der Union von denjenigen der Mitgliedstaaten gibt es drei Kompetenzverteilungsregeln, die sich aus dem **Kompetenzkatalog** der Art. 2–6 AEUV ergeben:

- Die ausschließliche Rechtsetzungskompetenz der Union gem. Art. 3 AEUV.
- Die mit den Mitgliedstaaten geteilte Rechtsetzungskompetenz der Union gem. Art. 4 AEUV.
- Die Rechtsetzungskompetenz für Unterstützungs-, Koordinierungs- und Ergänzungsmaßnahmen gem. Art. 2 Abs. 5 und Art. 6 AEUV.

Die Bedeutung der ausschließlichen und der geteilten Rechtsetzungskompetenzen[2] weicht von derjenigen nach der bisherigen Rechtslage nicht ab.

Die Union ist für die Durchführung von Maßnahmen zur Unterstützung, Koordinierung oder Ergänzung der Maßnahmen der Mitgliedstaaten zuständig, ohne dass dadurch die Zuständigkeit der Union für diese Bereiche an die Stelle der Zuständigkeit der Mitgliedstaaten treten soll. Der abschließende Katalog dazu befindet sich in Art. 6 AEUV. So könnte die Union z.B. Maßnahmen in einem Mitgliedstaat zum Schutz und zur Verbesserung der menschlichen Gesundheit, der allgemeinen und beruflichen Bildung oder zum Katastrophenschutz treffen.

1 *Karpenstein* Praxis des EG-Rechts Rn. 228.

2 Bis zum Inkrafttreten des Lissabon-Vertrages als konkurrierende Kompetenz bezeichnet.

I. Die ausdrückliche Rechtsetzungskompetenz

Soweit der Union ausdrücklich in den Verträgen Rechtsetzungskompetenzen eingeräumt werden, hat sie bei der Wahrnehmung dieser Kompetenzen den Grundsatz der Verhältnismäßigkeit zu beachten. 189

Hinweis

Nach dem **Grundsatz der Verhältnismäßigkeit** gem. Art. 5 Abs. 4 EUV n.F. dürfen die Maßnahmen der Union inhaltlich wie formal nicht über das zur Erreichung der Ziele der Verträge erforderliche Maß hinausgehen.

Die Kompetenznormen waren bis zum Inkrafttreten des Lissabon-Vertrages nicht in einem **Kompetenzkatalog** im bisherigen EGV zusammengefasst, sondern überall in dem EGV verteilt.[3] In den Art. 3, 4 und 6 AEUV sind nun nach Inkrafttreten des Lissabon-Vertrages katalogartig die Politikbereiche zusammengestellt, für die die Union eine der drei möglichen Kompetenzarten hat. Inhaltlich entspricht diese Verteilung im Wesentlichen der bisherigen Kompetenzverteilung. Neu ist die ausdrückliche Kompetenzordnung, mit deren Hilfe sich die Zuständigkeiten nun klarer abgrenzen lassen. 190

JURIQ-Klausurtipp

Nach der vollständigen Ratifizierung des Lissabon-Vertrages ist das Finden der Kompetenznormen leichter geworden, da in den Art. 3, 4 und 6 AEUV erstmalig ein Katalog vorhanden ist, in dem die verschiedenen Politikbereiche der Zuständigkeit der Union und einer bestimmten Kompetenzart zugewiesen werden.

1. Die ausschließliche Rechtsetzungskompetenz

In bestimmten Bereichen haben die Mitgliedstaaten der Union die **ausschließliche Rechtsetzungskompetenz** übertragen. Konsequenz einer derartigen Kompetenzübertragung ist, dass diese von ihnen erfassten Bereiche nur noch von der Union und nicht mehr von den einzelnen Mitgliedstaaten geregelt werden dürfen. Das gilt unabhängig davon, ob die Union die ihr übertragene ausschließliche Rechtsetzungskompetenz schon genutzt hat. 191

Art. 3 Abs. 1 AEUV legt für die folgenden Bereiche die ausschließliche Rechtsetzungskompetenz fest:

- Zollunion,
- Festlegung der für das Funktionieren des Binnenmarktes erforderlichen Wettbewerbsregeln,
- Währungspolitik für die Mitgliedstaaten, deren Währung der EURO ist,
- Erhaltung der biologischen Meeresschätze im Rahmen der gemeinsamen Fischereipolitik,
- gemeinsame Handelspolitik,
- Abschluss internationaler Übereinkünfte nach den Regeln des Art. 3 Abs. 2 AEUV.

3 *Thiele* Europarecht S. 135 f.

192 Grundsätzlich ist nur die Union im Bereich der ausschließlichen Rechtsetzungskompetenz zu einer Regelung befugt und kann von ihrer Rechtsetzungskompetenz ohne weiteres Gebrauch machen. Bleiben die Unionsorgane in einem auf sie übertragenen Bereich ausschließlicher Rechtsetzungskompetenz allerdings völlig untätig, dann können die Mitgliedstaaten unter engen Voraussetzungen als Sachwalter des gemeinsamen Interesses nach Konsultation und Zustimmung der Kommission die zwingend erforderlichen Rechtsakte auf nationaler Ebene erlassen.[4]

Beispiel Seefischerei[5]

Spätestens bis zum sechsten Jahr nach dem Beitritt von Dänemark, Irland und Großbritannien zur Europäischen Gemeinschaft 1972 sollte der Rat auf Vorschlag der Kommission die Voraussetzungen für die Seefischerei unter Berücksichtigung des Fischbestandes und der Erhaltung der biologischen Schätze des Meeres festlegen. Dies war in der Beitrittsakte festgelegt worden. 1980 war diese Regelung immer noch nicht vom Rat getroffen worden. Großbritannien erließ daher eine nationale Regelung zu **Fanglizenzen** und Fangmengen. Großbritannien begründete seinen nationalen Alleingang mit der Untätigkeit des Rates. Die Kommission leitete ein Vertragsverletzungsverfahren gegen Großbritannien ein, da die Gemeinschaft ausschließliche Rechtsetzungskompetenz auf dem Gebiet der Seefischerei habe und Großbritannien daher keine nationalen Regelungen auf diesem Gebiet treffen dürfe. Der EuGH hat die ausschließliche Rechtsetzungskompetenz des Rates aus Art. 37 EGV[6] und der entsprechenden Regelung der Beitrittsakte abgeleitet. Die Untätigkeit des Rates führe in diesem Bereich nicht dazu, dass die Mitgliedstaaten wieder zuständig würden. Als Sachwalter des gemeinsamen Interesses dürften die Mitgliedstaaten nur in Abstimmung mit den Gemeinschaftsorganen vorläufige Regelungen treffen. Großbritannien hatte seinen nationalen Alleingang nicht mit den Gemeinschaftsorganen abgestimmt. Es war daher nicht zum Erlass der britischen Regelung zur Seefischerei berechtigt. ■

2. Die geteilte Rechtsetzungskompetenz

193 Die **geteilte Rechtsetzungskompetenz** gem. Art. 4 AEUV ist der Regelfall.[7] Solange die Union nicht in Bereichen tätig wird bzw. ihre Zuständigkeit nicht mehr wahrnehmen will, für die ihr von den Mitgliedstaaten die Kompetenz eingeräumt wurde, können die Mitgliedstaaten diese Bereiche selbst auf ihren nationalen Ebenen regeln. Sobald die Union ihre eingeräumte Rechtsetzungskompetenz nutzt, tritt jedoch für die nationalen Gesetzgeber in den Mitgliedstaaten eine Sperrwirkung gem. Art. 2 Abs. 2 S. 2 und 3 AEUV ein. Die Union hat bei der Inanspruchnahme der geteilten Rechtsetzungskompetenz das **Subsidiaritätsprinzip** gem. Art. 5 Abs. 3 EUV n.F. zu beachten.[8]

---

4 *Streinz* Europarecht Rn. 155.
5 Slg. 1981, 1045, *EuGH* Rs. 804/79, Kommission/Vereinigtes Königreich.
6 Heute Art. 43 AEUV.
7 *Streinz* Europarecht Rn. 157.
8 *Thiele* Europarecht S. 139 ff.

Hinweis

Das Subsidiaritätsprinzip gem. Art. 5 Abs. 3 EUV n.F.

Die Union wird in den Bereichen, die nicht in ihre ausschließliche Zuständigkeit fallen, nur tätig, sofern und soweit die erforderlichen Maßnahmen auf den nationalen Ebenen der Mitgliedstaaten nicht ausreichend verwirklicht werden können, sondern vielmehr wegen ihres Umfangs oder ihrer Wirkungen auf Unionsebene besser zu verwirklichen sind.

Neben dem Subsidiaritätsprinzip hat die Union vor der Inanspruchnahme der geteilten Rechtsetzungskompetenz den Grundsatz der Verhältnismäßigkeit gem. Art. 5 Abs. 4 EUV n.F. zu beachten.

Art. 4 Abs. 2 AEUV legt für die folgenden Bereiche die geteilte Rechtsetzungskompetenz fest: **194**

- Binnenmarkt,
- Sozialpolitik bzgl. der im AEUV genannten Aspekte,
- wirtschaftlicher, sozialer und territorialer Zusammenhalt,
- Landwirtschaft und Fischerei ohne die Erhaltung der biologischen Meeresschätze,
- Umwelt,
- Verbraucherschutz,
- Verkehr,
- transeuropäische Netze,
- Energie,
- Raum der Freiheit, Sicherheit und des Rechts,
- gemeinsame Sicherheitsanliegen im Bereich der öffentlichen Gesundheit bzgl. der im AEUV genannten Aspekte,
- Forschung, technologische Entwicklung und Raumfahrt nach den Regeln des Art. 4 Abs. 3 AEUV,
- Entwicklungszusammenarbeit und humanitäre Hilfe nach den Regeln des Art. 4 Abs. 4 AEUV.

Hinweis

Die Union darf nur dann im Bereich der geteilten Rechtsetzungskompetenz einen Rechtsakt erlassen, sofern und soweit gem. Art. 5 Abs. 3 EUV n.F. das Ziel des beabsichtigten Rechtsaktes auf der nationalen Ebene der Mitgliedstaaten nicht ausreichend erreicht werden kann. Das Ziel des beabsichtigten Rechtsaktes muss besser auf der Gemeinschaftsebene erreicht werden können.[9]

3. Die unterstützende Rechtsetzungskompetenz

In diesem Bereich der **unterstützenden Rechtsetzungskompetenz** ist gem. Art. 2 Abs. 5 AEUV **195** die Union nach Maßgabe der Verträge dafür zuständig, Maßnahmen zur Unterstützung, Koordinierung oder Ergänzung der Maßnahmen der Mitgliedstaaten durchzuführen. Durch diese Unterstützung wird die nationale Zuständigkeit für die jeweilige Maßnahme nicht zugunsten der Union verändert. Die Union hat bei der Inanspruchnahme der unterstützenden Rechtsetzungskompetenz das Subsidiaritätsprinzip gem. Art. 5 Abs. 3 EUV n.F. zu beachten.[10]

» Wenn Sie sich nicht mehr an den Anwendungsvorrang des Unionsrechts erinnern können, lesen Sie noch einmal die Rn. 74–79. «

9 Die vier Grundfreiheiten werden im letzten Teil dieses Buches in Rn. 322–389 behandelt.

10 *Thiele* Europarecht S. 142.

Neben dem Subsidiaritätsprinzip hat die Union vor der Inanspruchnahme der unterstützenden Rechtsetzungskompetenz den Grundsatz der Verhältnismäßigkeit gem. Art. 5 Abs. 4 EUV n.F. zu beachten.

196 Art. 6 AEUV legt für die folgenden Bereiche die unterstützende Rechtsetzungskompetenz fest:

- Schutz und Verbesserung der menschlichen Gesundheit,
- Industrie,
- Kultur,
- Tourismus,
- allgemeine und berufliche Bildung, Jugend und Sport,
- Katastrophenschutz,
- Verwaltungszusammenarbeit.

JURIQ-Klausurtipp

Beachten Sie bei Klausurbearbeitungen, dass die Union von der geteilten und der unterstützenden Rechtsetzungskompetenz nur unter Beachtung des Subsidiaritätsprinzips gem. Art. 5 Abs. 3 EUV n.F. und des Grundsatzes der Verhältnismäßigkeit gem. Art. 5 Abs. 4 EUV n.F. Gebrauch machen darf.

II. Die Vertragsabrundungskompetenz gem. Art. 352 AEUV

197 Der EuGH hatte bei Rechtsakten des Rates mit erheblicher politischer Bedeutung wie z.B. dem Beitritt der damaligen EG zur EMRK schon vor dem Inkrafttreten des Lissabon-Vertrages die Anwendung des bisherigen Art. 308 EGV zur Kompetenzergänzung abgelehnt, um die Aushöhlung der Vorschriften zum Vertragsänderungsverfahren gem. Art. 48 EUV a.F.[11] zu verhindern. Danach müssen Vertragsänderungen von allen Mitgliedstaaten gem. ihren jeweiligen verfassungsrechtlichen Vorschriften ratifiziert werden.

Beispiel EMRK-Gutachten[12]

Der EuGH hatte sich in diesem Gutachten mit dem Beitritt der Gemeinschaft zur **EMRK** beschäftigt. Er stellte in seinem Gutachten fest, dass keine Bestimmung des Vertrages den Gemeinschaftsorganen allgemein die Befugnis verleihe, Vorschriften auf dem Gebiet der Menschenrechte zu erlassen oder völkerrechtliche Verträge in diesem Bereich zu schließen. Der EuGH prüfte daher die Zuständigkeit auf der Grundlage des bisherigen Art. 235 EGV.[13] Diese Kompetenzergänzungsnorm solle einen Ausgleich in Fällen schaffen, in denen den Gemeinschaftsorganen durch spezifische Bestimmungen des Vertrages ausdrücklich oder implizit verliehene Befugnisse fehlten und gleichwohl Befugnisse erforderlich schienen, damit die Gemeinschaft ihre Aufgaben im Hinblick auf die Erreichung eines der vom Vertrag festgelegten Ziele wahrnehmen könne. Art. 235 EGV könne aber nicht als Rechtsgrundlage für den Erlass von Bestimmungen dienen, die der Sache nach, gemessen an ihren Folgen, auf eine Vertragsänderung ohne Einhaltung des hierfür vom Vertrag

11 Heute Art. 48 EUV n.F.

12 *EuGH* Gutachten 2/94, EMRK vom 28.3.1996, Slg. 1996, I-1763.

13 Später Art. 308 EGV (siehe hierzu die Übereinstimmungstabellen gem. Art. 12 des Vertrages von Amsterdam), heute Art. 352 AEUV.

vorgesehenen Verfahrens hinausliefen. Zwar sei die Wahrung der Menschenrechte eine Voraussetzung für die Rechtmäßigkeit der Handlungen der Gemeinschaft, doch hätte der Beitritt zur EMRK eine wesentliche Änderung des gegenwärtigen Gemeinschaftssystems des Schutzes der Menschenrechte zur Folge. Für die Einbindung der Gemeinschaft in ein völkerrechtliches, andersartiges institutionelles System und die Übernahme sämtlicher Bestimmungen der EMRK sei eine Vertragsänderung erforderlich.

Die Gemeinschaft konnte daher die Kompetenz zum Beitritt zur EMRK nicht aus dem Art. 235 EGV ableiten.[14] ■

Art. 352 AEUV sieht nun eine Vertragsabrundungskompetenz bei Erforderlichkeit des Tätigwerdens der Union im Rahmen der in den Verträgen festgelegten Politikbereiche vor, wenn entsprechende Kompetenzen vertraglich nicht vorgesehen sind. Das Tätigwerden der Union muss zur Verwirklichung der Ziele der Verträge notwendig sein. Der Rat kann einstimmig auf Vorschlag der Kommission und nach Zustimmung des Europäischen Parlamentes die geeigneten Vorschriften erlassen. Die nationalen Parlamente in den Mitgliedstaaten werden von der Kommission auf Gesetzesvorschläge aufmerksam gemacht, die sich auf die Vertragsabrundungskompetenz stützen. Die nationalen Parlamente prüfen die Einhaltung des Subsidiaritätsprinzips nach Art. 5 Abs. 3 EUV n.F.

Hinweis

Rechtsakte zur Verwirklichung der Ziele der GASP dürfen gem. Art. 352 Abs. 4 AEUV nicht auf die Vertragsabrundungskompetenz gestützt werden.

Soweit Rechtsakte auf die Vertragsabrundungskompetenz gestützt werden dürfen, sind die Verfahren und die Befugnisse der Unionsorgane zu beachten.

III. Die Zuständigkeit kraft Sachzusammenhangs nach der Implied-Powers-Lehre

Nach der **Implied-Powers-Lehre** sollten die im EGV ausdrücklich eingeräumten Kompeten- **198**
zen auch die nicht vertraglich beschriebenen Kompetenzen umfassen, die für die Wahrnehmung der ausdrücklich eingeräumten Kompetenzen sinnvoll, vernünftig und zweckmäßig sind.[15] Diese Lehre basierte auf der AETR[16]-Rechtsprechung des EuGH. Hier hatte der EuGH aus einer innergemeinschaftlichen Kompetenz der damaligen EG auf einem bestimmten Gebiet eine entsprechende ausschließliche EG-Kompetenz zum Abschluss von Völkerrechtsverträgen auf genau diesem Gebiet abgeleitet. Diese Lehre gilt auch nach dem Inkrafttreten des Lissabon-Vertrages für den EUV n.F. und den AEUV.

Hinweis

Die Implied-Powers-Lehre regelt die Zuständigkeit kraft Sachzusammenhangs.

14 *EuGH* Gutachten 2/94, EMRK vom 28.3.1996, Slg. 1996, I-1763 (28-36).
15 *Thiele* Europarecht S. 136 ff.
16 AETR = Europäisches Übereinkommen über die Arbeit der im internationalen Straßenverkehr beschäftigten Fahrzeugbesatzungen.

Beispiel AETR[17]

Das **AETR-Übereinkommen** wurde 1962 von fünf der damals sechs EWG-Mitglieder und anderen europäischen Staaten unterzeichnet. Es trat jedoch aufgrund der nicht vollständigen Ratifikation nicht in Kraft. Zunächst wurde der Bereich bestimmter Sozialvorschriften im Straßenverkehr durch die VO 534/69 harmonisiert. Jahre später legte der Rat das dann überarbeitete Übereinkommen erneut zur Abstimmung vor. Die Kommission rief den EuGH an, da die ausschließliche Kompetenz im Bereich bestimmter Sozialvorschriften im Straßenverkehr durch die entsprechende Regelung in einer Verordnung auf die Gemeinschaft übergegangen sei. Der Beschluss des Rates zur erneuten Vorlage des AETR sei daher nichtig. Die Grundsätze, die für einseitige, autonome Maßnahmen der Gemeinschaft gälten, seien auch beim Abschluss von Abkommen mit dritten Ländern maßgebend, wenn diese Abkommen sich unmittelbar auf den Inhalt oder die Tragweite intern geltender Gemeinschaftsbestimmungen auswirkten. Die Mitgliedstaaten hätten ihre Zuständigkeit durch den Erlass der genannten Verordnung aufgegeben. Sie könnten daher keine gleichrangige Rechtsetzung auf dem Regelungsgebiet der Verordnung vornehmen. Der Rat erwiderte u.a. mit dem Hinweis, dass die **Vertragsabschlusskompetenzen** der Gemeinschaft in ihrem Umfang nicht den internen Rechtsetzungskompetenzen der Gemeinschaft entsprächen. Die Gemeinschaft habe keine Kompetenz zum Abschluss völkerrechtlicher Verträge.

Der EuGH stellte hierzu fest, dass der Gemeinschaft dann eine ungeschriebene Vertragsabschlusskompetenz für den Abschluss völkerrechtlicher Abkommen zustehe, wenn sie eine geschriebene Binnenkompetenz besitze und diese nur sinnvoll wahrnehmen könne, wenn ergänzend auch eine Außenkompetenz hinzutrete. ■

IV. Mehrere mögliche Kompetenznormen

199 Kommen mehrere Kompetenznormen als Rechtsgrundlage in Betracht, kann der beabsichtigte sekundärrechtliche Rechtsakt grundsätzlich auf alle einschlägigen Kompetenznormen gestützt werden.

Problematisch wird dies aber dann, wenn sich aus den verschiedenen Kompetenznormen unterschiedlich starke Beteiligungen der Unionsorgane, insbesondere des Europäischen Parlamentes, ergeben. Einige vertreten die Auffassung, dass die Wahl der Kompetenznorm nach dem Schwerpunkt des beabsichtigten Rechtsaktes erfolgen solle.[18] Ist aber ein solcher Schwerpunkt nicht vorhanden, soll nach anderer Auffassung die Rechtsgrundlage gewählt werden, die für das Europäische Parlament eine qualitativ hochwertigere Beteiligung vorsieht. Andere Stimmen meinen, in einem solchen Fall sollte die Kommission das Recht haben, die Rechtsgrundlage auswählen zu können.[18]

17 *EuGH* vom 31.3.1971, Rs. 22/70, Slg. 1971, 263.
18 *Thiele* Europarecht S. 136.

B. Die verschiedenen Rechtsetzungsverfahren

200

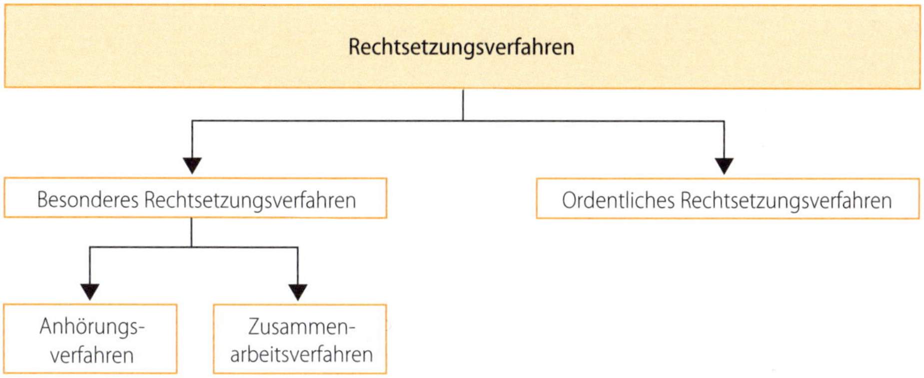

Das zu wählende **Rechtsetzungsverfahren** wird in der **Rechtsetzungskompetenznorm** festgelegt, nach der die Gemeinschaft zur Rechtsetzung befugt ist. Beispielhaft seien hierzu folgende, nicht abschließende Bereiche aufgeführt:

- Im Bereich der gemeinsamen **Agrarpolitik** wird in Art. 43 Abs. 2 AEUV auf das ordentliche Gesetzgebungsverfahren verwiesen.
- Im Bereich der Währungspolitik wird gem. Art. 127 Abs. 6 AEUV bzgl. besonderer Aufgaben im Zusammenhang mit der Aufsicht über Kreditinstitute und sonstige Finanzinstitute auf das besondere Gesetzgebungsverfahren verwiesen.
- Das Europäische Parlament ist gem. Art. 21 Abs. 3 AEUV bei der Regelung vertraglich nicht eingeräumter Befugnisse im Bereich der Freizügigkeit vom Rat anzuhören.
- Das Europäische Parlament ist vom Rat gem. Art. 19 Abs. 1 AEUV um seine Zustimmung zu Antidiskriminierungsmaßnahmen anzurufen.
- Die Beteiligung des Europäischen Parlamentes ist in Rechtsetzungsverfahren, die keine Gesetzgebung darstellen, nicht vorgesehen. Zu denken ist hier z.B. an die Rechtsetzung im Bereich der GASP.
- Der Kommission kann gem. Art. 290 AEUV in Rechtsetzungsakten die Befugnis übertragen werden, Rechtsakte ohne Gesetzescharakter mit allgemeiner Geltung zur Ergänzung oder Änderung bestimmter, nicht wesentlicher Vorschriften des betreffenden Rechtsetzungsaktes zu erlassen.

I. Die unterschiedlich starke Beteiligung der Organe der EG am Rechtsetzungsverfahren

Welche Organe an dem Rechtsetzungsverfahren zu beteiligen sind, ergibt sich aus der 201
jeweiligen **Rechtsetzungskompetenznorm**.[19] Sie gibt auch Auskunft darüber, mit welcher Mehrheit diese Organe an der Rechtsetzung zu beteiligen sind. Die unterschiedlichen Rechtsetzungsverfahren beinhalten eine unterschiedlich intensive Parlamentsbeteiligung. Je nachdem, ob eine Kompetenznorm ein Rechtsetzungsverfahren gem. Art. 289 Abs. 1 oder Abs. 2 AEUV, ein Zustimmungserfordernis oder nur die Anhörung des Europäischen Parlamentes anordnet, ist das Europäische Parlament unterschiedlich stark an der daraus resultierenden Rechtsetzung zu beteiligen.

19 *Thiele* Europarecht S. 136.

Die Kommission hat grundsätzlich – unabhängig vom Rechtsetzungsverfahren – das Gesetzesinitiativrecht gem. Art. 17 Abs. 2 EUV n.F. Der Vorschlag der Kommission kann nur einstimmig[20] vom Rat gem. Art. 293 AEUV geändert werden.

II. Die verschiedenen Rechtsetzungsverfahren

202 **JURIQ-Klausurtipp**

In den meisten Rechtsetzungskompetenznormen wird auf das ordentliche Rechtsetzungsverfahren verwiesen. Sie sollten dies bei der Klausurvorbereitung entsprechend berücksichtigen.

1. Das ordentliche Rechtsetzungsverfahren gem. Art. 289 Abs. 1 AEUV

» Erläuterungen zum Vertrag von Maastricht sollten Sie unter Rn. 13–28 noch einmal nachlesen. «

203 Verordnungen, Richtlinien und Beschlüsse werden in einem ordentlichen Rechtsetzungsverfahren erlassen. Das **ordentliche Rechtsetzungsverfahren** gem. Art. 289 Abs. 1 i.V.m. Art. 294 AEUV entspricht im Wesentlichen dem bisherigen Mitentscheidungsverfahren, wobei der Anwendungsbereich auf weitere Politikbereiche ausgeweitet wurde. In diesem Verfahren sollen auf Vorschlag der Kommission das Europäische Parlament und der Rat gemeinsam als Gesetzgeber tätig werden, auch wenn das Parlament weiterhin kein Gesetzesinitiativrecht haben wird. Das Parlament kann die Kommission gem. Art. 225 AEUV immerhin auffordern, einen Vorschlag für einen Rechtsakt vorzulegen. Legt die Kommission keinen Vorschlag vor, so hat sie dem Parlament die Gründe dafür mitzuteilen.

Hinweis

Der Rat kann nach Inkrafttreten des Lissabon-Vertrages in diesem ordentlichen Verfahren mit qualifizierter Mehrheit entscheiden, braucht dafür also nicht mehr die absolute Mehrheit. Ebenfalls ist für die parlamentarische Ablehnung nicht mehr die absolute Mehrheit erforderlich, sondern es reicht aus, wenn das Europäische Parlament einen Gesetzesvorschlag mit der Mehrheit der abgegebenen Stimmen ablehnt.

Das Mitentscheidungsverfahren wurde ursprünglich durch den Vertrag von Maastricht eingeführt.

204 Die Kommission unterbreitet gem. Art. 294 Abs. 2 AEUV dem Europäischen Parlament und dem Rat einen Vorschlag für einen Rechtsakt. Art. 294 AEUV beschreibt in seinen Absätzen 3 bis 9 zwei Lesungen zum Vorschlag der Kommission, an denen neben der Kommission das Europäische Parlament und der Rat beteiligt sind. Das Europäische Parlament legt zu dem Vorschlag der Kommission in **erster Lesung** seinen Standpunkt fest und übermittelt diesen an den Rat. Billigt der Rat diesen Standpunkt, so gilt der Rechtsakt in der Fassung des Standpunktes als erlassen. Nimmt der Rat Änderungen zu dem parlamentarischen Standpunkt vor, legt er seinen eigenen Standpunkt fest und übermittelt diesen dem Parlament. Die Kommission gibt hierzu gegenüber dem Parlament ihren Standpunkt ab. Damit ist die erste Lesung abgeschlossen.

20 Ausnahmen von diesem Einstimmigkeitsgebot in Art. 293 Abs. 1 Hs. 2 AEUV.

In der **zweiten Lesung** kann das Europäische Parlament binnen drei Monaten Stellung zu dem Standpunkt des Rates beziehen. Der Rechtsakt kommt zustande, wenn das Europäische Parlament den Standpunkt des Rates ausdrücklich billigt oder die Zeit verstreichen lässt. Wird der Standpunkt des Rates vom Europäischen Parlament mit der Mehrheit seiner Mitglieder abgelehnt, so gilt der Rechtsakt als nicht erlassen. Das Europäische Parlament hat auch eine dritte Möglichkeit, nämlich seinerseits den Standpunkt des Rates abzuändern. Hierfür braucht es die Mehrheit seiner Mitglieder. Der so geänderte Standpunkt des Rates wird dem Rat und der Kommission zur Stellungnahme zugeleitet. Der Rat hat jetzt binnen drei Monaten zwei Möglichkeiten der Reaktion. Einerseits kann er mit qualifizierter Mehrheit alle parlamentarischen Abänderungen seines Standpunktes billigen, sodass der Rechtsakt in dieser Fassung in Kraft tritt. Andererseits kann der Rat bei Nichtbilligung aller parlamentarischen Abänderungen den **Vermittlungsausschuss** anrufen. **205**

Der **Vermittlungsausschuss** wird in Art. 294 Abs. 10 bis 12 AEUV geregelt. Danach besteht er aus den Mitgliedern des Rates bzw. deren Vertretern und ebenso vielen Vertretern des Europäischen Parlamentes. An den Sitzungen nimmt die Kommission teil, um auf eine Annäherung der verschiedenen Positionen hinzuwirken. Der Vermittlungsausschuss soll mit der qualifizierten Mehrheit der Ratsmitglieder und der Mehrheit der Parlamentsvertreter eine Einigung über einen gemeinsamen Entwurf erzielen. Billigt der Vermittlungsausschuss keinen gemeinsamen Entwurf, so gilt der vorgeschlagene Rechtsakt als nicht erlassen. Billigt der Vermittlungsausschuss innerhalb von sechs Wochen einen gemeinsamen Entwurf, dann können der Rat und das Europäische Parlament ab dem Zeitpunkt der Billigung innerhalb von sechs Wochen in einer **dritten Lesung** den Rechtsakt in der Fassung des gemeinsamen Entwurfes erlassen. Der Rat muss mit qualifizierter Mehrheit, das Europäische Parlament mit der Mehrheit der abgegebenen Stimmen diesem Entwurf zustimmen. Der Rechtsakt ist gescheitert, wenn diese Mehrheiten nicht zustande kommen. **206**

Hinweis

Beachten Sie, dass das Europäische Parlament im ordentlichen Rechtsetzungsverfahren das Zustandekommen eines Rechtsaktes verhindern kann.

2. Das besondere Rechtsetzungsverfahren gem. Art. 289 Abs. 2 AEUV

In bestimmten, in den Verträgen vorgesehenen Fällen erfolgt im **besonderen Rechtsetzungsverfahren** die Annahme einer Verordnung, einer Richtlinie oder eines Beschlusses. Es sei aber auf Art. 48 Abs. 7 Unterabs. 2 EUV n.F. verwiesen, wonach durch Beschluss des Europäischen Rates vom vertraglich bestimmten besonderen Rechtsetzungsverfahren zum ordentlichen Rechtsetzungsverfahren übergegangen werden kann. **207**

Hinweis

Rat und Europäisches Parlament sind bei dem besonderen Rechtsetzungsverfahren nicht gleichberechtigt beteiligt. Das Europäische Parlament hat eine schwächere Position.

Rechtsetzungsakte im Rahmen dieses Rechtsetzungsverfahrens können gem. Art. 289 Abs. 4 AEUV und Art. 17 Abs. 2 S. 1 EUV n.F. auf Initiative einer Gruppe von Mitgliedstaaten oder des Europäischen Parlamentes, auf Empfehlung der EZB oder auf Antrag des EuGH oder der EIB erlassen werden. Das Gesetzesinitiativrecht liegt dann nicht bei der Kommission.

Begrifflich fallen unter den Begriff des besonderen Rechtsetzungsverfahrens verschiedene Rechtsetzungsverfahren, die im Folgenden erläutert werden sollen.

a) Das Anhörungsverfahren

208 Das **Anhörungsverfahren** ist die einfachste und schwächste Form der Beteiligung des Europäischen Parlamentes. Der Rat hört das Europäische Parlament vor der eigenen Beschlussfassung im Rat an.

Der Rat kann das Europäische Parlament vor jedem von ihm zu erlassenden Rechtsakt anhören **(fakultative parlamentarische Anhörung)**. Eine Rechtsgrundlage ist hierfür nicht erforderlich. Die abgegebenen Stellungnahmen des Europäischen Parlamentes sind nicht verbindlich.

In einigen Kompetenznormen ist zwingend die Anhörung des Europäischen Parlamentes vorgesehen **(obligatorische parlamentarische Anhörung)**. So ist z.B. in Art. 22 oder in Art. 115 AEUV die parlamentarische Anhörung zwingende Voraussetzung der Rechtsetzung. Ist die Anhörung zwingend, führt deren Unterlassung zur Nichtigkeit des Rechtsaktes. Der Verstoß gegen ein Anhörungsgebot wird vom EuGH als **wesentlicher Formfehler** i.S.d. Art. 263 AEUV angesehen.[21] Werden nach der Stellungnahme aufgrund einer obligatorischen Anhörung des Europäischen Parlamentes vom Rat wesentliche Änderungen an dem beabsichtigten Rechtsakt vorgenommen, die nicht den Anregungen des Europäischen Parlamentes entsprechen, ist dieses erneut anzuhören.[22] Aber auch parlamentarische Stellungnahmen aufgrund einer obligatorischen Anhörung sind für den Rat nicht bindend.

b) Das Zustimmungsverfahren

209 Für die im Vorstehenden beschriebenen Rechtsetzungsverfahren verlangen die jeweiligen Rechtsetzungskompetenznormen gelegentlich wie z.B. in Art. 218 Abs. 6 Unterabs. 2a AEUV die Zustimmung des Europäischen Parlamentes. Wird das Europäische Parlament um seine Zustimmung zu einem vorgeschlagenen Rechtsakt ersucht, so beschließt es auf der Grundlage einer Empfehlung des zuständigen Ausschusses über seine Annahme oder Ablehnung. Das Europäische Parlament äußert sich in einer einzigen Abstimmung zu dem Rechtsakt, zu dem nach dem AEUV oder dem EUV n.F. seine Zustimmung erforderlich ist, wobei keine Änderungsanträge eingereicht werden können. Die für die Zustimmung erforderliche Mehrheit entspricht der in dem Artikel des AEUV oder des EUV n.F., der die Kompetenzgrundlage für den vorgeschlagenen Rechtsakt bildet, verlangten Mehrheit. Ist die Zustimmung des Europäischen Parlaments im Rechtsetzungsverfahren erforderlich, kann der zuständige Ausschuss zur Förderung eines positiven Ergebnisses des Verfahrens beschließen, dem Europäischen Parlament einen Zwischenbericht über den Vorschlag der Kommission mit einem Entschließungsantrag zu unterbreiten, der Empfehlungen für eine Änderung oder für die Durchführung des Vorschlags enthält. Stimmt das Europäische Par-

21 *Thiele* Europarecht S. 142 ff.
22 *Streinz* Europarecht Rn. 556.

lament mindestens einer Empfehlung zu, so beantragt der Präsident die Fortsetzung der Erörterungen mit dem Rat. Der zuständige Ausschuss richtet seine endgültige Empfehlung für die Zustimmung des Europäischen Parlaments an den Ergebnissen der Erörterungen mit dem Rat aus.

3. Der Erlass von Rechtsakten ohne Rechtsetzungsverfahren

Verordnungen, Richtlinien und Beschlüsse sollen auch ohne ein Rechtsetzungsverfahren 210
angenommen werden können. Sie sind dann Rechtsakte ohne Gesetzescharakter,[23] d.h. das Rechtsetzungsverfahren sieht keine Beteiligung des Europäischen Parlamentes vor.[24] Der Europäische Rat, der Rat oder die Kommission handeln ohne parlamentarische Beteiligung. Die Fälle des Erlasses von Rechtsakten ohne Rechtsetzungsverfahren sind im AEUV ausdrücklich geregelt. So ist beispielhaft im Bereich der GASP gem. Art. 24 Abs. 1 Unterabs. 2 S. 3 EUV n.F. der Erlass von Rechtsetzungsakten ausgeschlossen.

23 Art. 297 Abs. 2 Unterabs. 1 AEUV.
24 *Hellmann* Der Vertrag von Lissabon S. 65.

7. Teil
Das Rechtsschutzsystem

A. Allgemeines zu dem Verfahren vor dem EuGH[1]

I. Die Auslegungsregeln

1. Die klassischen Auslegungsmethoden

211 Wie im nationalen Recht werden auch von den europäischen Gerichten[2] die klassischen Auslegungsmethoden nach dem Wortlaut, der Entstehungsgeschichte, der Systematik und dem Zweck der Norm eingesetzt.[3] Die Bedeutung dieser Auslegungsmethoden ist allerdings wegen des immer enger werdenden Zusammenschlusses der europäischen Völker als Ziel der Europäischen Union unterschiedlich groß. Allgemein bevorzugen die europäischen Gerichte diejenigen Interpretationsmethoden, die die Verwirklichung der Vertragsziele am meisten fördern und die Funktionsfähigkeit der Europäischen Union sichern. Die allgemeinen Rechtsgrundsätze wurden durch die wertende Rechtsvergleichung gewonnen.[4]

212 Bei der **systematischen Auslegung** wird die Bedeutung einer Norm an der Stellung im Gemeinschaftsrechtsgefüge festgemacht. Hieraus wurde abgeleitet, dass Grundsatzregelungen weit und Ausnahmeregelungen eng auszulegen sind.

213 Die **Auslegung nach dem Wortlaut** hat eine geringere Bedeutung, da das Unionsrecht in allen dreiundzwanzig Amtssprachen abgefasst wird. Zwar sollen alle Sprachfassungen verbindlich sein, aber bei dieser Vielfalt von Sprachfassungen kommt es auch zu sprachlichen Abweichungen. Als Interpretationsmethode muss dann die Auslegung nach dem Normzweck hinzutreten.

214 Bei dieser teleologischen **Auslegung nach dem Normzweck** werden die unbestimmten und interpretationsbedürftigen Sekundärrechtsbestimmungen des Unionsrechts im Lichte der Ziele des EUV n.F. und des AEUV betrachtet. Zur normzweckorientierten Auslegung gehört auch diejenige nach dem **effet utile**. Hierbei werden Unionsrechtsnormen nach dem Gedanken der praktischen Wirksamkeit ausgelegt. Es ist möglichst die Auslegung zu wählen, die den Zweck einer Norm am Effektivsten verwirklicht.

215 Die historische **Auslegung nach der Entstehungsgeschichte** hat einen geringeren Stellenwert, da Protokollerklärungen der am Rechtsetzungsverfahren beteiligten Gemeinschaftsorgane – mit Ausnahme der Stellungnahme des Europäischen Parlamentes – und der Mitgliedstaaten oftmals vertraulich behandelt werden.[3]

216 Schließlich soll noch die **autonome Auslegung** genannt werden. Die unionsrechtlichen Begriffe werden autonom vom nationalen Recht der Mitgliedstaaten ausgelegt. Nur dadurch kann eine einheitliche Interpretation der Unionsrechtsbegriffe gewährleistet werden.

---

1 Auf die Zusammensetzung, die Organisation und die Aufgaben des EuGH wurde schon in Rn. 169–175 hingewiesen.

2 Mit den europäischen Gerichten sind der EuGH, das Gericht und das EuGD gemeint.

3 *Arndt/Fischer/Fetzer* Europarecht S. 39.

4 *Thiele* Europarecht S. 93 f.

2. Die Rechtsfortbildung durch die europäischen Gerichte

217 Das Unionsrecht bedarf der **Rechtsfortbildung** im besonderen Maße. Insbesondere die Gründungsverträge in ihrer heutigen Fassung enthalten als Grundlage für eine Rechtsordnung der neu gegründeten europäischen Gemeinschaften zwangsläufig viele Lücken, die aus rechtsstaatlichen Gründen zu schließen sind. Zwar ist es primär die Aufgabe der an der Rechtsetzung beteiligten Unionsorgane, die unionsrechtlichen Lücken zu füllen. Werden diese aber nicht tätig, so sollen die europäischen Gerichte in ihrer Rechtsprechung diese Lücken rechtsfortbildend füllen können.[5]

» Wiederholen Sie an dieser Stelle die Darstellung zur unmittelbaren Anwendbarkeit einer Richtlinie in Rn. 99. «

218 Die unmittelbare Anwendbarkeit von nicht rechtzeitig umgesetzten Richtlinien in säumigen Mitgliedstaaten ist unter engen Voraussetzungen vom EuGH im Wege der Rechtsfortbildung entwickelt worden, weil die Wirksamkeit der Unionsrechtsordnung dieses Mechanismus bedarf. Ohne die unmittelbare Wirkung nicht rechtzeitig umgesetzter Richtlinien hätte es für die jeweiligen säumigen Mitgliedstaaten keine Konsequenzen, wenn sie die mehrheitlich im Rat beschlossenen Richtlinien nicht rechtzeitig oder nicht vollständig in nationales Recht umsetzen. Die Möglichkeit, ein Vertragsverletzungsverfahren gem. Art. 258 AEUV gegen einen säumigen Mitgliedstaat einzuleiten, ist zur Sicherung eines einheitlich geltenden Unionsrechts nicht ausreichend. Durch die Klageerhebung wird die Verzögerung bei der Richtlinienumsetzung in nationales Recht nicht verhindert. Der EuGH erlässt nur ein Feststellungsurteil. Die Umsetzung bleibt weiterhin in der Verantwortung des säumigen Mitgliedstaates.

219 Der EuGH hatte den unionsrechtlichen Staatshaftungsanspruch des Bürgers gegen den Mitgliedstaat nach nationalem Staatshaftungsrecht in der Francovich-Entscheidung[6] entwickelt, der nicht fristgemäß eine Richtlinie umgesetzt hatte. Aber schon in dieser Entscheidung hatte der EuGH den Staatshaftungsanspruch als allgemeinen Grundsatz des Unionsrechts bezeichnet, der auch bei anderen Verstößen geltend gemacht werden könne.[7] Dieser allgemeine Staatshaftungsanspruch dient dem Zweck, die volle Wirksamkeit und die nützliche Wirkung der Unionsrechtsordnung zu sichern.

220 Gem. Art. 5 Abs. 2 EUV n.F. wird die Union innerhalb der Grenzen der in den Verträgen zugewiesenen Befugnisse und gesetzten Ziele tätig. Die Unionsorgane wenden gem. Art. 5 Abs. 3 Unterabs. 2 EUV n.F. das Subsidiaritätsprinzip nach dem Protokoll über die Anwendung der Grundsätze der Subsidiarität und der Verhältnismäßigkeit an.

» Wiederholen Sie an dieser Stelle die Ausführungen zum Prinzip der begrenzten Einzelermächtigung in Rn. 187–188. «

Hinweis

In dem Umfang, in dem die europäischen Gerichte, überwiegend der EuGH selbst, Rechtsfortbildung betreiben, gibt es hierzu in der Regel keine diese rechtfertigende Kompetenznorm in den Unionsverträgen.

---

5 *Streinz* Europarecht Rn. 611 ff.
6 Sie finden die Francovich-Entscheidung in Rn. 100–101.
7 *Streinz* Europarecht Rn. 458.

II. Die fünf Verfahrensabschnitte

221 Die Verfahren vor den europäischen Gerichten lassen sich in die folgenden fünf Verfahrensabschnitte einteilen.

Die fünf Verfahrensabschnitte	
Verfahrenseinleitung	Einreichung der Klageschrift bzw. die Übermittlung des Vorlagebeschlusses des nationalen Gerichtes
Schriftliches Verfahren	Übermittlung der Schriftsätze und Parteierklärungen
Mündliches Verfahren	Verlesung des Berichts des Berichterstatters, Anhörung der Bevollmächtigten, Vernehmung von Zeugen und Sachverständigen
Schlussantrag des Generalanwalts	
Beratung und Verkündung des Urteils	

Natürliche und juristische Personen müssen sich vor den europäischen Gerichten von einem Rechtsanwalt vertreten lassen.[8] Die Mitgliedstaaten sowie die Unionsorgane werden vor dem EuGH durch einen Bevollmächtigten vertreten, der für jede Sache bestellt wird. Der Bevollmächtigte kann sich der Hilfe eines Rechtsbeistandes oder eines Rechtsanwalts bedienen.[9]

B. Die verschiedenen Verfahrensarten

» Im Folgenden werden nur die examensrelevanteren ersten fünf Verfahrensarten dargestellt. «

222 Der Rechtsweg zu den europäischen Gerichten ist nur gegeben, wenn er durch eine der im Folgenden aufgeführten **Verfahrensarten** eröffnet ist. Diese Aufzählung ist abschließend.[10]

- Das Vorabentscheidungsverfahren gem. Art. 267 AEUV.
- Das Vertragsverletzungsverfahren gem. Art. 258 ff. AEUV.
- Die Nichtigkeitsklage gem. Art. 263 f. AEUV.
- Die Untätigkeitsklage gem. Art. 265 f. AEUV.
- Die Amtshaftungsklage gem. Art. 268 i.V.m. Art. 340 Abs. 2 und 3 AEUV.
- Die **Dienst- und Disziplinarstreitsachen** zwischen der Union und ihren Bediensteten gem. Art. 270 AEUV.
- Das **schiedsgerichtliche Verfahren** gem. Art. 273 AEUV.
- Das inzidente **Normenkontrollverfahren** wegen Verordnungen gem. Art. 277 AEUV.

8 Art. 19 Abs. 3 des Protokolls über die Satzung des Gerichtshofs vom 26.2.2001, ABl. Nr. C 80, 53; BGBl. 2006 II, 1146.

9 Art. 19 Abs. 1 des Protokolls über die Satzung des Gerichtshofs vom 26.2.2001, ABl. Nr. C 80, 53; BGBl. 2006 II, 1146.

10 Im 5. Teil werden unter A V 2 die Zuständigkeit des Gerichts und des EuGD beschrieben.

- Die **Einstweilige Anordnung** gem. Art. 279 AEUV.
- Die Aussetzung der **Zwangsvollstreckung** gem. Art. 299 Abs. 4 AEUV.
- Gutachten, Vorschläge und Stellungnahmen z.B. zu Art. 218 AEUV.

I. Das Vorabentscheidungsverfahren

Das Vorabentscheidungsverfahren gem. Art. 267 AEUV 223

I. Zulässigkeit der Vorlage
1. Sachliche Zuständigkeit
2. Vorlageberechtigung
   gemeinschaftsrechtlicher Begriff des Gerichts
3. Zulässige Vorlagefrage gem. Art. 267 Abs. 1a–b AEUV:
   a) Auslegung der Verträge
   b) Gültigkeit und Auslegung der Handlungen der Unionsorgane, Einrichtungen oder sonstigen Stellen der Union
4. Entscheidungserheblichkeit für den nationalen Rechtsstreit
5. Vorlagepflicht gem. Art. 267 Abs. 3 AEUV:
   a) Kein Rechtsmittel mehr gegen vorlegendes nationales Gericht
   b) Vorlagepflicht bei Zweifeln an der Gültigkeit des gemeinschaftsrechtlichen Sekundärrechts
   c) Keine Vorlagepflicht bei
      aa) Bestehen einer gesicherten Rechtsprechung des EuGH zur Vorlagefrage
      bb) Vorlagefragen, die schon Gegenstand einer Vorabentscheidung waren
      cc) Offenkundigkeit der richtigen Anwendung des Gemeinschaftsrechts
      dd) Vorlagefragen im Verfahren des vorläufigen Rechtsschutzes
6. Konsequenzen der Verletzung der Vorlagepflicht
   Verstoß gegen das grundrechtsgleiche Recht auf den gesetzlichen Richter
7. Vorlagerecht
   Stellen einer zulässiger Vorlagefrage
8. Frist für die Einreichung der Vorlagefrage: keine

II. Vorlageentscheidung
1. Auslegungsfrage: Vergabe von Auslegungskriterien durch den EuGH
2. Gültigkeitsfrage: Gültigkeits- oder Ungültigkeitserklärung des EuGH

III. Wirkung der Vorabentscheidung
1. Auslegungsfrage: Wirkung der Auslegungskriterien für alle Gerichte
2. Gültigkeitsfrage
   a) Ungültigkeitserklärung des EuGH: Wirkung für alle Gerichte
   b) Gültigkeitserklärung des EuGH: Wirkung nur für vorlegendes Gericht

PRÜFUNGSSCHEMA

1. Die Zulässigkeit der Vorlage

224 Die nationalen Gerichte in den Mitgliedstaaten haben die Möglichkeit gem. Art. 267 Abs. 2 AEUV und gem. Art. 267 Abs. 3 AEUV die Pflicht, bei Zweifeln über die Auslegung oder die Gültigkeit einer unionsrechtlichen Vorschrift oder von Handlungen der Unionsorgane den EuGH anzurufen. Die gestellte **Vorlagefrage** muss allgemein und abstrakt gefasst sein, da der EuGH den nationalen Rechtsstreit nicht zu entscheiden hat.

Hinweis

Über die Hälfte aller beim EuGH anhängigen Verfahren sind Vorabentscheidungsverfahren.

a) Die sachliche Zuständigkeit

225 Sachlich zuständig ist der EuGH. Bislang wurde nicht, wie in Art. 256 Abs. 3 Unterabs. 1 AEUV grundsätzlich ermöglicht, dem Gericht durch eine entsprechende Änderung der Satzung des EuGH die sachliche Kompetenz für das Vorabentscheidungsverfahren zugewiesen. Die Regierungskonferenz in Nizza konnte sich auf diese Kompetenzeinräumung zugunsten des Gerichtes nicht verständigen. Der Vertrag von Lissabon bringt hier keine Änderungen.

b) Die Vorlageberechtigung

226 Vorlageberechtigt ist ein nationales Gericht eines Mitgliedstaates, das mit der Vorlagefrage im Rahmen seiner Urteilsfindung befasst ist. Das Gericht muss ein auf gesetzlicher Grundlage eingerichteter Spruchkörper und dazu berufen sein, auf der Grundlage eines rechtsstaatlich geordneten Verfahrens in richterlicher Unabhängigkeit Rechtsstreitigkeiten zu entscheiden. Auf die Eingliederung des vorlegenden nationalen Gerichts in das reguläre Gerichtssystem in dem jeweiligen Mitgliedstaat soll es nicht ankommen.[11] Die Abgrenzung zu anderen Organen oder Einrichtungen bestimmt der EuGH anhand einer Reihe von Gesichtspunkten, wie ihrem ständigen Charakter, der obligatorischen Gerichtsbarkeit, der Durchführung eines streitigen Verfahrens und der Anwendung von Rechtsnormen.[12]

Beispiel Schiedsgerichtsbarkeit[13]

Ein von den Parteien aufgrund einer vereinbarten Schiedsklausel angerufenes Schiedsgericht legte die Frage nach Wirksamkeit einer von den Parteien geschlossenen **Pool-Vereinbarung** zum Umgang mit von ihnen jeweils einzeln beantragten Zuschüssen der EG dem EuGH vor. Der EuGH prüfte die Vorlageberechtigung des Schiedsgerichts und problematisierte die Frage, ob es sich bei dem Schiedsgericht um ein Gericht „eines Mitgliedstaates" handele, da die Parteien in einer Schiedsklausel das Schiedsgericht festgelegt hätten. Der EuGH forderte eine enge Beziehung zwischen dem deutschen Schiedsverfahren und dem allgemeinen Rechtsschutzsystem. Hierfür sei die Einbeziehung der öffentlichen Gewalt des Mitgliedstaates in die Entscheidung und die Auswahl des Schiedsgerichts notwendig, sodass sie den Parteien den Weg der Schiedsgerichtsbarkeit für bestimmte Streitigkeiten

11 Der Vergabeüberwachungsausschuss des Bundes gem. § 57c HGrG (Norm wurde zwischenzeitlich aufgehoben) wurde vom EuGH als vorlageberechtigtes Gericht anerkannt, *EuGH* Rs. C-54/96, Dorsch Consult/Bundesbaugesellschaft Berlin, Slg 1997, I-4961 Rn. 22 ff.

12 *Karpenstein* Praxis des EG-Rechts Rn. 344.

13 *EuGH* Rs. 102/82, Nordsee/Mond, Slg 1982, 1095.

vorschreiben könne. Eine derartige Einbeziehung bestehe auch, wenn nach dem Recht des Mitgliedstaates eine Organisation, die einer gewissen behördlichen Aufsicht unterliege, mit der Durchführung gemeinschaftsrechtlicher Vorschriften betraut sei, gegen deren Entscheidungen unter Mitwirkung der zuständigen Behörde Rechtsbehelfe vorgesehen seien, die die Wahrnehmung gemeinschaftsrechtlicher Befugnisse beeinflussen könnten.

Für das hier gewählte Schiedsverfahren wurde das Vorliegen der genannten Voraussetzungen verneint, die Vorlage also als unzulässig wegen mangelnder Vorlageberechtigung abgewiesen. ■

c) Die zulässige Vorlagefrage

Die zulässigen Vorlagefragen ergeben sich aus Art. 267 Abs. 1a–b AEUV. Der EuGH entschei- 227
det keine direkten Fragen zur Vereinbarkeit des nationalen Rechts mit dem Unionsrecht. Er legt aber eine entsprechend unzulässige Vorlagefrage – soweit möglich – dahingehend aus, dass sie einen gem. Art. 267 Abs. 1a–b AEUV zulässigen Inhalt hat.

Beispiel Dienst von Frauen mit der Waffe[14]

Ein deutsches Landgericht hatte dem EuGH die Frage vorgelegt, ob das deutsche Soldatengesetz, das Frauen den Dienst mit der Waffe verbot, gegen die Gleichberechtigungsrichtlinie verstoße. Nach dieser Fragestellung hätte der EuGH das deutsche Gesetz überprüfen müssen. Da die Prüfung nationalen Rechts nicht in die Kompetenz des EuGH fällt, hat das EuGH aus der gestellten Frage die zulässige Frage herausgeschält, ob die Gleichberechtigungsrichtlinie der Anwendung nationaler Regelungen entgegenstehe, die Frauen vom Dienst mit der Waffe ausschlössen. ■

Das nationale Gericht kann gem. Art. 267 Abs. 1a AEUV eine Frage zur Auslegung der Verträge vorlegen. Bei dieser Fallgruppe kann eine Vorlagefrage zur Auslegung des primären Unionsrechts gestellt werden.[15]

Das nationale Gericht kann gem. Art. 267 Abs. 1b AEUV eine Frage zur Gültigkeit und zur Auslegung der Handlungen der Unionsorgane vorlegen. Die Vorlagefrage kann sich hier auf die Auslegung und Gültigkeit von sekundärrechtlichen Unionsrechtsnormen beziehen.

Hinweis

Seit dem Inkrafttreten des Lissabon-Vertrages gehören gem. Art. 13 Abs. 1 Unterabs. 2 EUV n.F. zu den Unionsorganen neben den bisherigen EG-Organen auch der Europäische Rat und die EZB. Die Vorlagefrage kann sich daher jetzt auch auf die Gültigkeit und die Auslegung der Handlungen dieser beiden Organe beziehen.

d) Die Entscheidungserheblichkeit

Die Vorabentscheidung des EuGH zur Vorlagefrage muss aus der Sicht des vorlegenden 228
nationalen Gerichts gem. Art. 267 Abs. 2 AEUV für den nationalen Rechtsstreit entscheidungserheblich sein. Der EuGH prüft die Bedeutung der vorgelegten Frage für den

14 *EuGH* Rs. C-285/98, Tanja Kreil, Slg. 2000, I-69, Rn. 10.
15 *Streinz* Europarecht Rn. 682.

nationalen Rechtsstreit nicht. Er überprüft aber, ob Vorlagefragen nur konstruiert sind oder ob überhaupt ein Zusammenhang zwischen der Vorlagefrage und dem nationalen Rechtsstreit besteht.[16] Voraussetzung für diese Überprüfungen des EuGH ist, dass das vorlegende Gericht begründet hat, warum es die Beantwortung der gestellten Vorlagefrage für entscheidungserheblich hält.

e) Die Vorlagepflicht

229 Eine zulässige Vorlagefrage muss dem EuGH gem. Art. 267 Abs. 3 AEUV von einem nationalen Gericht vorgelegt werden, wenn sie in einem schwebenden Verfahren aufgeworfen wird und die Entscheidungen des nationalen Gerichts selbst nicht mehr mit Rechtsmitteln des innerstaatlichen Rechts angefochten werden kann. Zu dem Kreis der vorlagepflichtigen Gerichte gehören nicht nur nationale Gerichte der letzten Instanz,[17] sondern alle Gerichte, deren Entscheidungen wegen Nichterreichen der Berufungssumme nicht mehr angefochten werden können.[18] Andernfalls würde das Ziel der einheitlichen Rechtsanwendung des Unionsrechts nicht wirksam erreicht werden können.[19]

aa) Sonderregelungen für Visa, Asyl und Einwanderung

230 Bis zum Inkrafttreten des Lissabon-Vertrages gab es in dem Bereich von Visa, Asyl und Einwanderung Sonderregelungen. Ein nationales Gericht war überhaupt nur dann zur Vorlage berechtigt aber gleichzeitig auch verpflichtet, wenn es sich um eine Frage zur Auslegung der zwischenzeitlich außer Kraft getretenen Art. 61–69 EGV zu Visa, Asyl, Einwanderung und andere Politiken betreffend den freien Personenverkehr sowie zur Gültigkeit oder Auslegung darauf gestützter Sekundärrechtsnormen in einem schwebenden Verfahren handelte und die Gerichtsentscheidung nicht mehr mit innerstaatlichen Rechtsmitteln angefochten werden konnte. Gem. Art. 276 AEUV ist der EuGH jetzt ohne Einschränkung auch für Vorlagefragen aus dem Bereich Visa, Asyl und Einwanderung zuständig.

bb) Die Vorlagepflicht bei Zweifeln an der Gültigkeit des unionsrechtlichen Sekundärrechts

231 Nicht nur in den Fällen des Art. 267 Abs. 3 AEUV soll es eine Vorlagepflicht geben, sondern auch bei Zweifeln eines nationalen Gerichts an der Gültigkeit unionsrechtlichen Sekundärrechts. Nur der EuGH hat das Verwerfungsmonopol bezüglich des Unionsrechts. Der nationale Richter kann daher nicht von sich aus eine von ihm für ungültig gehaltene Sekundärrechtsnorm im konkreten Fall unangewendet lassen, sondern hat eine entsprechende Vorlagefrage an den EuGH zu richten.[20]

cc) Grenzen der Vorlagepflicht

232 Auch wenn die Voraussetzungen der Vorlagepflicht vorliegen, soll diese ausnahmsweise dann nicht bestehen, wenn eine der vier folgenden Ausnahmen vorliegt.

16 *Streinz* Europarecht Rn. 685; *Thiele* Europarecht S. 186 f.
17 Abstrakte Betrachtungsweise.
18 Konkrete Betrachtungsweise; *Streinz* Europarecht Rn. 687.
19 *EuGH* Slg. 2002, I-4839.
20 *Thiele* Europarecht S. 187 f.

- Zu der Vorlagefrage besteht bereits eine gesicherte Rechtsprechung des EuGH. Hierbei soll es unerheblich sein, in welcher Verfahrensart der EuGH zu dieser gefestigten Rechtsprechung gekommen ist.[21]
- Die gestellte Vorlagefrage ist tatsächlich bereits in einem gleich gelagerten Fall Gegenstand einer Vorabentscheidung gewesen.
- Die richtige Anwendung des Unionsrechts ist derart offenkundig, dass keinerlei Raum für einen vernünftigen Zweifel an der Entscheidung der gestellten Frage bleibt.[22]
- Im Verfahren des **vorläufigen Rechtsschutzes** besteht keine Vorlagepflicht, wenn in einem ordentlichen Verfahren zur Hauptsache eine erneute Prüfung jeder im summarischen Verfahren nur vorläufig entschiedenen Rechtsfrage möglich ist.[23]

dd) Konsequenzen der Verletzung der Vorlagepflicht

Wird trotz Vorlagepflicht der EuGH nicht angerufen, kommt nach deutschem Recht eine Verletzung des grundrechtsgleichen Rechts auf den **gesetzlichen Richter** gem. Art. 101 Abs. 1 S. 2 GG in Betracht. Ein Absehen von einer Vorlage, wenn zu einer entscheidungserheblichen Frage des Unionsrechts noch keine Rechtsprechung des EuGH vorliegt, ist aber nur dann ein Verstoß gegen. Art. 101 Abs. 1 S. 2 GG, wenn das im konkreten Fall letztinstanzlich entscheidende Gericht seinen Beurteilungsspielraum in unvertretbarer Weise überschritten hat.[24] Das BVerfG hat anerkannt, dass dem EUGH die Funktion eines gesetzlichen Richters aufgrund der Verschränkung der Vorabentscheidungen gem. Art. 267 AEUV mit der nationalen Gerichtsbarkeit zukommt.[25] **233**

f) Das Vorlagerecht

Ein nationales Gericht kann eine zulässige Vorlagefrage dem EuGH auch dann vorlegen, wenn seine Entscheidung mit nationalen Rechtsmitteln noch angefochten werden kann und die übrigen Zulässigkeitsvoraussetzungen des Art. 267 Abs. 1 und 2 AEUV vorliegen. **234**

g) Die Frist für die Einreichung der Vorlagefrage

Das Verfahren ist nicht innerhalb einer bestimmten Frist durchzuführen. **235**

2. Die Vorlageentscheidung

Der EuGH interpretiert bei einer gestellten **Auslegungsfrage** das einschlägige Gemeinschaftsrecht und gibt Auslegungskriterien vor, sodass das vorlegende nationale Gericht den nationalen Rechtsstreit jetzt selbst auf dieser Grundlage entscheiden kann. **236**

Soweit das vorlegende nationale Gericht eine **Frage zur Gültigkeit** des Handelns der Unionsorgane vorgelegt hatte, überprüft das EuGH die Vereinbarung dieses Handeln mit dem höherrangigem unionsrechtlichen Primärrecht.

21 *Streinz* Europarecht Rn. 689, *Thiele* Europarecht S. 187 f.
22 *Karpenstein* Praxis des EG-Rechts Rn. 360.
23 *Karpenstein* Praxis des EG-Rechts Rn. 361.
24 *Karpenstein* Praxis des EG-Rechts Rn. 366.
25 *BVerfG* NVwZ 1992, 360 ff., 367 f.

3. Die Wirkung der Vorabentscheidung

237 Die **Wirkung der Vorabentscheidung** ist im AEUV nicht geregelt. Da das Verfahren den Zweck verfolgt, die Einheitlichkeit der Anwendung des Unionsrechts zu gewährleisten, ist von einer Bindung des vorlegenden Gerichts und aller mit dieser Sache befassten Instanzgerichte an die Vorabentscheidung auszugehen.[26]

a) Die Auslegungsfrage

238 Alle Gerichte haben die Entscheidung des EuGH zur Auslegungsfrage zu beachten. Möchte ein letztinstanzliches Gericht von dieser Auslegung abweichen, hat es hierzu erneut ein Vorabentscheidungsverfahren durchzuführen.[27]

b) Die Gültigkeitsfrage

aa) Die Ungültigkeitserklärung des EuGH

239 Hat der EuGH eine Sekundärrechtsnorm für ungültig erklärt, so haben alle Gerichte von einer Ungültigkeit der entsprechenden Sekundärrechtsnorm auszugehen. Die Ungültigkeitserklärung hat demnach eine Wirkung für alle Gerichte. Erneute Vorlagefragen sind bei Ungültigkeitserklärungen nur zulässig, wenn Unklarheiten über die Gründe, den Umfang und die Folgen der Ungültigkeitserklärung bestehen.[28]

bb) Die Gültigkeitserklärung des EuGH

240 Die Bindungswirkung der Gültigkeitserklärung gilt nur für das vorlegende Gericht und alle mit dieser Sache befassten Instanzgerichte, da der EuGH die Gültigkeit des unionsrechtlichen Sekundärrechts nur in Bezug auf einen konkreten nationalen Rechtsstreit geprüft hat. Diese Gültigkeitsfrage kann bei anderen nationalen Rechtstreitigkeiten anders bewertet werden, wenn es z.B. auf andere Gesichtspunkte der Sekundärrechtsnorm ankommt.[29]

---

26 *Streinz* Europarecht Rn. 690 f.

27 *Karpenstein* Praxis des EG-Rechts Rn. 388.

28 *Karpenstein* Praxis des EG-Rechts Rn. 386.

29 *Karpenstein* Praxis des EG-Rechts Rn. 387.

II. Das Vertragsverletzungsverfahren

Das Vertragsverletzungsverfahren gem. Art. 258 ff. AEUV

241

I. Zulässigkeit

1. Sachliche Zuständigkeit des EuGH
2. Beteiligtenfähigkeit
   a) Beteiligtenfähigkeit der Kommission gem. Art. 258 AEUV
   b) Beteiligtenfähigkeit eines anderen Mitgliedstaates gem. Art. 259 Abs. 1 AEUV
3. Klagegegenstand
   Gegenstand des Vorverfahrens: Vermutete Vertragsverletzung durch einen Mitgliedstaat
4. Vorverfahren gem. Art. 258 AEUV auf Antrag der Kommission
   a) erstes Mahnschreiben
      aa) Angabe der vermuteten Vertragsverletzung
      bb) Ankündigung eines Vertragsverletzungsverfahrens
      cc) Aufforderung zur Stellungnahme innerhalb vorgegebener Frist
   b) begründete Stellungnahme der Kommission nach fruchtlosem Fristablauf
      aa) Beschreibung der vermuteten Vertragsverletzung wie im ersten Mahnschreiben
      bb) Fristsetzung zur Stellungnahme gegenüber dem Vertragsverletzer
      cc) keine Reaktion des Vertragsverletzers
5. Vorverfahren gem. Art. 259 AEUV auf Antrag eines Mitgliedstaates
   a) Gelegenheit zum kontradiktorischen Verfahren durch Kommission
   b) begründete Stellungnahme der Kommission bei erfolglosem kontradiktorischem Verfahren
      aa) Beschreibung der vermuteten Vertragsverletzung
      bb) Fristsetzung zur Stellungnahme gegenüber dem Vertragsverletzer
6. Klagerhebung: Ermessensentscheidung der Kommission
   Klageerhebung eines Mitgliedstaates gem. Art. 259 Abs. 4 AEUV
7. Klagefrist: keine
8. Rechtsschutzinteresse der Kommission/des klagenden Mitgliedstaates: Nicht nachzuweisen

II. Begründetheit

Entscheidung des EuGH gem. Art. 260 AEUV: Feststellung einer Vertragsverletzung

III. Wirkung der Entscheidung bei Untätigkeit des verurteilten Mitgliedstaates

1. Fristsetzung zur Äußerung für den verurteilten Staat
2. Abgabe einer begründeten Stellungnahme der Kommission bei Untätigkeit des verurteilten Staates mit Fristsetzung zum Tätigwerden
3. Erneute Anrufung des EuGH

IV. Verurteilung zur Pauschalbetrags- oder/und Zwangsgeldzahlung gem. Art. 260 Abs. 3 Unterabs. 2 AEUV

1. Verurteilung zur Pauschalbetragszahlung
2. Verurteilung zur Zwangsgeldzahlung
3. Berechnungskriterien

PRÜFUNGSSCHEMA

Das Vertragsverletzungsverfahren ist in den Art. 258–263 AEUV geregelt. Es ist gegen einen Mitgliedstaat gerichtet, der das Unionsrecht verletzt. Der EuGH kann von der Kommission oder von einem anderen Mitgliedstaat nach erfolgloser Durchführung eines Vorverfahrens zur Feststellung der Vertragsverletzung angerufen werden.

1. Die Zulässigkeit

a) Die sachliche Zuständigkeit

242 Der EuGH ist gem. Art. 258 Abs. 2 AEUV sachlich zuständig. Eine Kompetenzzuweisung an das Gericht liegt gem. Art. 256 Abs. 1 AEUV nicht vor.

b) Die Beteiligtenfähigkeit

243 Das Vertragsverletzungsverfahren kann von der Kommission gem. Art. 258 AEUV gegen einen das Unionsrecht verletzenden Mitgliedstaat eingeleitet werden. Zudem kann jeder Mitgliedstaat gem. Art. 259 Abs. 1 AEUV den EuGH anrufen, wenn er die Vertragsverletzung eines anderen Mitgliedstaates vermutet.

c) Der Klagegegenstand

» Wiederholen Sie an dieser Stelle die Ausführungen zur unmittelbaren Wirkung einer Richtlinie in Rn. 99–105. «

244 Klagegegenstand kann nur die vermutete Vertragsverletzung eines Mitgliedstaates sein. Der EuGH befasst sich abschließend mit dem Vorwurf der Vertragsverletzung wie er in der begründeten Stellungnahme von der Kommission im Vorverfahren erhoben wird.[30] Häufiger Klagegegenstand ist eine nicht rechtzeitig oder unvollständig umgesetzte Richtlinie.[31]

d) Das Vorverfahren gem. Art. 258 AEUV

245 Wenn die Kommission gem. Art. 258 AEUV das Vertragsverletzungsverfahren gegen einen vertragsverletzenden Mitgliedstaat einleiten möchte, muss sie zunächst ein Mahnverfahren gem. Art. 258 Abs. 1 AEUV durchführen. Die Kommission muss an den vertragsverletzenden Mitgliedstaat zunächst ein **erstes Mahnschreiben** unter Angabe der vermuteten Vertragsverletzung und der Mitteilung der Einleitung des Vertragsverletzungsverfahrens schicken. In diesem Mahnschreiben räumt die Kommission dem vermeintlichen Vertragsverletzer gem. Art. 258 Abs. 1 letzter Hs. AEUV die Gelegenheit zur Äußerung innerhalb einer vorgegebenen Frist ein. Bleibt die Äußerung des angemahnten Mitgliedstaates aus, dann gibt die Kommission eine **begründete Stellungnahme** gem. Art. 258 Abs. 1 Hs. 1 AEUV gegenüber diesem Mitgliedstaat unter Setzung einer Frist gem. Art. 258 Abs. 2 AEUV zur mitgliedstaatlichen Stellungnahme zur behaupteten Vertragsverletzung ab. Reagiert der Mitgliedstaat auch auf diese zweite Fristsetzung nicht, dann kann die Kommission gem. Art. 258 Abs. 2 Hs. 2 AEUV nach pflichtgemäßem Ermessen Klage beim EuGH einreichen.

e) Das Vorverfahren gem. Art. 259 AEUV

246 Das Vertragsverletzungsverfahren kann auch von einem Mitgliedstaat wegen einer Vertragsverletzung eines anderen Mitgliedstaates eingeleitet werden. Die Durchführung eines **Vorverfahrens** ist zwingend. Die Kommission muss gem. Art. 259 Abs. 2 AEUV von einem Mitgliedstaat wegen der Vertragsverletzung eines anderen Mitgliedstaates befasst werden.

30 *Thiele* Europarecht S. 171; *Streinz* Europarecht Rn. 624.

31 *Thiele* Europarecht S. 171.

Hinweis

Dieses von einem Mitgliedstaat eingeleitete Vertragsverletzungsverfahren hat bislang in der Praxis eine ganz unbedeutende Rolle gespielt.[32]

Die Kommission gibt gem. Art. 259 Abs. 3 Hs. 2 AEUV den streitenden Mitgliedstaaten zunächst in einem **kontradiktorischen Verfahren** Gelegenheit zur schriftlichen oder mündlichen Äußerung zur behaupteten Vertragsverletzung. Nach Durchführung des kontradiktorischen Verfahrens kann die Kommission gem. Art. 259 Abs. 3 Hs. 1 AEUV eine begründete Stellungnahme zur behaupteten Vertragsverletzung abgeben. Gibt die Kommission keine Stellungnahme innerhalb einer Frist von drei Monaten nach Einleitung des Vertragsverletzungsverfahrens durch einen Mitgliedstaat ab, dann kann gem. Art. 259 Abs. 4 AEUV der Mitgliedstaat selbst, der das Verfahren eingeleitet hat, den EuGH anrufen.

f) Die Klagefrist

Die Art. 258 und 259 AEUV bestimmen keine Klagefrist, sondern nur Fristen für die Durchführung des Vorverfahrens. **247**

g) Das Rechtsschutzinteresse

Im Interesse der Beachtung des Gemeinschaftsrechts in allen Mitgliedstaaten wird das Rechtsschutzinteresse bei den Verfahrensbeteiligten unterstellt und bedarf daher keiner gesonderten Prüfung.[33] **248**

2. Die Begründetheit

Die Klage ist begründet, wenn **249**
- der von der Kommission vorgetragene Sachverhalt zutreffend ist,
- sich aus diesem Sachverhalt eine Vertragsverletzung ergibt,
- die Vertragsverletzung dem beklagten Mitgliedstaat zugerechnet[34] werden kann und
- der beklagte Mitgliedstaat die Vertragsverletzung nicht innerhalb der von der Kommission gesetzten Frist beseitigt hat.

Der EuGH stellt gem. Art. 260 Abs. 1 AEUV die Vertragsverletzung durch den Mitgliedstaat fest und verurteilt diesen Staat zur Vornahme von Maßnahmen zur Beseitigung der Vertragsverletzung.

3. Die Wirkung der Entscheidung bei Untätigkeit des verurteilten Staates

Kommt der verurteilte Staat seinen Verpflichtungen aus dem EuGH-Urteil nach Auffassung der Kommission nicht nach, gibt sie ihm hierzu gem. Art. 260 Abs. 2 AEUV Gelegenheit zur Äußerung. Äußert sich der verurteilte Staat nicht, gibt die Kommission diesem gegenüber selbst eine **begründete Stellungnahme** ab, in der sie die nicht umgesetzten Maßnahmen zur Umsetzung des EuGH-Urteils aufführt. In dieser Stellungnahme setzt die Kommission eine Frist zur Umsetzung der noch nicht umgesetzten Maßnahmen. Wenn der verurteilte Mitgliedstaat auch diese Frist **250**

32 *Thiele* Europarecht S. 170.

33 *Thiele* Europarecht S. 172.

34 Auf ein Verschulden des Mitgliedstaates kommt es nicht an.

ungenutzt verstreichen lässt, kann die Kommission gem. Art. 260 Abs. 2 Unterabs. 2 AEUV den EuGH erneut anrufen. Hierbei benennt sie die aus ihrer Sicht angemessene Höhe des von dem betreffenden Mitgliedstaat zu zahlenden Pauschalbetrags oder Zwangsgelds.

4. Verurteilung zur Pauschalbetrags- oder/und Zwangsgeldzahlung

251 Stellt der EuGH fest, dass der verurteilte Staat seinem Urteil nicht nachgekommen ist, so kann er gem. Art. 260 Abs. 3 Unterabs. 2 AEUV diesen zur **Zahlung eines Pauschalbetrages** und/oder Zwangsgelds verurteilen.[35] Der Wortlaut dieser Norm geht zwar davon aus, dass entweder zu einer Zwangsgeld- oder einer Pauschalbetragszahlung verurteilt werden kann, aber der EuGH[36] hält eine Verurteilung zu beiden Zahlungen für zulässig und praktiziert dies auch. Die festgesetzten Geldzahlungen entheben den Vertragsverletzer nicht von seiner Verpflichtung, die notwendigen Maßnahmen zur Einstellung der Vertragsverletzung durchzuführen.

Beispiel Kontrolle der Fischereitätigkeit[37]

Der Rat hatte Maßnahmen zur Kontrolle der Fischereitätigkeit von Schiffen der Mitgliedstaaten beschlossen. Die Kommission befand, dass Frankreich diese Maßnahmen nicht umgesetzt habe und leitete deshalb ein Vertragsverletzungsverfahren beim EuGH ein. Der EuGH bestätigte mit Urteil vom 11.6.1991 die Vertragsverletzung und legte Maßnahmen zur Beseitigung der Vertragsverletzung fest. Diese Maßnahmen wurden von Frankreich nicht umgesetzt. Die Kommission beantragte nun beim EuGH neben der Feststellung der andauernden Vertragsverletzung ein tägliches Zwangsgeld von 316 500 €. Der Generalanwalt schloss sich dem an, beantragte aber neben der Verurteilung zur **Zwangsgeldzahlung** noch die Verurteilung zur Zahlung eines Pauschalbetrages in Höhe von 20 Mio. €. Der EuGH folgte den gestellten Anträgen und verurteilte Frankreich, ein Zwangsgeld von 58 Mio. € für jeden Sechs-Monats-Zeitraum ab der Verkündung des Urteils und außerdem einen Pauschalbetrag von 20 Mio. € zu zahlen. Bei dem zugrunde liegenden Sachverhalt seien sowohl die Verurteilung zur Zwangsgeldzahlung als auch zur Pauschalbetragszahlung geeignet, um den mit dem Vertragsverletzungsverfahren verfolgten Zweck gerecht zu werden. Während die **Verhängung eines Zwangsgeldes** besonders geeignet erscheine, einen Mitgliedstaat zur umgehenden Einstellung der Vertragsverletzung zu bewegen, würden bei der Festsetzung eines zu zahlenden Pauschalbetrages mehr die Folgen einer weiteren Vertragsverletzung für die privaten und öffentlichen Interessen berücksichtigt, insbesondere wenn die Vertragsverletzung seit der ursprünglichen Feststellung des EuGH schon lange bestehe. Da die Zielrichtung der beiden Geldzahlungen daher unterschiedlich sei, könnten sie auch zusammen gegenüber einem vertragsverletzenden Staat verhängt werden. ■

252 Das **Zwangsgeld** ist eine in Tagessätzen zu berechnende Summe, die von dem Vertragsverletzer bis zur Beendigung der Vertragsverletzung zu zahlen ist. Zwangsgelder sind gem. Art. 280 i.V.m. Art. 299 Abs. 2–4 AEUV nach den Regeln des Staates, in dem vollstreckt werden soll, vollstreckbar.[38] Die Kommission hat im Jahr 2005 für den EuGH unverbindliche **Berech-**

35 *Thiele* Europarecht S. 173.

36 *EuGH* Rs. C-304/02, Kommission/Frankreich, Slg 2005, I-6263, Rn. 80 ff., Urteil vom 12.7.2005.

37 *EuGH* Rs. C-304/02, Kommission/Frankreich, Slg 2005, I-6263, Rn. 80 ff., Urteil vom 12.7.2005; *Arndt/Fischer/Fetzer* Europarecht S. 70.

38 Einige lehnen eine Vollstreckbarkeit vollständig ab, da Art. 280 AEUV ohne weitere Differenzierung auf Art. 299 AEUV verweise. Nach Art. 299 Abs. 1 AEUV würden aber die Mitgliedstaaten von der Zwangsvollstreckung ausgenommen. *Arndt/Fischer/Fetzer* Europarecht S. 70.

nungskriterien[39] zur Berechnung der jeweiligen Geldzahlung veröffentlicht: Entscheidend sollen Schwere und Dauer des Verstoßes sowie die bezweckte **Abschreckungswirkung** sein. Für Deutschland bedeutet dies Zwangsgelder von 15 240 – 914 400 €/Tag bzw. ein Pauschalbetrag von 12 700 000 €.[40] Ein Pauschalbetrag ist eine einmalig zu zahlende Summe.

III. Die Nichtigkeitsklage

Die Nichtigkeitsklage gem. Art. 263 f. AEUV 253

PRÜFUNGSSCHEMA

I. Zulässigkeit

1. Sachliche Zuständigkeit des EuGH, bei Klagen natürlicher und juristischer Personen das Gericht
2. Beteiligtenfähigkeit
   a) aktive Beteiligtenfähigkeit
      aa) aktive Beteiligtenfähigkeit eines Mitgliedstaates, des Europäischen Parlamentes, des Rates und der Kommission gem. Art. 263 Abs. 2 AEUV
      bb) aktive Beteiligtenfähigkeit des Rechnungshofes, der EZB und des Ausschusses der Regionen gem. Art. 263 Abs. 3 AEUV
      cc) aktive Beteiligtenfähigkeit von natürlichen und juristischen Personen gem. Art. 263 Abs. 4 AEUV
   b) passive Beteiligtenfähigkeit des Europäischen Rates, des Europäischen Parlamentes, des Rates, der Kommission, der EZB und von Einrichtungen oder sonstigen Stellen der Union gem. Art. 263 Abs. 1 AEUV
3. Klagegegenstand gem. Art. 263 Abs. 1 und Abs. 4 AEUV
   Jedes Handeln (Ausnahme: Empfehlungen und Stellungnahmen) einschließlich der Entscheidungen gegenüber Dritten seitens der passiv Beteiligten oder an juristische oder natürliche Personen adressierte Entscheidungen und Verordnungen
4. Klagebefugnis
   a) Klagebefugnis bei Klagen gem. Art. 263 Abs. 2 AEUV: nicht nachzuweisen
   b) Klagebefugnis bei Klagen gem. Art. 263 Abs. 3 AEUV: Verletzung eigener Rechte nachzuweisen
   c) Klagebefugnis von natürlichen und juristischen Personen gem. Art. 263 Abs. 4 AEUV
      unmittelbare und individuelle Betroffenheit Rn. 257 258
5. Klagegründe gem. Art. 263 Abs. 2 AEUV: Unzuständigkeit, Verletzung wesentlicher Formvorschriften, Verletzung der Verträge oder einer bei ihrer Durchführung anzuwendenden Rechtsnorm, Ermessensmissbrauch
6. Klagefrist gem. Art. 263 Abs. 6 AEUV: Zwei Monate

II. Begründetheit

Nichtigerklärung der streitgegenständlichen Handlung gem. Art. 264 Abs. 1 AEUV

III. Die Wirkung der Entscheidung: ex tunc und erga omnes

39 Mitteilung der Kommission zur Anwendung von Art. 228 EGV (heute Art. 260 AEUV), Dok. SEK (2005), 1658.
40 *Thiele* Europarecht S. 173.

Die Nichtigkeitsklage ist in Art. 263 f. AEUV geregelt. Die Klage dient der Überprüfung des unionsrechtlichen Sekundärrechts.

1. Die Zulässigkeit

a) Die sachliche Zuständigkeit

» Dies ist eine gute Gelegenheit, um die sachliche Zuständigkeitsabgrenzung zwischen EuGH und dem Gericht in Rn. 170–175 zu wiederholen. «

254 Das Gericht ist gem. Art. 256 Abs. 1 Unterabs. 1 S. 1 AEUV grundsätzlich für Nichtigkeitsklagen zuständig, es sei denn, der EuGH ist aufgrund einer Sonderzuweisung gem. Art. 51 des Protokolls[41] über die Satzung des Gerichtshofs vom 26.2.2001 auch im Bereich der Nichtigkeitsklage zuständig. Aufgrund der Sonderzuweisungen an den EuGH ist das Gericht nur noch für Nichtigkeitsklagen natürlicher oder juristischer Personen wegen einer Handlung der Gemeinschaftsorgane zuständig.

Sachliche Zuständigkeit im Falle der Nichtigkeitsklage

Gericht

- Klagen **juristischer oder natürlicher Personen** wegen Handlungen der Gemeinschaftsorgane

EuGH

- Klagen der **Mitgliedstaaten** wegen Handlungen des Europäischen Parlamentes, des Rates oder der Kommission
- Klagen eines **Gemeinschaftsorgans oder der EZB** wegen einer Handlung des europäischen Parlaments, des Rates oder der Kommission
- Klagen eines **Gemeinschaftsorgans** gegen eine Handlung der EZB

b) Die Beteiligtenfähigkeit

255 Hier wird zwischen der aktiven und der passiven Beteiligtenfähigkeit unterschieden.

Die **aktive Beteiligtenfähigkeit** meint das Recht, selbst Klage erheben zu können. Hierbei ist nach der Form der Nichtigkeitsklage zu unterscheiden.

- Klage eines Mitgliedstaates, des Europäischen Parlamentes, des Rates und der Kommission gem. Art. 263 Abs. 2 AEUV
- Klage des Rechnungshofes, des Ausschuss der Regionen und der EZB gem. Art. 263 Abs. 3 AEUV
- Klage jeder natürlichen oder juristischen Person gem. Art. 263 Abs. 4 AEUV

Juristische Personen sind Personenvereinigungen, die nach der Rechtsordnung, der sie unterstehen, rechtsfähig sind. Die aktive Beteiligtenfähigkeit besteht auch für Personenvereinigungen des öffentlichen Rechts wie z.B. den Gebietskörperschaften.

41 ABl. Nr. C 80, S. 53; BGBl 2006 II, S. 1146.

Die **passive Beteiligtenfähigkeit** ergibt sich aus Art. 263 Abs. 1 AEUV. Danach können das Europäische Parlament, der Europäische Rat, der Rat, die Kommission, die EZB und Einrichtungen oder sonstige Stellen der Union Klagegegner einer Nichtigkeitsklage sein.

c) Der Klagegegenstand

Es ist zwischen den Klagegegenständen nach Art. 263 Abs. 1 und Abs. 4 AEUV zu unterscheiden. Klagegegenstand kann gem. Art. 263 Abs. 1 AEUV jedes Handeln der passiv Beteiligten sein, soweit es sich nicht um Empfehlungen oder Stellungnahmen handelt. In Bezug auf die Handlungen des Europäischen Parlamentes und des Europäischen Rates heißt es in Art. 263 Abs. 1 S. 1 letzter Hs. AEUV ausdrücklich, dass es sich um Handlungen mit Rechtswirkungen gegenüber Dritten handeln muss. **256**

Hinweis

Aufgrund der Änderungen durch den Lissabon-Vertrag können jetzt auch Handlungen des Europäischen Rates, der Einrichtungen und sonstigen Stellen der Union Klagegegenstand sein, wenn diese Rechtswirkungen gegenüber Dritten haben.

Klagegegenstand gem. Art. 263 Abs. 4 AEUV können an natürliche oder juristische Personen persönlich adressierte Entscheidungen und andere Entscheidungen sein, die als Verordnung oder als eine an einen Dritten adressierte Entscheidung ergangen sind.[42]

d) Die Klagebefugnis

Bei der Klagebefugnis ist danach zu unterscheiden, wer aktiv beteiligtenfähig ist. Klagebefugnis liegt vor, wenn die Verletzung eigener Rechte geltend gemacht werden kann. Die Mitgliedstaaten, das Europäische Parlament, der Rat und die Kommission müssen die Verletzung eigener Rechte nicht nachweisen. Der Rechnungshof, der Ausschuss der Regionen und die EZB müssen gem. Art. 263 Abs. 3 AEUV nachweisen, dass sie die Klage zur Wahrung ihrer Rechte anstreben. **257**

Natürliche und juristische Personen müssen vor dem Gericht nachweisen, dass sie durch die nicht an sie adressierten Entscheidungen unmittelbar und individuell betroffen sind. Wann bei Nichtadressaten von Rechtsakten eine unmittelbare und individuelle Betroffenheit vorliegt, ist höchst umstritten.[43]

Voraussetzungen für **die unmittelbare und individuelle Betroffenheit** des Klägers gem. Art. 263 Abs. 4 AEUV: **258**

- Der Kläger hat ein tatsächliches Interesse an der Aufhebung des Rechtsaktes.
- Die streitgegenständliche Sekundärrechtsnorm bedarf keiner weiteren Umsetzung durch einen nationalen Hoheitsakt, z.B. besteht keinerlei Ermessen für die nationale Umsetzung.
- Der Kläger wird durch die Entscheidung wegen bestimmter persönlicher Eigenschaften oder besonderer, ihn aus dem Kreis aller übrigen Personen heraushebender Umstände berührt wie der Adressat des Rechtsaktes.[44]

---

42 *Streinz* Europarecht Rn. 633 ff.; *Thiele* Europarecht S. 175.
43 *Thiele* Europarecht S. 176 f.
44 Plaumann-Formel zur individuellen Betroffenheit, *EuGH* Slg. 2002, I-6677.

e) Die Klagegründe

259 Die zulässigen Klagegründe sind für alle Nichtigkeitsklagen in Art. 263 Abs. 2 AEUV benannt. Art. 263 Abs. 4 AEUV verweist für Klagen von natürlichen und juristischen Personen darauf, dass diese unter den gleichen Voraussetzungen klagen können.[45] Es muss nur einer der Klagegründe vorliegen.

Die **zulässigen Klagegründe** gem. Art. 263 Abs. 2 AEUV sind:
- Unzuständigkeit,
- Verletzung wesentlicher Formvorschriften,
- Verletzung der Verträge oder einer bei ihrer Durchführung anzuwendenden Rechtsnorm oder
- Ermessensmissbrauch.

f) Die Klagefrist

260 Die Klagefrist beträgt gem. Art. 263 Abs. 6 AEUV zwei Monate ab Bekanntgabe der streitgegenständlichen Handlung oder ab individueller Kenntniserlangung.

2. Die Begründetheit

261 Der EuGH prüft nicht nur die vorgebrachten Klagegründe, sondern von Amts wegen alle gem. Art. 263 Abs. 2 AEUV möglichen Klagegründe. Ist die Klage begründet, dann erklärt der EuGH die streitgegenständliche Handlung gem. Art. 264 Abs. 1 AEUV für nichtig. Das Unionsorgan ist gem. Art. 266 Abs. 1 AEUV zur Folgenbeseitigung der nichtigen Handlung verpflichtet.

3. Die Wirkung der Entscheidung

262 Die Nichtigerklärung gem. Art. 264 Abs. 1 AEUV wirkt ex tunc (also von Anfang an) und erga omnes (gegenüber jedem).[46]

Sollen einige Regelungen einer für nichtig erklärten Verordnung dennoch weiterhin Bestand haben, so muss das Gericht dies gem. Art. 264 Abs. 2 AEUV ausdrücklich im Urteil erklären.

---
45 *Streinz* Europarecht Rn. 640.
46 *Streinz* Europarecht Rn. 657.

IV. Die Untätigkeitsklage

Die Untätigkeitsklage gem. Art. 265 AEUV 263

I. Zulässigkeit
1. Sachliche Zuständigkeit des EuGH, bei Klagen natürlicher und juristischer Personen das Gericht
2. Beteiligtenfähigkeit
   a) aktive Beteiligtenfähigkeit
      aa) Klage der Mitgliedstaaten oder der Unionsorgane gem. Art. 265 Abs. 1 AEUV
      bb) Klage natürlicher oder juristischer Personen gem. Art. 265 Abs. 3 AEUV
   b) passive Beteiligtenfähigkeit des Europäischen Parlamentes, des Europäischen Rates, des Rates, der Kommission, der EZB und der Einrichtungen und sonstigen Stellen der Union gem. Art. 265 Abs. 1 AEUV
3. Vorverfahren gem. Art. 265 Abs. 2 AEUV: Aufforderung an das untätige Organ unter Benennung der verletzten Handlungspflicht, innerhalb von zwei Monaten Stellung zur unterlassenen Beschlussfassung zu beziehen.
   Beschluss zur weiteren Untätigkeit: Hiergegen nur die Nichtigkeitsklage Rn. 266
4. Klagegegenstand
   a) Klagegegenstand bei Klagen gem. Art. 265 Abs. 1 AEUV: vertragswidriges Unterlassung einer Beschlussfassung
   b) Klagegegenstand bei Klagen gem. Art. 265 Abs. 3 AEUV: vertragswidriges Unterlassung einer Entscheidung an eine natürliche oder juristische Person
5. Klagebefugnis
   a) Klagebefugnis bei Klagen gem. Art. 265 Abs. 1 AEUV: nicht nachzuweisen
   b) Klagebefugnis bei Klagen gem. Art. 265 Abs. 3 AEUV: Nachweis der potentiellen Adressateneigenschaft bzgl. des unterlassenen Beschlusses
      unterlassene Entscheidung an Dritte: Nachweis der unmittelbaren und individuellen Betroffenheit Rn. 268
6. Klagefrist gem. Art. 265 Abs. 2 AEUV: zwei Monate

II. Begründetheit
Entscheidung des EuGH, ob ein vertragswidriges Unterlassen vorliegt und ggf. Verurteilung zum Ergreifen der notwendigen Maßnahme.

PRÜFUNGSSCHEMA

Mit der in Art. 265 AEUV geregelten Untätigkeitsklage wird die Feststellung einer Vertragsverletzung durch eine unterlassene Beschlussfassung begehrt.

1. Die Zulässigkeit

a) Die sachliche Zuständigkeit

264 Das Gericht ist gem. Art. 256 Abs. 1 Unterabs. 1 S. 1 AEUV grundsätzlich für Untätigkeitsklagen zuständig, es sei denn, der EuGH ist aufgrund einer Sonderzuweisung gem. Art. 51 des Protokolls[47] über die Satzung des Gerichtshofs vom 26.2.2001 auch im Bereich der Untätigkeitsklage zuständig. Aufgrund der Sonderzuweisungen an den EuGH ist das Gericht nur noch für

47 ABl. Nr. C 80, 53; BGBl. 2006 II, 1146.

Untätigkeitsklagen natürlicher oder juristischer Personen wegen einer vertragswidrig unterlassenen Beschlussfassung der Unionsorgane sachlich zuständig.

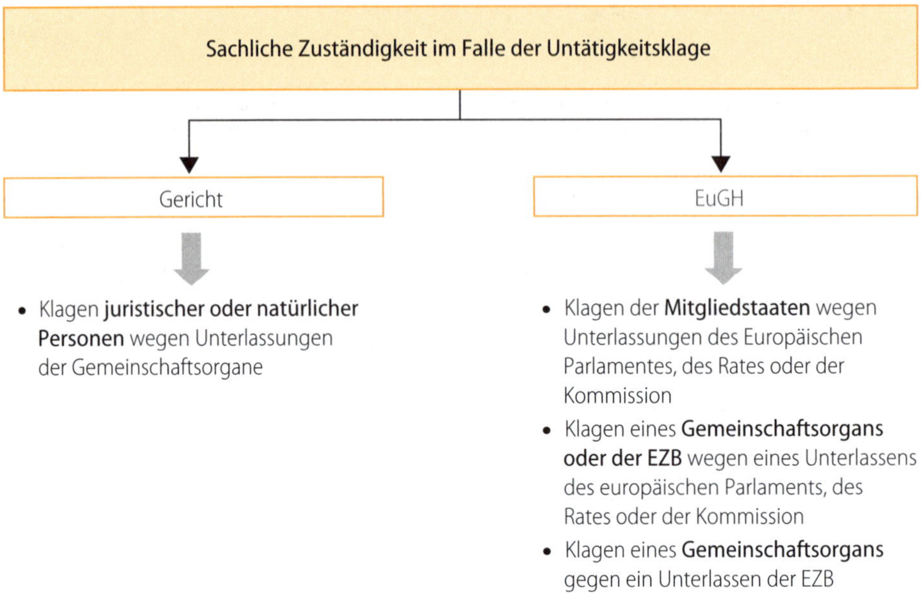

b) Die Beteiligtenfähigkeit

265 Die **aktive Beteiligtenfähigkeit** meint das Recht, selbst Klage erheben zu können. Hierbei ist danach zu unterscheiden, wer die Untätigkeitsklage erhebt.

- Klage eines Mitgliedstaates oder eines Unionsorgans gem. Art. 265 Abs. 1 AEUV

Hinweis

Seit dem Inkrafttreten des Lissabon-Vertrags gehören gem. Art. 13 Abs. 1 Unterabs. 2 EUV n.F. zu den Unionsorganen neben den bisherigen EG-Organen auch der Europäische Rat und die EZB. Die EZB konnte schon nach der alten Rechtslage gem. Art. 232 Abs. 4 EG Untätigkeitsklagen erheben. Dem Europäischen Rat wird diese Kompetenz jetzt eingeräumt.

- Klage einer natürlichen oder juristischen Person gem. Art. 265 Abs. 3 AEUV

Die **passive Beteiligtenfähigkeit** ergibt sich aus Art. 265 Abs. 1 AEUV. Danach können das Europäische Parlament, der Europäische Rat, der Rat, die Kommission, die EZB und die Einrichtungen und sonstigen Stellen der Union Klagegegner einer Untätigkeitsklage sein.

c) Das Vorverfahren

266 Die Untätigkeitsklage kann erst erhoben werden, nachdem der Kläger das untätige Organ gem. Art. 265 Abs. 2 S. 1 AEUV aufgefordert hat, tätig zu werden. Hierfür ist dem Organ gem. Art. 265 Abs. 2 S. 2 AEUV eine Reaktionsfrist zur Stellungnahme zur unterlassenen Beschlussfassung unter Bezeichnung der dadurch verletzten Handlungspflicht von zwei Monaten einzuräumen. Nach fruchtlosem Ablauf dieser Reaktionsfrist ist die Klage innerhalb einer weiteren Frist von zwei Monaten zu erheben.

Beschließt das bislang untätige Organ innerhalb der gesetzten Frist, den begehrten Beschluss nicht zu fassen, gibt es damit eine fristgemäße Stellungnahme ab. Gegen diese Stellungnahme kann jetzt nur mit der Nichtigkeitsklage vorgegangen werden, wenn der Kläger in diesem Beschluss eine Vertragsverletzung zu erkennen meint.[48]

d) Der Klagegegenstand

Hier sind die Klagegegenstände gem. Art. 265 Abs. 1 und Abs. 3 AEUV zu unterscheiden. **267**

Der Klagegegenstand gem. Art. 265 Abs. 1 AEUV ist die vertragsverletzende Unterlassung einer Beschlussfassung. Anders als in Art. 263 Abs. 1 AEUV können bei der Untätigkeitsklage Empfehlungen und Stellungnahmen auch Klagegegenstände sein.

Natürliche und juristische Personen können vor dem Gericht Beschwerde darüber führen, dass ein Unionsorgan es unterlassen hat, einen anderen Akt als eine Empfehlung oder eine Stellungnahme an sie zu richten. Klagegegenstand ist somit gem. Art. 265 Abs. 3 AEUV der unterlassene Beschluss einer Entscheidung, da diese im Gegensatz zu Empfehlungen und Stellungnahmen einen rechtsverbindlichen Charakter hat.

e) Die Klagebefugnis

Die Mitgliedstaaten und die Unionsorgane müssen die Verletzung eigener Rechte durch die vertragswidrige Unterlassung einer Beschlussfassung nicht nachweisen. Natürliche und juristische Personen müssen gem. Art. 265 Abs. 3 AEUV nachweisen, dass sie potentielle Adressaten der unterlassenen, an sie zu richten gewesenen Entscheidung sind.[49] Hier wird deutlich, dass rechtsverbindliche Richtlinien und Verordnungen nicht die von den natürlichen bzw. juristischen Klägern begehrten rechtsverbindlichen Akte sein können, da diese nicht an Einzelpersonen zu richten sind. **268**

Wie bei der Nichtigkeitsklage kann die natürliche oder juristische Person auch geltend machen, durch das Unterlassen einer Entscheidung an Dritte unmittelbar und individuell betroffen zu sein. Die Zulässigkeit dieser sog. **positiven Konkurrentenklage** widerspricht zwar dem Wortlaut des Art. 265 Abs. 3 AEUV, da hier gefordert wird, dass der Einzelne die Unterlassung eines anderen Aktes als einer Empfehlung oder einer Stellungnahme „an sich" rügen muss. Der EuGH hat aber dennoch zur Vermeidung von Rechtsschutzdefiziten gegenüber der Nichtigkeitsklage die Klagebefugnis bei der Untätigkeitsklage bejaht, wenn ein an einen Dritten zu adressierender Rechtsakt den Kläger unmittelbar und individuell betreffen würde.[50]

Beispiel Port IV[51]

In dieser Entscheidung ging es darum, dass die Marktbeteiligten vorläufigen Rechtsschutz begehrten. Die Kommission hatte einen Rechtsakt zu einer Verordnung noch nicht erlassen, in dem das Bestehen und der Umfang der Rechte der Einzelnen noch festzustellen waren. Der Vertrag räumt den nationalen Gerichten keine Möglichkeit ein, im Wege der

48 *Streinz* Europarecht Rn. 666.
49 *EuGH* Slg. 1996, I-6065.
50 *Streinz* Europarecht Rn. 668.
51 *EuGH* Rs. C-68/95, T. Port GmbH & Co.KG gegen Bundesanstalt für Landwirtschaft und Ernährung, Urteil vom 26.11.1996, Rn. 52 f., 59.

Vorabentscheidung die Untätigkeit eines Unionsorgans durch den EuGH feststellen zu lassen. Neben der Möglichkeit von natürlichen und juristischen Personen gem. Art. 175 Abs. 3 EGV[52] Untätigkeitsklage zu erheben, wenn ein Unionsorgan den Beschluss einer an sie zu richtenden Entscheidung unterlassen hat, soll der Einzelne auch Untätigkeitsklage erheben können, wenn eine Entscheidung an einen Dritten unterlassen wurde, wodurch der Einzelnen unmittelbar und individuell betroffen wird. Der EuGH begründet diese Ansicht damit, dass die Möglichkeit der Geltendmachung der individuellen Rechte nicht davon abhängen dürfe, ob das betreffende Unionsorgan bereits tätig geworden (Nichtigkeitsklage wäre möglich) oder untätig geblieben sei. ■

f) Die Klagefrist

269 Nachdem dem untätigen Organ gem. Art. 265 Abs. 2 AEUV vom Kläger eine Frist von zwei Monaten zur Abgabe einer Stellungnahme zur unterlassenen Beschlussfassung gesetzt wurde, kann nach fruchtlosem Fristablauf innerhalb einer weiteren Frist von zwei Monaten Klage erhoben werden.

2. Die Begründetheit

270 Der EuGH stellt in seinem Urteil fest, ob ein vertragswidriges Unterlassen vorliegt. Bejaht er dies, dann verurteilt er das untätige Organ gem. Art. 265 Abs. 1 AEUV zum Ergreifen der notwendigen Maßnahmen zwecks Beseitigung des vertragswidrigen Zustandes. Gem. Art. 266 AEUV hat das verurteilte Organ die sich aus dem Urteil ergebenden Maßnahmen zu ergreifen.

52 Heute Art. 265 Abs. 3 AEUV.

V. Die Amtshaftungsklage

Die Amtshaftungsklage gem. Art. 268 i.V.m. Art. 340 Abs. 2 und 3 AEUV 271

PRÜFUNGSSCHEMA

I. Zulässigkeit
1. Zuständigkeit
   a) Zuständigkeit der nationalen oder der Unionsgerichtsbarkeit
      rechtswidriger Vollzug von Unionsrechtsnormen Rn. 272
      aa) rechtswidriger Vollzug einer *rechtmäßigen* Unionsrechtsnorm
      bb) rechtswidriger Vollzug einer *rechtswidrigen* Unionsrechtsnorm
   b) sachliche Zuständigkeit des Gerichts gem. Art. 256 Abs. 1 AEUV
2. Beteiligtenfähigkeit
   a) aktive Beteiligtenfähigkeit: alle materiellrechtlich Anspruchberechtigten
   b) passive Beteiligtenfähigkeit: Union, vertreten durch ihre Organe
3. Klagegegenstand: Schadenszufügung im Amt
4. Klagefrist gem. Art. 46 der Satzung des EuGH: fünf Jahre
5. Rechtsschutzinteresse
   Verhältnis zur Nichtigkeitsklage Rn. 277

II. Begründetheit
1. Materielle Voraussetzungen des Amtshaftungsanspruches
   a) rechtswidriges Verhalten
   b) entstandener Schaden des Klägers
   c) kausale Zurechenbarkeit des Schadens
2. Entscheidung des EuGH: Feststellung der Amtshaftung und ggf. Verurteilung zur Zahlung

Die **Amtshaftungsklage** ist in Art. 268 i.V.m. Art. 340 Abs. 2 und 3 AEUV für den Bereich der **deliktischen Haftung** geregelt.

1. Die Zulässigkeit

a) Die Zuständigkeit

aa) Die Zuständigkeit der nationalen oder der Unionsgerichtsbarkeit

Die Unionsgerichtsbarkeit ist nur zuständig, wenn ein Unionsorgan den Schaden verursacht hat. 272

- Der rechtswidrige Vollzug einer rechtmäßigen Unionsrechtsnorm:
  Wird eine rechtmäßige Unionsrechtsnorm rechtswidrig vollzogen, ist danach zu unterscheiden, ob eine nationale Behörde oder ein Unionsorgan für den Vollzug zuständig war. Danach bestimmt sich dann auch die Zuständigkeit des Gerichts.
- Der rechtswidrige Vollzug einer rechtswidrigen Unionsrechtsnorm:
  Die nationale Durchführungsmaßnahme ist rechtswidrig und kann vor den nationalen Gerichten deshalb angefochten werden. Nur wenn diese Klage erfolglos ist, kann subsidiär die gemeinschaftsrechtliche Amtshaftungsklage erhoben werden.[53]

53 *Arndt/Fischer/Fetzer* Europarecht S. 76 f.

bb) Die sachliche Zuständigkeit

273 Sachlich zuständig ist das Gericht gem. Art. 256 Abs. 1 AEUV. Eine Kompetenzzuweisung an den EuGH ist in Art. 51 der Satzung des EuGH vom 26.2.2001[54] nicht vorgesehen.

b) Die Beteiligtenfähigkeit

274 **Aktiv beteiligtenfähig** sind alle Personen, die nach materiellem Recht Anspruchsberechtigte sein können. Hierzu gehören daher z.B. auch die einzelnen Bundesländer, die Gemeinden, die Mitgliedstaaten und Personen ohne Wohnsitz in der Union.[55] Die Union selbst ist **passiv beteiligtenfähig**. Sie wird von dem Organ vertreten, das den Schaden verursacht hat.

c) Der Klagegegenstand

275 Unionsorgane oder Bedienstete der Union haben in Ausübung ihrer Amtstätigkeit durch eine Handlung oder eine Unterlassung einen Schaden verursacht.

> **Hinweis**
>
> Nach vollständiger Ratifizierung des Lissabon-Vertrags gehören gem. Art. 13 Abs. 1 Unterabs. 2 EUV n.F. zu den Unionsorganen neben den bisherigen EG-Organen auch der Europäische Rat und die EZB. Geklagt werden kann daher jetzt u.a. auch wegen einer Handlung/Unterlassung des Europäischen Rates.

d) Die Klagefrist

276 Weder in Art. 268 AEUV noch in Art. 340 AEUV ist eine Klagefrist enthalten. In der Satzung des EuGH ist in Art. 46 jedoch geregelt, dass **außervertragliche Schadensersatzansprüche** in fünf Jahren nach Eintritt des Schadensereignisses verjähren. Die **Verjährung** wird durch Klageeinreichung beim EuGH oder dadurch unterbrochen, dass der Geschädigte seinen Anspruch vorher gegenüber dem zuständigen Unionsorgan geltend macht.

e) Das Rechtsschutzinteresse

277 Früher war strittig, ob der Kläger überhaupt ein Rechtsschutzinteresse hat, wenn er nicht zunächst andere gemeinschaftsrechtliche Rechtsschutzmöglichkeiten in Anspruch genommen hat.

Der EuGH hatte in seiner mittlerweile überholten Rechtsprechung verlangt, dass der Kläger vor einer Amtshaftungsklage zunächst eine Nichtigkeitsklage gem. Art. 263 AEUV durchführen müsste. Der fehlerhafte Rechtsakt sollte zunächst als nichtig aufgehoben werden. Der EuGH erkennt heute an,[56] dass die Amtshaftungsklage ein selbständiger Rechtsbehelf ist, sodass der Kläger auch über ein Rechtsschutzinteresse verfügt, wenn er nicht zuvor die Nichtigkeitsklage erhoben hat.

---

54 ABl. Nr. C 80, 53; BGBl. 2006 II, 1146.

55 *Streinz* Europarecht Rn. 673.

56 *EuGH* Slg. 1971, 975, Schöppenstedt.

Hinweis

Hätte die rechtzeitige Erhebung einer Nichtigkeitsklage jedoch den Schadenseintritt verhindert, kann u.U. das Rechtsschutzinteresse bei einer später erhobenen Amtshaftungsklage fehlen.[57]

Die unionsrechtliche Amtshaftungsklage ist subsidiär zu nationalen Klagemöglichkeiten.

2. Die Begründetheit

Nach Art. 340 Abs. 2 AEUV kommt die Union für den Ersatz des von ihren Organen oder Bediensteten verursachten Schaden auf. Nur die EZB haftet gem. Art. 340 Abs. 3 AEUV für ihr eigenes Verschulden selbst. Die Haftung orientiert sich aber in beiden Fällen an den allgemeinen Rechtsgrundsätzen, die den Rechtsordnungen der Mitgliedstaaten gemeinsam sind. Die Union verfügt über kein unionsrechtlich geregeltes **Staatshaftungsrecht**. Der EuGH hat daher im Wege der **Rechtsvergleichung** der entsprechenden Rechtsordnungen der Mitgliedstaaten die folgenden Voraussetzungen für die Begründetheit der Klage herausgebildet.[58] 278

a) Die materiellen Voraussetzungen des Amtshaftungsanspruches

- Das Verhalten des Unionsorgans oder des Bediensteten der Union muss rechtswidrig gewesen sein. 279
- Dem Kläger muss ein Schaden entstanden sein.
- Das rechtswidrige Verhalten muss für den entstandenen Schaden kausal zurechenbar sein.
- Auf ein Verschulden des Unionsorgans oder des Bediensteten der Union kommt es nicht an.

Die rechtswidrig verletzte Norm muss auch eine Schutznorm zugunsten des Klägers sein. Das Verhalten kann in einem positiven Tun oder einem Unterlassen bestehen.[59] Auch ein **immaterieller Schaden** wird vom **Amtshaftungsanspruch** geschützt.[59]

b) Die Entscheidung des EuGH

Das Gericht erlässt ein Urteil zur Feststellung einer Amtshaftung und ein Leistungsurteil, in dem es die Gemeinschaft zur Zahlung verurteilt. Das Leistungsurteil ist gem. Art. 280 i.V.m. Art. 299 Abs. 2–4 AEUV vollstreckbar. 280

C. Der zulässige Vorläufige Rechtsschutz auf nationaler Ebene

Nur der EuGH ist berechtigt, einen Unionsrechtsakt entweder im Vorabentscheidungsverfahren oder im Rahmen einer Nichtigkeitsklage für ungültig zu erklären. Der EuGH[60] lässt Abweichungen von diesem Grundsatz in Bezug auf den Vorläufigen Rechtsschutz auf nationaler Ebene zu, wenn das nationale Gericht sich nach den für den EuGH geltenden Maßstäben 281

57 *Arndt/Fischer/Fetzer* Europarecht S. 78.
58 *Arndt/Fischer/Fetzer* Europarecht S. 79.
59 *Streinz* Europarecht Rn. 677.
60 *EuGH* Rs.C-465/93, Atlanta/Bundesamt für Ernährung und Forstwirtschaft, Slg 1995, I-3761, Rn. 35 ff.

gem. Art. 278 AEUV entsprechend leiten lässt. Eine Einstweilige Anordnung gem. § 123 VwGO (Verwaltungsgerichtsordnung) oder die Anordnung bzw. Wiederherstellung der aufschiebenden Wirkung gem. § 80 Abs. 5 VwGO kann von einem nationalen Gericht danach nur erlassen werden, wenn

- es erheblichen Zweifel an der Gültigkeit der Handlung des Unionsrechts hat und diese Gültigkeitsfrage, sofern der EuGH mit ihr noch nicht befasst ist, diesem selbst vorlegt,
- die Maßnahme des Vorläufigen Rechtsschutzes erforderlich ist, um zu vermeiden, dass die sie beantragende Partei einen schweren und nicht wieder gutzumachenden Schaden erleidet,[61]
- die Maßnahme des Vorläufigen Rechtsschutzes das Interesse der Union bzgl. der Durchsetzung des Unionsrechts angemessen berücksichtigt und
- es bei der Prüfung aller dieser Voraussetzungen die Entscheidungen des EuGH oder des Gerichts über die Rechtmäßigkeit der Verordnung oder einen Beschluss im Verfahren des Vorläufigen Rechtsschutzes bzgl. gleichartiger einstweiliger Anordnungen auf Unionsebene beachtet.

Sind diese strengen Voraussetzungen erfüllt, kann sich ein nationales Gericht bei der Gewährung Vorläufigen Rechtsschutzes auch über sekundäres Unionsrecht hinwegsetzen. Begrenzt wird diese Kompetenz der nationalen Gerichte zur Vermeidung von Härtefällen dann, wenn eine Verordnung die Kommission gerade zum Erlass von Härtefallregelungen ermächtigt.[62]

Beispiel Atlanta III[63]

Die Atlanta GmbH hatte beim Verwaltungsgericht Frankfurt einen Antrag auf Erlass einer Einstweiligen Anordnung gegen das Bundesamt für Ernährung und Forstwirtschaft gestellt. Beim Bundesamt selbst hatte Atlanta zuvor beantragt, ihr entgegen der Bananenmarktordnung VO 404/93/EWG weitere Kontingente für den Import von Drittlandsbananen zu dem günstigen Zollsatz von 100 ECU/Tonne zu genehmigen, anstatt die Bananen zum Zollsatz von 850 ECU/Tonne einführen zu müssen. Das Bundesamt lehnte den Antrag ab und Atlanta beantragte den Erlass einer Einstweiligen Anordnung. Das Verwaltungsgericht leitete ein Vorabentscheidungsverfahren vor dem EuGH ein. Es wollte wissen, ob Art. 249 EGV[64] so auszulegen sei, dass es die Befugnis der nationalen Gerichte ausschließt, in Bezug auf einen auf einer Unionsverordnung beruhenden nationalen Verwaltungsakt, der Gegenstand eines Vorabentscheidungsverfahrens ist, Maßnahmen zum Vorläufigen Rechtsschutz zu treffen.

Der EuGH hat hierzu entschieden, dass der unionsrechtlich gewährleistete Rechtsschutz das Recht des Bürgers umfasst, die Rechtmäßigkeit einer Unionsverordnung vor dem nationalen Gericht inzident zu bestreiten und dieses zur Befassung des EuGH mit Vorlagefragen zu veranlassen. Dieses Recht wäre gefährdet, wenn der Bürger bis zur Entscheidung des EuGH über die Ungültigkeit einer Unionsverordnung nicht in der Lage wäre, eine Aussetzung der Vollziehung zu erreichen und damit für sich der Verordnung einstweilen die Wirksamkeit zu nehmen. Der EuGH hat die Vorlagefrage dahingehend beantwortet, dass Art. 249 EGV die Befugnis der nationalen Gerichte nicht ausschließe, die Vollziehung eines auf einer Unionsverordnung beruhenden nationalen Verwaltungsaktes auszusetzen. ■

61 Ein reiner Geldschaden genügt grundsätzlich nicht.

62 *EuGH* Rs. C-68/95, T.Port GmbH & Co. KG/BLE, Slg 1996, I-6065, Rn. 53 ff.; *Arndt/Fischer/Fetzer* Europarecht S. 64 f.

63 *EuGH* Rs.C-465/93, Atlanta/Bundesamt für Ernährung und Forstwirtschaft, Slg 1995, I-3761, Rn. 35 ff.

64 Heute Art. 288 AEUV.

D. Die Problemlösung durch SOLVIT

I. Die falsche Anwendung des Unionsrechts

1. Der Aktionsplan von 1997

Aufgrund der nicht korrekten Anwendung des Unionsrechts in den Mitgliedstaaten war 1997 ein Aktionsplan für den Binnenmarkt aufgestellt worden, in dem Mitgliedstaaten aufgefordert worden waren, „Kontaktstellen für Bürger und Unternehmen" einzurichten, an die binnenmarktrelevante Probleme weitergeleitet werden konnten. Zusätzlich hatten die Mitgliedstaaten **„Koordinierungsstellen"** eingerichtet, die gemeinsam grenzüberschreitende Probleme lösen sollten, die durch die falsche Anwendung des Unionsrechts durch nationale Behörden entstanden[65] sind. 282

2. Die Gründung von SOLVIT

Drei Jahr nach Aufstellung des Aktionsplanes bewerteten die Mitgliedstaaten und die Kommission im Rahmen des Beratenden Ausschusses für den Binnenmarkt die Wirksamkeit des Aktionsplanes. Sie kamen zu dem Ergebnis, dass das größte Problem die unterschiedliche Behandlung der Einzelfälle in den Mitgliedstaaten sei. Zudem sei das System für Außenstehende nicht transparent genug. Die Kommission beschloss daher am 7.12.2001 eine Empfehlung über Grundsätze zur Nutzung von „SOLVIT", dem **Problemlösungsnetz** für den Binnenmarkt.[66] Durch das vorgeschlagene Modell mit dem Namen „SOLVIT" sollte die Funktionsweise des Netzes durch die Schaffung einer gemeinsamen Online-Datenbank verbessert werden. Grundsätzlich soll durch SOLVIT eine Problemlösung innerhalb von zehn Wochen erreicht werden. Die Frist kann um maximal vier Wochen verlängert werden. 283

a) Die Koordinierungsstellen

Bürger und Unternehmen können sich kostenlos mit ihren Beschwerden an die Koordinierungsstelle ihres Heimatlandes wenden. Die Koordinierungsstelle am Wohnsitz des Antragstellers (Heimat-Koordinierungsstelle) gibt alle zur Lösung des Falls benötigten Informationen in die gemeinsame Datenbank ein. Sie wendet sich nach **Schlüssigkeitsprüfung** der vorgetragenen Rechtsverletzung an die **Koordinierungsstelle** in dem das Unionsrecht verletzenden Staat. Die Koordinierungsstelle in dem Mitgliedstaat, in dem das Unionsrecht verletzt wird, ist federführend bei der Problemlösung. Hierfür wird sie die enge Zusammenarbeit mit anderen Teilen der Verwaltung suchen. Sie wird die Datenbank regelmäßig aktualisieren. 284

Die Koordinierungsstellen sind Dienststellen in der Verwaltung der Mitgliedstaaten, die die Verantwortung für die Behandlung grenzüberschreitender Probleme haben, die von Bürgern oder Unternehmen aufgeworfen werden. Alle sonstigen Koordinierungsstellen können auf die anonymisiert gespeicherten Fälle Zugriff nehmen, da dadurch die einheitliche Anwendung des Unionsrechts erleichtert wird.

65 Empfehlung der Kommission vom 7.12.2001 über Grundsätze zur Nutzung von „Solvit", dem Problemlösungsnetz für den Binnenmarkt, ABl. Nr. L 331 vom 15.12.2001, 0079-0082, Erwägungsgrund 2.

66 ABl. Nr. L 331 vom 15/12/2001 S. 0079-0082, Erwägungsgrund 4.

b) Die Abgrenzung zu gerichtlichen Verfahren

285 SOLVIT behandelt als Netz zur formlosen Problemlösung nur Fälle, die nicht Gegenstand nationaler oder unionsrechtlicher gerichtlicher Verfahren sind. Es steht dem Antragsteller frei, jederzeit das zuständige Gericht anzurufen. Sein Fall wird dann aber umgehend aus der Datenbank gelöscht. Da SOLVIT ein Mechanismus zur alternativen Streitbeilegung ist, hat die Einreichung einer Beschwerde bei ihr keinerlei Auswirkung auf prozessuale Fristen.

Der Antragsteller muss den von der federführenden Koordinierungsstelle erarbeiteten Lösungsvorschlag nicht annehmen. Er kann den Vorschlag aber auch nicht anfechten.

3. Die Tätigkeitsbereiche von SOLVIT

286 Bislang betrafen die SOLVIT–Problemlösungen vorwiegend folgende Themenbereiche:

- Anerkennung von Berufsqualifikationen und Diplomen
- Zugang zu Aus- und Weiterbildung
- Aufenthaltsgenehmigungen
- Wahlrecht
- Soziale Sicherung
- Arbeitnehmerrechte
- Führerscheine
- Zulassung von Kraftfahrzeugen
- Grenzkontrollen
- Marktzugang für Produkte
- Marktzugang für Dienstleistungen
- Niederlassung als Selbständiger
- Vergabe öffentlicher Aufträge
- Besteuerung
- Freier Kapital- und Zahlungsverkehr

Beispiel 1 **Chartern deutscher Jachten in Italien**

Ein deutsches Unternehmen betrieb in Italien unter deutscher Flagge einige Charter-Jachten für Touristen. Der Geschäftsinhaber sollte eine Geldstrafe zahlen, weil er seine geschäftlich genutzten Jachten nicht -wie nach neuen italienischen Rechtsvorschriften verpflichtend- bei der örtlichen Hafenbehörde registriert hatte. Nachdem er fünf Monate lang versucht hatte, seine Jachten registrieren zu lassen, wurde ihm mitgeteilt, dass dies nur möglich sei, wenn sein Unternehmen bei der italienischen Handelskammer eingetragen wäre. Der Geschäftsinhaber schaltete daraufhin seine zuständige SOLVIT – Koordinierungsstelle ein. Die italienische SOLVIT-Stelle stellte klar, dass die geforderte Eintragung bei der italienischen Handelskammer mit dem Unionsrecht unvereinbar sei. Den italienischen Behörden müsste der Eintrag bei der deutschen Handelskammer ausreichen. Alle Jachten konnten registriert werden und Charterlizenzen wurden ausgestellt. Die Problemlösung gelang in neun Wochen. ■

Beispiel 2 **Ansprüche auf bulgarische Krankenversicherungsleistungen nach Beitragszahlungen in die französische Krankenversicherung**

Ein bulgarischer Staatsbürger lebte zehn Jahre lang in Frankreich und zahlte dort Beiträge an die französische **Krankenversicherung**. Bei seiner Rückkehr nach Bulgarien wollte er zum dortigen staatlichen Krankenversicherungssystem wechseln. Sein Antrag wurde jedoch zurückgewiesen, da er erst seine Rückstände nachzahlen müsse. Die bulgarische SOLVIT-Stelle erklärte den zuständigen bulgarischen Behörden, dass der Bürger seine Beiträge in Frankreich einbezahlt hätte und nach dem Unionsrecht nun Anspruch darauf habe, ohne zusätzliche Zahlungen in das bulgarische Krankenversicherungssystem aufgenommen zu werden. Diese Problemlösung konnte innerhalb von nur zwei Wochen erreicht werden. ■

Online-Wissens-Check

Welche Klage kann eine natürliche Person vor dem EuGH bzw. dem Gericht erheben?

Überprüfen Sie jetzt online Ihr Wissen zu den in diesem Abschnitt erarbeiteten Themen. Unter **www.juracademy.de/skripte/login** steht Ihnen ein Online-Wissens-Check speziell zu diesem Skript zur Verfügung, den Sie kostenlos nutzen können. Den Zugangscode hierzu finden Sie auf der Codeseite.

4. Übungsfall Nr. 3

287 „Urlaub im Ausland"

In Spanien wird der Zugang zu staatlichen Museen durch das königliche Dekret Nr. 620/1987 vom 10.4.1987 geregelt, das in Art. 22 die folgenden Regelungen enthält:

Abs. 1

Spanische Staatsbürger können die staatlichen Museen unter den vom spanischen Ministerrat festgelegten Voraussetzungen und in jedem Fall an vier Tagen im Monat, an je einem Tag pro Woche kostenlos besuchen.

Abs. 2

Die Regierung kann die in Abs. 1 niedergelegten Voraussetzungen für den öffentlichen Zugang durch Beschluss des Ministerrates auf die Staatsangehörigen anderer Staaten erstrecken.

Durch Beschluss hat der Ministerrat festgelegt, dass nicht nur spanische Staatsbürger, sondern auch Staatsangehörige aus anderen Mitgliedstaaten der Union, die jünger als 21 Jahre sind, in gleichem Maße wie Spanier zum kostenlosen Eintritt in die spanischen Museen berechtigt sind.

Aufgabe: Ein 50-jähriges deutsches Touristenpaar besucht eine Ausstellung im Prado in Madrid. Das Ehepaar ist empört, dass es Eintritt zahlen muss, während die spanischen Besucher gleichen Alters kostenlosen Eintritt erhalten. Welche prozessualen Möglichkeiten hat das Ehepaar, um den EuGH mit dem Sachverhalt zu befassen?

288 Lösung

Gefragt wird nach den Möglichkeiten des deutschen Ehepaares, um den EuGH mit diesem Sachverhalt zu befassen.

Zu denken ist an ein Vertragsverletzungsverfahren gegen Spanien, eine Untätigkeitsklage gegen die Kommission und ein Vorabentscheidungsverfahren.

A. Das Vertragsverletzungsverfahren gegen Spanien

Das Vertragsverletzungsverfahren ist in den Art. 258–Art. 260 AEUV geregelt. Es ist gegen einen Mitgliedstaat gerichtet, der das Unionsrecht verletzt. Durch die unterschiedliche Gewährung des kostenlosen Museumseintritts für Spanier und sonstige Unionsbürger könnte Spanien gegen Art. 18 AEUV verstoßen haben. Hier wird jede Diskriminierung aus Gründen der Staatsangehörigkeit verboten. Da alle ausländischen Unionsbürger über 21 Jahr keinen kostenlosen Museumseinlass erhalten sollen, ist das allgemeine Diskriminierungsverbot verletzt.

I. Die Zulässigkeit des Vertragsverletzungsverfahrens

1. Die sachliche Zuständigkeit des EuGH

Der EuGH ist gem. Art. 258 Abs. 2 AEUV sachlich zuständig. Eine Kompetenzzuweisung an das EuG liegt gem. Art. 256 Abs. 1 AEUV nicht vor.

2. Die Beteiligtenfähigkeit

Das deutsche Ehepaar müsste beteiligtenfähig sein, um das Vertragsverletzungsverfahren einleiten zu können.

Das Vertragsverletzungsverfahren kann gem. Art. 258 Abs. 1 AEUV von der Kommission gegen einen das Unionsrecht verletzenden Mitgliedstaat eingeleitet werden. Außerdem sind gem. Art. 259 Abs. 1 AEUV andere Mitgliedstaaten als der vertragsverletzende Mitgliedstaat zur Einleitung des Verfahrens berechtigt. Natürliche Personen sind nicht beteiligtenfähig, können also nicht das Vertragsverletzungsverfahren einleiten. Das Ehepaar könnte nur versuchen, entweder die Kommission oder die Bundesrepublik Deutschland von der Notwendigkeit eines Vertragsverletzungsverfahrens zu überzeugen.

3. Ergebnis

Das deutsche Ehepaar kann kein Vertragsverletzungsverfahren bei dem EuGH einleiten.

B. Die Untätigkeitsklage gegen die Kommission

Mit der in Art. 265 AEUV geregelten Untätigkeitsklage wird die Feststellung einer Vertragsverletzung durch eine unterlassene Beschlussfassung begehrt.

I. Die Zulässigkeit der Untätigkeitsklage

1. Die sachliche Zuständigkeit

Das Gericht ist gem. Art. 256 Abs. 1 Unterabs. 1 S. 1 AEUV grundsätzlich für Untätigkeitsklagen zuständig, es sei denn, der EuGH ist aufgrund einer Sonderzuweisung gem. Art. 51 des Protokolls über die Satzung des Gerichtshofs vom 26.2.2001 auch im Bereich der Untätigkeitsklage zuständig. Aufgrund der Sonderzuweisungen an den EuGH ist das Gericht nur noch für Untätigkeitsklagen natürlicher oder juristischer Personen wegen einer vertragswidrig unterlassenen Beschlussfassung der Unionsorgane sachlich zuständig.

2. Die Beteiligtenfähigkeit

Es ist zwischen der aktiven und der passiven Beteiligtenfähigkeit zu unterscheiden.

Die aktive Beteiligtenfähigkeit meint das Recht, selbst Klage erheben zu können. Gem. Art. 265 Abs. 3 AEUV kann jede natürliche oder juristische Person Beschwerde vor dem Gericht darüber führen, dass ein Unionsorgan es unterlassen hat, eine Entscheidung an sie zu erlassen. Grundsätzlich haben die Eheleute als natürliche Personen die aktive Beteiligtenfähigkeit. Auch möchten sie gegen das Unterlassen eines Unionsorgans, der Kommission, vorgehen. Fraglich ist nur, ob sie das Gericht wegen einer unterlassenen Entscheidung i.S.d. Art. 288 Abs. 4 AEUV anrufen wollen. Es geht ihnen darum, dass die von ihnen festgestellten Diskriminierungen in Spanien z.B. durch die Einleitung eines Vertragsverletzungsverfahrens eingestellt werden. Das Unterlassen der Kommission, ein Vertragsverletzungsverfahren gegen Spanien einzuleiten, stellt für sie keine zulässige Beschwerde in der Untätigkeitsklage dar. Natürliche Personen können gem. Art. 265 Abs. 3 AEUV zulässigerweise nur das Unterlassen einer an sie zu richtenden Entscheidung rügen.

3. Ergebnis

Das deutsche Ehepaar kann wegen seiner fehlenden aktiven Beteiligtenfähigkeit keine Untätigkeitsklage erheben.

C. Das Vorabentscheidungsverfahren

Die deutschen Eheleute könnten vor einem spanischen Gericht Klage auf Rückzahlung des gezahlten Eintrittspreises für den Museumsbesuch erheben. Es müsste vortragen, dass der Beschluss des spanischen Ministerrates zur unterschiedlichen Gestaltung des kostenlosen Einlasses je nach Staatsangehörigkeit des Besuchers gegen das unionsrechtliche Diskriminierungsverbot verstößt.

Nur eine unmittelbar anwendbare Unionsrechtsnorm kann einen Anwendungsvorrang vor dem nationalen Recht beanspruchen. Das in Art. 18 AEUV geregelte Diskriminierungsverbot ist Bestandteil des Primärrechts der Union. Der EuGH hat für einige Bestimmungen des Primärrechts die unmittelbare Anwendbarkeit anerkannt, sodass bei Vorliegen einer dieser Bestimmungen eine Prüfung der Voraussetzungen der unmittelbaren Anwendbarkeit der Bestimmung nicht mehr erforderlich ist. Der EuGH hat das allgemeine Diskriminierungsverbot des Art. 18 AEUV für unmittelbar anwendbar erklärt. Das unmittelbar anwendbare Unionsrecht geht dem nationalen Recht vor.

Die nationalen Gerichte in den Mitgliedstaaten haben die Möglichkeit gem. Art. 267 Abs. 2 AEUV und gem. Art. 267 Abs. 3 AEUV die Pflicht, den EuGH bei Zweifeln über die Auslegung oder die Gültigkeit einer unionsrechtlichen Vorschrift oder von Handlungen der Unionsorgane den EuGH anzurufen. Die vom Gericht gestellte Vorlagefrage muss allgemein und abstrakt gefasst sein, da der EuGH den nationalen Rechtsstreit nicht zu entscheiden hat. Das deutsche Ehepaar könnte das spanische Gericht nicht zur Vorlage beim EuGH zwingen.

Ergebnis: Die Deutschen könnten das spanische Gericht nicht zur Vorlage beim EuGH verpflichten.

D. Anrufung von SOLVIT

Eine kostengünstige und schnelle Hilfe bietet SOLVIT. Gefragt war zwar nach den Möglichkeiten der Eheleute zur Befassung des EuGH. Der Vollständigkeit halber sei dennoch kurz auf das SOLVIT-Verfahren verwiesen.

Die Deutschen könnten einen Antrag bei der deutschen SOLVIT-Stelle stellen. Diese SOLVIT-Stelle würde alle zur Lösung des Falles benötigten Informationen in die gemeinsame Datenbank eingeben. Nach einer Schlüssigkeitsprüfung des Vortrags der Eheleute, ob mit der unterschiedlichen Gestaltung des freien Einlasses in spanische Museen das allgemeine Diskriminierungsverbot verletzt worden ist, würde sie sich an die spanische SOLVIT-Stelle wenden. Die spanische SOLVIT-Stelle würde federführend in enger Zusammenarbeit mit anderen Teilen der spanischen Verwaltung die Problemlösung vorantreiben. Grundsätzlich soll durch SOLVIT eine Problemlösung innerhalb von zehn Wochen erreicht werden.

5. Übungsfall Nr. 4

„Vorläufiger Rechtsschutz!“[67] 289

Die in den Niederlanden ansässige und nach niederländischem Recht ordnungsgemäß gegründete Kapitalgesellschaft A betreibt in den Niederlanden einige Apotheken. Sie möchte ihr Filialnetz auch auf Deutschland ausdehnen. Zu diesem Zweck möchte A in Deutschland eine GmbH gründen, die die Filialen betreiben und über die gemeinsame Geschäftspolitik des Unternehmens wachen soll. Die Filialen sollen von angestellten approbierten Apothekern geleitet werden, die den Weisungen der Geschäftsführung der GmbH unterliegen. Nach Gründung der GmbH beantragt A in der Stadt S für die erste deutsche Filiale eine Betriebserlaubnis. S erteilt die Betriebserlaubnis und erklärt diese für sofort vollziehbar. Es ist S bekannt, dass diese Betriebserlaubnis gegen § 8 des Apothekengesetzes verstößt, wonach mehrere Personen zusammen eine Apotheke nur in der Rechtsform einer Gesellschaft bürgerlichen Rechts oder einer offenen Handelsgesellschaft betreiben dürfen. S geht aber davon aus, dass die europarechtlichen Vorgaben zur Niederlassungsfreiheit § 8 des Apothekengesetzes vorgehen. Im Übrigen liegen die Voraussetzungen für die Erlaubniserteilung vor. Die Anordnung der sofortigen Vollziehbarkeit wird von S damit begründet, dass die Niederlassungsfreiheit von A nicht durch gerichtliche Auseinandersetzungen behindert werden dürfe. A will umgehend den Betrieb aufnehmen.

Konkurrent X, der in S in unmittelbarer Nähe zu A eine Apotheke in Form eines einzelkaufmännischen Unternehmens führt, klagt gegen die Erteilung der Betriebserlaubnis vor dem zuständigen Verwaltungsgericht und beantragt einstweiligen Rechtsschutz. S habe sich über § 8 des Apothekengesetzes nicht hinwegsetzen dürfen.

Aufgabe: Wie wird das zuständige Gericht über den Eilantrag entscheiden?

Lösung 290

Gefragt wird nach den Erfolgsaussichten des Eilantrags.

A. Die Zulässigkeit des Eilantrags

I. Der Verwaltungsrechtsweg

Im Eilverfahren ist der Verwaltungsrechtsweg eröffnet, wenn das Verwaltungsgericht auch in der Hauptsache zuständig ist. Gem. § 40 Abs. 1 VwGO muss eine öffentlich-rechtliche Streitigkeit vorliegen. X beruft sich auf § 8 des Apothekengesetzes, um die Rechtswidrigkeit der erteilten Betriebserlaubnis zu begründen. Da das Apothekengesetz öffentlich-rechtlichen Charakter hat, handelt es sich um eine öffentlich-rechtliche Streitigkeit.

II. Statthafter Antrag

In dem Hauptsacheverfahren hat X in einer Anfechtungsklage die Aufhebung der erteilten Betriebserlaubnis beantragt. Im Eilverfahren begehrt X die Wiederherstellung der aufschiebenden Wirkung der Betriebserlaubnis gem. §§ 80a Abs. 3 S. 2; 80 Abs. 5 VwGO.

III. Antragsbefugnis

Die Antragsbefugnis ergibt sich im Eilverfahren entsprechend aus § 42 Abs. 2 VwGO. X muss nachweisen können, dass er durch die dem A erteilten Betriebserlaubnis in seinen subjektiv-öffentlichen Rechten verletzt wird. Da die Erlaubnis nicht dem X erteilt worden ist, muss dieser sich als Dritter auf eine ihn besonders schützende Norm berufen können. § 8 des Apothekengesetzes hat aber den vom X beantragten Konkurrentenschutz nicht im Blick, will vielmehr die Allgemeinheit vor Gesundheitsgefahren bewahren. Zu denken ist an den Schutz des X durch Grundrechte. Möglich

67 Internet-Apotheke Doc Morris, *OVG des Saarlandes* vom 22.1.2007, 3 W 14/06, NVwZ-RR 2008, 95 ff.

Übungsfall Nr. 4

wäre eine Berufung auf die Berufsfreiheit gem. Art. 12 Abs. 1 GG. Es ist nicht auszuschließen, dass X in seiner Berufsausübungsfreiheit durch die in seiner unmittelbaren Nähe von S erlaubten ersten Filiale des A beeinträchtigt wird. Kunden können ihm dadurch verloren gehen. Allerdings will Art. 12 GG grundsätzlich nicht vor Konkurrenz schützen. Es muss aber berücksichtigt werden, dass die an die Antragsbefugnis gestellten Anforderungen im Vorläufigen Rechtsschutz nicht genauso eng sein dürfen wie in einem Hauptsacheverfahren, sodass in diesem Fall noch vom Vorliegen der Antragbefugnis ausgegangen werden kann. Die Verneinung des Vorliegens der Antragsbefugnis ist mit guter Begründung aber auch vertretbar.

IV. Rechtsschutzbedürfnis

X hat kein Widerspruchsverfahren durchgeführt, sodass fraglich ist, ob ihm für das Klageverfahren überhaupt ein Rechtsschutzbedürfnis zusteht. Einstweiliger Rechtsschutz kann nach § 80a Abs. 3 S. 2 VwGO i.V.m. § 80 Abs. 5–8 VwGO nur gewährt werden, wenn in der Hauptsache bereits ein Rechtsmittel also ein Widerspruch oder eine Anfechtungsklage eingelegt worden ist. Das Rechtsmittel darf nicht offensichtlich unzulässig sein und auch keine aufschiebende Wirkung entfalten. Die von X bereits erhobene Anfechtungsklage ist nicht offensichtlich unzulässig. S hat die sofortige Vollziehbarkeit der Betriebserlaubnis angeordnet, sodass ein Rechtsmittel dagegen keine aufschiebende Wirkung hat.

V. Antragsgegner

X muss den richtigen Antragsgegner gem. § 78 VwGO ermitteln.

VI. Beteiligten- und Prozessfähigkeit

Beteiligtenfähigkeit ist für X gem. § 61 Nr. 1 Alt. 1 VwGO und für den zuständigen Behördenträger gem. § 62 Nr. 1 Alt. 2 VwGO gegeben. Die Prozessfähigkeit ergibt sich aus § 62 Abs. 1 Nr. 1 und § 62 Abs. 3 VwGO.

B. Begründetheit

Ein Eilantrag gem. § 80a Abs. 3 S. 2 i.V.m. § 80 Abs. 5 VwGO ist begründet, wenn das Aussetzungsinteresse des Antragstellers das Vollziehungsinteresse der Behörde überwiegt. Hierfür sind die Erfolgsaussichten im Hauptsacheverfahren zu prüfen.

I. Grundrechtsbetroffenheit

Infolge der dem A erteilten Betriebserlaubnis müsste derartig in die Marktverhältnisse eingegriffen worden sein, dass X einem Verdrängungs- und Auszehrungswettbewerb ausgesetzt wäre. Wie bereits im Rahmen der Klagebefugnis geprüft, könnte X in seiner Berufsausübungsfreiheit gem. Art. 12 GG betroffen sein. Dann müsste die erteilte Betriebserlaubnis für X eine Beschränkung seiner Berufsausübungsfreiheit zur Konsequenz haben. Dies ist aber nicht der Fall. X kann seine Apotheke weiterhin betreiben. Er sieht sich allerdings einer starken Konkurrenz in unmittelbarer Nähe ausgesetzt, der er aber seinerseits im Wettbewerb um die Kundschaft durch besondere Serviceangebote wie besondere Öffnungszeiten, interessante nicht rezeptpflichtige Produkte etc. begegnen kann. Art. 12 GG schützt nicht vor der Konkurrenz.

II. Ergebnis

Es fehlt an der Grundrechtsbetroffenheit des X, sodass der Antrag zwar zulässig, aber unbegründet ist.

8. Teil
Die vier Grundfreiheiten

A. Die Einführung in die Grundfreiheiten

Gem. Art. 3 Abs. 3 EUV n.F. errichtet die Union einen Binnenmarkt zur Förderung einer harmo- 291
nischen, ausgewogenen und nachhaltigen Entwicklung des Wirtschaftslebens zwischen den Mitgliedstaaten.

Art. 26 Abs. 2 AEUV

Der Binnenmarkt umfasst einen Raum ohne Binnengrenzen, in dem der freie Verkehr von Waren, Personen, Dienstleistungen und Kapital gem. den Bestimmungen des AEUV gewährleistet ist.

Die Hindernisse für den freien Waren-, Personen-, Dienstleistungs- und Kapitalverkehr sollen durch die vier Grundfreiheiten beseitigt werden.

Der Verwirklichung des Binnenmarktzieles dienen die vier Grundfreiheiten

- des freien Warenverkehrs, Art. 28–44 AEUV,
- des freien Personenverkehrs, Art. 45–55 AEUV,
- des freien Dienstleistungsverkehrs, Art. 56–62 AEUV,
- des freien Kapitalverkehrs, Art. 63–66 AEUV.

I. Die Berechtigten der Grundfreiheiten

1. Die Berechtigung der Unionsbürger

Durch die Grundfreiheiten werden primär die Unionsbürger berechtigt. Sie dürfen sich 292
grundsätzlich[1] auf alle Grundfreiheiten in allen Mitgliedstaaten berufen.

» Wiederholen Sie an dieser Stelle die Ausführungen zur Unionsbürgerschaft in Rn. 22–27. «

Auf die Eigenschaft als Unionsbürger kommt es allerdings bei der Waren- und der Kapitalverkehrsfreiheit nicht an.[2] Der Wortlaut beider Grundfreiheiten enthält keinen Hinweis auf ihren persönlichen Schutzbereich. Es ist unerheblich, ob der Erbringer bzw. Inhaber einer Ware die Staatsangehörigkeit eines Mitgliedstaates hat. Jeder ist Berechtigter, der Erbringer oder Empfänger einer Ware ist, auch wenn er nicht in der Union wohnt. Für die Anwendbarkeit der Kapitalverkehrsfreiheit muss zumindest einer der Beteiligten in einem Mitgliedstaat wohnen.

2. Die Übergangsregelungen für die Unionsbürger aus den osteuropäischen Mitgliedstaaten

Die zwischen den älteren Mitgliedstaaten und den Beitrittsländern vereinbarten **Übergangs-** 293
regelungen[3] bezüglich der Arbeitnehmerfreizügigkeit sind Bestandteil der jeweiligen Beitrittsverträge mit den ost- und südosteuropäischen Beitrittsstaaten geworden. Diese Über-

1 Ausnahmen für die Unionsbürger aus den ost- und südosteuropäischen Beitrittsstaaten im Folgenden unter Ziff. 2.

2 *Arndt/Fischer/Fetzer* Europarecht S. 116 f.; *Streinz* Europarecht Rn. 789.

3 Übergangsmaßnahmen betreffend die Freizügigkeit von Arbeitnehmern aus den neuen Mitgliedstaaten nach den EU-Erweiterungen am 1.5.2004, 1.1.2007 und 1.7.2013.

gangsregelungen sind vergleichbar mit jenen, die anlässlich des Beitritts Spaniens und Portugals zur damaligen EG vereinbart worden waren. Für einen Zeitraum von maximal sieben Jahren ab Beitritt am 1.5.2004, am 1.1.2007[4] bzw. am 1.7.2013[5] konnten bzw. können die älteren Mitgliedstaaten die Arbeitnehmerfreizügigkeit von Arbeitnehmern aus den neuen ost- und südosteuropäischen Mitgliedstaaten beschränken. Diese müssen z.B. vor Arbeitsaufnahme eine Arbeitserlaubnis beantragen. Einige Mitgliedstaaten haben Zugangsquoten oder Melde- und Überwachungssysteme eingeführt. Rumänien und Bulgarien haben ihre Arbeitsmärkte seit ihrem Beitritt nicht für die Arbeitnehmer aus anderen Mitgliedstaaten beschränkt. Für Arbeitnehmer aus Mitgliedstaaten, für die noch die beschriebenen Übergangsregelungen gelten, ist immerhin ein Vorrang vor Arbeitnehmern aus Drittstaaten eingeräumt worden. Sobald ein Arbeitnehmer unter Berücksichtigung der Übergangsregelungen Arbeit gefunden hat, gilt für ihn in diesem Aufnahmestaat die volle Freizügigkeit. Die Übergangsregelungen gelten nicht für Arbeitnehmer aus den Beitrittsstaaten, die am Tag des Beitritts oder nach dem Beitritt rechtmäßig in einem der alten Mitgliedstaaten beschäftigt waren und auf dem Arbeitsmarkt dieses Mitgliedstaates während eines ununterbrochenen Zeitraums von zwölf Monaten oder länger zugelassen waren.

3. Die Berechtigung von Staatsangehörigen aus Drittstaaten

a) Die Berechtigung aufgrund völkerrechtlicher Vereinbarungen

294 Aufgrund völkerrechtlicher Vereinbarungen können Drittstaater den Unionsbürgern gleichgestellt sein. Beispielhaft – aber nicht abschließend – werden im Folgenden einige dieser völkerrechtlichen Vereinbarungen dargestellt.

aa) Die Berechtigung aufgrund des EWR-Abkommens

295 Die Mitgliedstaaten der damaligen Europäischen Gemeinschaften und die EFTA-Staaten[6] haben am 3.1.1994 das Abkommen über den Europäischen Wirtschaftsraum **(EWR)**[7] abgeschlossen.

Art. 1 Abs. 1 des EWR-Abkommens

Ziel dieses ***Assoziierungsabkommen*** *ist es, eine beständige und ausgewogene Stärkung der Handels- und Wirtschaftsbeziehungen zwischen den Vertragsparteien unter gleichen Wettbewerbsbedingungen und die Einhaltung gleicher Regeln zu fördern, um einen homogenen Europäischen Wirtschaftsraum, nachstehend EWR genannt, zu schaffen.*

Zur Verwirklichung der Ziele des EWR umfasst die Assoziation auch die vier Grundfreiheiten. Ausdrücklich ist eine Diskriminierung aufgrund der Staatsangehörigkeit verboten.

bb) Die Berechtigung aufgrund des Abkommens zwischen der EU und der Schweiz über die Freizügigkeit

296 In dem Abkommen zwischen der EU und ihren Mitgliedstaaten einerseits und der Schweizerischen Eidgenossenschaft andererseits über die Freizügigkeit[8] räumen die Vertragsparteien

4 Beitritt von Bulgarien und Rumänien.
5 Beitritt von Kroatien.
6 Zu den EFTA-Staaten gehören heute noch Island, Norwegen und Liechtenstein.
7 ABl. Nr. L 001/3.
8 ABl. Nr. L 114 vom 30.4.2002.

zugunsten der Staatsangehörigen der jeweils anderen Seite das Recht auf Einreise, Aufenthalt, Niederlassung als Selbständiger, Zugang zu einer unselbständigen Erwerbstätigkeit und Erbringung von Dienstleistungen ein. Die Vertragsparteien verpflichten sich, die Staatsangehörigen der anderen Vertragspartei nicht aufgrund ihrer Staatsangehörigkeit zu diskriminieren.

cc) Die Berechtigung aufgrund von Europa-Abkommen

Eine entsprechende Berechtigung für Drittstaater konnte sich aus den Europa-Abkommen über die Assoziation mit den Ländern **Mittel- und Osteuropas (MOE – Staaten)** ergeben. Diese Abkommen sollten die Ost-Erweiterung der damaligen EG vorbereiten durch die Schaffung eines Rahmens für den Beitritt der MOE-Staaten zur damaligen EG. Sie enthielten deshalb Regelungen über die Grundfreiheiten. 297

Beispiel Barkoci und Malik[9]

Die beiden Kläger Barkoci und Malik sind tschechische Staatsangehörige, die den Sinti und Roma angehören. Sie hatten im Jahr 1997 in Großbritannien erfolglos politisches **Asyl** beantragt. Ein Jahr später beantragten sie auf der Grundlage der Art. 45 und 59 des Europa-Abkommens[10] zur Gründung einer Assoziation zwischen den Europäischen Gemeinschaften und ihren Mitgliedstaaten einerseits und der Tschechischen Republik andererseits in Großbritannien die Gewährung der Niederlassungsfreiheit. Herr Barkoci wollte als selbständiger Gärtner, Herr Malik als selbständiger Reinigungsunternehmer arbeiten. Obwohl die Kläger bereits in Großbritannien lebten, wurden ihre Anträge von der britischen Zuwanderungsbehörde als Anträge auf erstmalige Einreise behandelt. Die Behörde lehnte die Anträge ab, da sie es für unwahrscheinlich hielt, dass die Antragsteller mit den beabsichtigten Tätigkeiten Einnahmen würden erzielen können und dass diese Tätigkeiten tatsächlich selbständig ausgeübt würden. Der High Court of Justice ersuchte den EuGH um Vorabentscheidung der einschlägigen Normen der Europa-Abkommens. Der EuGH erinnerte an den Zweck des Europa-Abkommen, nämlich der Förderung von Handel und harmonischen Wirtschaftsbeziehungen zur Erleichterung des späteren Beitritts. Die Mitgliedstaaten könnten weiter in den Grenzen der Europa-Abkommen ihr nationales Zuwanderungs-, Aufenthalts- und Niederlassungsrecht anwenden. Dabei sei das Verbot der Diskriminierung von Staatsangehörigen der MOE-Staaten, die in den Mitgliedstaaten selbständige Erwerbstätigkeiten ausüben oder Unternehmen gründen oder leiten wollten, die sie tatsächlich kontrollieren, jedoch unmittelbar anwendbar. Die Regelungen zur Niederlassungs- und Dienstleistungsfreiheit seien hinreichend genau formuliert, sodass sich die Antragsteller auf diese unmittelbar berufen könnten. Daher räumten die Europa-Abkommen den Staatsangehörigen der MOE-Staaten ein Niederlassungsrecht zur Ausübung von gewerblichen, kaufmännischen, freiberuflichen und handwerklichen Tätigkeiten als selbständig Erwerbstätige ein. Voraussetzung zur Wahrnehmung dieses Niederlassungsrechts sei das Einreise- und Aufenthaltsrecht. Das Recht auf Einreise und Aufenthalt sei den Staatsangehörigen der MOE-Staaten aber nicht schrankenlos gewährleistet, da es durch das **Zuwanderungsrecht** der Mitgliedstaaten beschränkt werden könne. Allerdings dürften dadurch die durch das Europa-Abkommen vermittelten Rechtspositionen des Einzelnen nicht verringert werden. Der EuGH hat die folgenden Grundsätze zur Vereinbarkeit eines nationalen Zuwanderungsrechts mit den

9 *EuGH* Rs.-C-257/99.

10 Beschluss 94/910/EG, EGKS, Euratom des Rates und der Kommission vom 19.12.1994.

Europa-Abkommen entwickelt:

1. Ein Mitgliedstaat darf einem Angehörigen eines MOE-Staates die Einreise zum Zwecke der Niederlassung weder aufgrund seiner Staatsangehörigkeit oder seines Wohnsitzlandes noch wegen einer allgemeinen Begrenzung der Einwanderung noch deshalb versagen, weil die ***Arbeitsmarktsituation*** *entgegensteht.*

2. Ein Mitgliedstaat darf die beabsichtigte Tätigkeit vor Einreisebewilligung danach bewerten, ob mit ihr hinreichende finanzielle Mittel eingeworben werden können und ob vernünftige Erfolgschancen bestehen.

3. Staatsangehörige aus MOE-Staaten, die falsche Angaben machen und einschlägige Kontrollen dadurch unterlaufen, dass sie behaupten, sich in dem jeweiligen Mitgliedstaat als Tourist zu begeben, obwohl sie tatsächlich eine ***Erwerbstätigkeit*** *ausüben wollen, fallen nicht in den Schutzbereich der Europa-Abkommen. Ihre Anträge können daher abgelehnt werden.*

4. Das Vorgehen der nationalen Behörden darf den Wesensgehalt des Einreise-, des Aufenthalts- und des Niederlassungsrechts der Staatsangehörigen aus den MOE-Staaten nicht beeinträchtigen.

b) Die Berechtigung von Familienangehörigen von Unionsbürgern

» Lesen Sie an dieser Stelle die Ausführungen zum Unionsbürger und seinen Familienangehörigen in Rn. 25–27 nach. «

298 Als Familienangehörige von Unionsbürgern werden **Drittstaater** durch die Grundfreiheiten mittelbar berechtigt, da sie ihnen das Recht auf Einreise und den Aufenthalt in dem Mitgliedstaat ermöglichen, in dem der Unionsbürger lebt.

Dieses Recht auf Einreise und Aufenthalt soll sich zumindest für die Familienangehörigen aus Drittstaaten aus der Personen- und der Dienstleistungsfreiheit des Unionsbürgers ableiten lassen können. Beide Grundfreiheiten werden vom EuGH im Licht des europäischen Grundrechts auf Achtung des Familienlebens gem. Art. 8 EMRK erweiternd ausgelegt. Hieraus ergebe sich, dass für Familienangehörige eines dienstleistungserbringenden Unionsbürgers gegenüber dessen Herkunfts- und Aufenthaltsstaat in der Europäischen Union ein abgeleitetes Einreise- und Aufenthaltsrecht bestehe. Soweit das **Einwanderungsrecht** noch nicht durch das Schengener Übereinkommen vergemeinschaftet worden ist, muss der einwanderungsinteressierte Familienangehörige die nationalen Einwanderungsbestimmungen beachten.[11]

4. Die Berechtigung von juristischen Personen

a) Die gesetzlich normierte Berechtigung bzgl. der Niederlassungs-[12] und Dienstleistungsfreiheit

299 Juristische Personen sind gem. Art. 54 Abs. 1 AEUV Berechtigte der Niederlassungsfreiheit und gem. Art. 62 AEUV der Dienstleistungsfreiheit.

Art. 54 Abs. 1 AEUV (Niederlassungsfreiheit)

Für die Anwendung dieses Kapitels stehen die nach den Rechtsvorschriften eines Mitgliedstaates gegründeten Gesellschaften, die ihren satzungsmäßigen Sitz, ihre Hauptverwaltung oder ihre Hauptniederlassung innerhalb der Gemeinschaft haben, den natürlichen Personen gleich, die Angehörige der Mitgliedstaaten sind.

Bei juristischen Personen kommt es danach nicht auf die Staatsangehörigkeit der Eigentümer oder Betreiber an.

---

11 *Arndt/Fischer/Fetzer* Europarecht S. 116 f.

12 Die Niederlassungsfreiheit ist ein Teilbereich der Personenverkehrsfreiheit.

b) Die entsprechende Berechtigung bzgl. der übrigen Grundfreiheiten

Es ist umstritten, ob juristische Personen auch Berechtigte der übrigen Grundfreiheiten sein können. In Bezug auf die Arbeitnehmerfreizügigkeit hat der EuGH eine partielle Berechtigung von juristischen Personen anerkannt. Da juristische Personen aber auch in den Bereichen der Waren- und der Kapitalverkehrsfreiheit auftreten können, befürworten einige[13] eine entsprechend umfassende Berechtigung der juristischen Personen bzgl. aller vier Grundfreiheiten. Dagegen spricht jedoch, dass eben nur in Bezug auf die Niederlassungs- und die Dienstleistungsfreiheit der AEUV einer juristischen Person die Grundfreiheitsberechtigung zuspricht. Außerdem lassen sich weder der Waren- noch der Kapitalverkehrsfreiheit Hinweise auf ihren persönlichen Anwendungsbereich entnehmen.[14] 300

II. Die Adressaten der Grundfreiheiten

1. Die Mitgliedstaaten und Unionsorgane als Adressaten

Alle Träger von Staatsgewalt in den Mitgliedstaaten haben die Grundfreiheiten zu beachten. Soweit nationales Recht im konkreten Fall den Grundfreiheiten widerspricht, darf es nicht angewendet werden. Die Grundfreiheiten sind in dem AEUV geregelt und daher Teil des unionsrechtlichen Primärrechts. Die Unionsorgane müssen bei dem Erlass von sekundärrechtlichen Normen den Gewährleistungsumfang der Grundfreiheiten beachten, da aufgrund der Normenhierarchie das Primärrecht dem Sekundärrecht vorgeht. 301

» Sie sollten die Gelegenheit nutzen und jetzt in Rn. 74–79 den Anwendungsvorrang des unmittelbar anwendbaren Unionsrechts vor dem nationalen Recht nachlesen. Sollten Sie bei sich Erinnerungslücken bzgl. des Primär- und Sekundärrechts und ihres Verhältnisses zueinander feststellen, tauchen Sie noch einmal in die Ausführungen in Rn. 82–110. «

2. Die Privatpersonen und nicht-staatlichen Einrichtungen als Adressaten

Es ist höchst umstritten, ob auch Privatpersonen und nicht-staatliche Einrichtungen unmittelbar durch die Grundfreiheiten gebunden werden können.[15] Man spricht hier auch von einer unmittelbaren Drittwirkung im Verhältnis von Privatpersonen zueinander bzw. in ihrem Verhältnis zu nicht-staatlichen Einrichtungen. Der Effektivitätsgrundsatz kann es in Ausnahmefällen gebieten, Privatpersonen und nicht-staatlichen Einrichtungen die unionsrechtlichen Ge- und Verbote aufzuerlegen, die sich nach dem Wortlaut der Vorschriften allein an die Mitgliedstaaten richten. Dies gilt besonders bezogen auf die Grundfreiheiten.[16] 302

Im Bereich der Personenverkehrsfreiheit[17] und bzgl. der Dienstleistungsfreiheit ist mittlerweile vom EuGH bezogen auf ungerechtfertigte Beschränkungen und diskriminierende Behandlungen durch private Dritte und nicht-staatliche Einrichtungen anerkannt worden, dass diese Adressaten der genannten Grundfreiheiten sein können.[18] Der EuGH hat diese Feststellung damit begründet, dass ein wesentliches Ziel der Union, nämlich die Beseitigung der Hindernisse für den freien Personen- und Dienstleistungsverkehr, gefährdet wäre, wenn die Beseitigung der staatlichen Schranken dadurch in ihrer Wirkung 303

13 So z.B. *Thiele* Europarecht S. 200, Fn. 334.
14 Sie finden eine Darstellung zur Berechtigung von Arbeitgebern in der Form juristischer Personen in Rn. 342–343.
15 *Thiele* Europarecht S. 199.
16 *Karpenstein* Praxis des EG-Rechts Rn. 132.
17 *EuGH* Rs. C-281/98, Angonese, Urteil vom 6.6.2000; *EuGH* Rs. 36/74, Walrave und Koch, Urteil vom 12.12.1974, Rn. 16/19.
18 *Karpenstein* Praxis des EG-Rechts Rn. 133.

wieder aufgehoben würde, dass privatrechtliche Vereinigungen oder Einrichtungen kraft ihrer rechtlichen Autonomie derartige Hindernisse aufrichteten.[19] Es ist umstritten,[20] ob es sich um privatrechtliche Vereinbarungen wie **Sportverbände** oder **Tarifvertragsparteien** handeln muss, die durch Kollektivvereinbarungen Hindernisse aufbauen. In der Bosman – Entscheidung werden vom EuGH privatrechtlich organisierter Sportverbände als Adressaten, in der Angonese-Entscheidung auch eine privatrechtlich organisierte Bank als Adressat der Arbeitnehmerfreizügigkeit anerkannt.

Beispiel Bosman[21]

Jean-Marc Bosman ist belgischer Staatsbürger und Profifußballer. Er verlangte von seinem ehemaligen Arbeitgeber Royal Club Ligeois (RCL), einem Fußballclub der ersten belgischen Liga, dem belgischen Fußballverband sowie vom Europäischen Fußballverband UEFA Ersatz des Vermögensschadens, der ihm dadurch entstanden sei, dass sein Transfer vom belgischen RCL zu einem französischen Club schuldhaft von den Beklagten hintertrieben worden sei.

Das angerufene belgische Gericht legte dem EuGH im Wege der Vorabentscheidung zwei Vorlagefragen hierzu vor. Die Zulässigkeit der von den **Fußballverbänden** aufgestellten **Transferregelungen** und die Begrenzung der Zahl ausländischer Spieler bei Meisterschaftsspielen sollte vom EuGH geklärt werden. Der EuGH hat sich u.a. mit der Frage beschäftigt, ob ein Sportverband als wirtschaftlicher Verein gesehen werden kann, auf den die Grundfreiheiten des AEUV Anwendung finden. Hierzu hat er erkannt, dass die Beseitigung der Hindernisse für die Freizügigkeit zwischen den Mitgliedstaaten gefährdet wäre, wenn die Abschaffung staatlicher Schranken dadurch unterlaufen würde, dass Schranken der Freizügigkeitsrechte durch Vereinigungen und Einrichtungen des Privatrechts zulässigerweise errichtet werden könnten. Ferner hat der EuGH darauf hingewiesen, dass die Arbeitsbedingungen in den verschiedenen Mitgliedstaaten teilweise durch Gesetze oder Verordnungen und teilweise durch privatrechtliche Verträge festgelegt würden. Dies gelte besonders für die hier streitgegenständliche Transferregelung. Würde die Arbeitnehmerfreizügigkeit nur vor behördlichen Maßnahmen schützen, so könnten sich daraus Ungleichbehandlungen innerhalb der Union bezüglich der Arbeitnehmerfreizügigkeit ergeben. Der EuGH hat daher festgestellt, dass die Arbeitnehmerfreizügigkeit auch gegenüber privatrechtlich organisierten Sportverbänden gilt, wenn sie die Voraussetzungen für die Ausübung einer unselbständigen Tätigkeit durch einen **Berufssportler** festlegen.[22] ■

19 *EuGH* Rs. 36/74, Walrave und Koch, Urteil vom 12.12.1974, Rn. 16/19.

20 *Karpenstein* Praxis des EG-Rechts Rn. 133.

21 *EuGH* Rs. C-415/93, Bosman, Urteil vom 15.12.1995, Slg. 1995, I-4921; *Arndt/Fischer/Fetzer* Fälle zum Europarecht S. 67–74.

22 *EuGH* Rs. C-415/93, Bosman, Rn. 83–87.

Beispiel Angonese[23]

Der Kläger, ein in der Provinz Bozen wohnender italienischer Staatsangehöriger deutscher Muttersprache, begab sich zwischen 1993 und 1997 nach Österreich, um dort sein Studium fortzusetzen. Im August 1997 bewarb er sich auf eine in der italienischen Tageszeitung Dolomiten am 9.7.1997 veröffentlichte Anzeige für die Teilnahme an einem Auswahlverfahren für eine Stelle in einer privaten Bankgesellschaft in Bozen, der Cassa di Risparmio. Zu den Bedingungen für die Zulassung zum Auswahlverfahren gehörte der Besitz einer Bescheinigung über die **Zweisprachigkeit** (Italienisch/Deutsch) des Typs „B", die in der Provinz Bozen für den Zugang zu der früheren Laufbahn des höheren Angestellten im öffentlichen Dienst vorgeschrieben war. Diese Bescheinigung setzte eine an verschiedenen Tagen erfolgreich zu absolvierende schriftliche und mündliche Prüfung in einer Bozener Behörde voraus. Da es dem Kläger nicht möglich war, innerhalb der kurzen Bewerbungsfrist die verlangte Bescheinigung der Bozener Behörde zu erlangen, wurde seine Bewerbung abgelehnt. Er klagte beim zuständigen italienischen Gericht gegen die Cassa di Risparmio auf Schadensersatz.

Die Pretura Bozen hat mit Beschluss vom 8.7.1998 eine Vorlagefrage nach der Auslegung des Art. 39 EGV[24] dem EuGH zur Vorabentscheidung vorgelegt. Der EuGH hat hierzu entschieden, dass das in dieser Norm ausgesprochene Verbot der Diskriminierung aufgrund der Staatsangehörigkeit, das allgemein formuliert ist und sich nicht speziell an die Mitgliedstaaten richtet, auch für von Privatpersonen festgelegten Bewerbungs- und Arbeitsbedingungen gilt. Da es für Bewerber außerhalb von Bozen außerordentlich schwierig, wenn nicht gar unmöglich gewesen sein müsse, diese einzig zulässige Bescheinigung zu erlangen, sei das Diskriminierungsverbot der Arbeitnehmerfreizügigkeit verletzt.

Im Bereich der Warenverkehrsfreiheit lehnt der EuGH[25] eine Drittwirkung gegenüber Privat- **304**
personen und nicht-staatlichen Einrichtungen ab, da sie keinerlei Wirkung im Verkehr zwischen Privatpersonen und Unternehmen hat.[26] In diesem Bereich gelten die Wettbewerbsregeln des Art. 101 ff. AEUV.

Eine Drittwirkung im Bereich der Kapital- und Zahlungsverkehrsfreiheit ist aus den gleichen Erwägungen wie bezüglich der Warenverkehrsfreiheit abzulehnen.[27]

III. Der Charakter der Grundfreiheiten

1. Das Diskriminierungsverbot

Die Grundfreiheiten begründen ein Verbot der diskriminierenden Anwendung der vier **305**
Grundfreiheitsrechte nach Staatsangehörigkeit der Berechtigten. Das allgemeine Diskriminierungsverbot des Art. 18 AEUV wird durch jede Grundfreiheit bereichsspezifisch konkretisiert. Das Diskriminierungsverbot erfasst das Verbot der unmittelbaren und der mittelbaren Diskriminierung.[28]

23 *EuGH* Rs. C-281/98, Angonese, Urteil vom 6.6.2000; *Arndt/Fischer/Fetzer* Europarecht S. 126.
24 Jetzt Art. 45 AEUV.
25 *EuGH* Rs. C-311/85, Vlaamse Reisbureaus, Urteil vom 1.10.1987, Rn. 30.
26 *Arndt/Fischer/Fetzer* Europarecht S. 126 f.
27 *Thiele* Europarecht S. 199 f.
28 *EuGH* Slg. 1989, 195; *Streinz* Europarecht Rn. 793.

Eine **unmittelbare Diskriminierung** erfolgt durch eine nationale Norm, wenn in dieser unmittelbar eine schlechtere Behandlung von Staatsangehörigen anderer Mitgliedstaaten enthalten ist. Die Staatsangehörigkeit dient dann unzulässigerweise als Differenzierungskriterium.

Eine **mittelbare Diskriminierung** erfolgt z.B. durch eine Differenzierung nach Wohnsitz oder dem regelmäßigen Aufenthaltsort. Die nicht in dem Staat ansässigen Personen sind dann stärker von dieser Differenzierung betroffen als die Einheimischen.

a) Die Inländerdiskriminierung

306 **Inländerdiskriminierungen** sollen durch die gemeinschaftsrechtlichen Grundfreiheiten nicht verhindert werden. Der räumliche Anwendungsbereich der Grundfreiheiten setzt voraus, dass ein räumlicher Bezug zum Gebiet der Union besteht also ein **grenzüberschreitendes Element** vorhanden ist. Interne Maßnahmen eines Mitgliedstaates, die keinen Bezug zur Union haben, erfüllen diese Voraussetzung nicht.[29] Der diskriminierte Inländer kann vor dem jeweiligen nationalen Verfassungsgericht ggf. wegen Verletzung des nationalen Gleichheitssatzes oder der Berufsfreiheit klagen.[30]

Beispiel Reinheitsgebot für Bier[31] (1)

Der französische Bierexporteur (F) stellte sein Bier nicht entsprechend dem deutschen Reinheitsgebot her. Die deutschen Behörden versagten daher F den Verkauf seines Getränkes als Bier. F rief den EuGH an, da er durch die deutsche Haltung in seiner Warenverkehrsfreiheit beschränkt werde. Der EuGH teilte diese Ansicht, sodass F sein Getränk als Bier in Deutschland absetzen durfte. Der in Deutschland arbeitende deutsche Bierhersteller (D) rief ebenfalls den EuGH an, da er ebenfalls durch das Reinheitsgebot in seiner Warenverkehrsfreiheit beschränkt werde.

Im Falle des D fehlt es am grenzüberschreitenden Element, da er als Deutscher in Deutschland sein Bier produziert und absetzt. Er kann sich daher nicht auf die Grundfreiheit der Warenverkehrsfreiheit berufen.

b) Die Rückkehrfälle

307 Ein Staatsangehöriger, der sich vorübergehend in einem anderen Mitgliedstaat aufgehalten hat, soll sich nach seiner **Rückkehr** in sein Herkunftsland auf die Grundfreiheiten berufen können, die für alle ausländischen Unionsbürger gelten. So kann die in Art. 49 AEUV enthaltene Bezugnahme auf „Staatsangehörige eines Mitgliedstaates", die sich „im Hoheitsgebiet eines anderen Mitgliedstaates" niederlassen wollen, nicht dahin ausgelegt werden, dass die eigenen Staatsangehörigen eines bestimmten Mitgliedstaates bei Rückkehr in ihr Herkunftsland von der Anwendung des Unionsrechts ausgeschlossen wären, wenn sie sich rechtmäßig in einem anderen Mitgliedstaat niedergelassen hatten. Die Rückkehrer befinden sich gegenüber ihrem Herkunftsland in einer Lage, die mit derjenigen aller anderen ausländischen Unionsbürger in seinem Herkunftsland vergleichbar ist.[32]

29 *Streinz* Europarecht Rn. 819 f.

30 *Karpenstein* Praxis des EG-Rechts Rn. 159.

31 *EuGH* Rs. 178/84, Deutsches Reinheitsgebot für Bier, Urteil vom 12.3.1987, Rn. 25, 37; *Arndt/Fischer/Fetzer* Fälle zum Europarecht S. 52–59.

32 *EuGH* Rs. 115/78, Knoors, Urteil vom 7.2.1979, Rn. 24, 26.

Beispiel Kraus

Der EuGH hat in der Kraus-Entscheidung[33] vom 31.3.1993 entschieden, dass ein deutscher Staatsbürger, der in einem anderen Mitgliedstaat einen akademischen Grad erworben hatte, diesen in seinem Heimatland unter den gleichen Bedingungen führen dürfe wie sie auch für ausländische Unionsbürger in seinem Heimatland bestünden. Die Art. 39 und 43[34] EGV stünden dabei jeder nationalen Regelung über die Voraussetzungen für die **Führung von ausländischen Hochschulgraden** entgegen, die geeignet seien, die Ausübung der Grundfreiheiten weniger attraktiv zu machen. ■

2. Das Beschränkungsverbot

308 Schrittweise hat der EuGH die zunächst als Diskriminierungsverbote aufgefassten Grundfreiheiten zu generellen Beschränkungsverboten weiterentwickelt.[35] Danach sollen die Grundfreiheiten nationale Maßnahmen verbieten, die die Ausübung der Grundfreiheiten behindern oder weniger attraktiv machen können.[36] Es ist bei diesem Verständnis der Grundfreiheiten nicht relevant, ob die nationalen Maßnahmen eine unzulässige Diskriminierung nach Staatsangehörigkeit beinhaltet.[37]

Beispiel Cassis de Dijon[38]

Die REWE-AG mit Sitz in Köln beantragte bei der zuständigen deutschen Behörde die Genehmigung, aus Frankreich den Likör Cassis de Dijon einzuführen, der in Frankreich mit einem **Alkoholgehalt** von 15-20 % im Verkehr ist. Dies wurde von der deutschen Behörde abgelehnt, da der Likör wegen seines zu geringen Weingeistgehaltes in Deutschland nicht verkehrsfähig sei. Das deutsche Gesetz für Fruchtliköre schreibe einen Alkoholgehalt von 25 % vor. Das Vorabentscheidungsverfahren wurde vom zuständigen deutschen Gericht eingeleitet. Der EuGH sah die nationale Festsetzung des Alkoholgehalts als Beschränkung der Warenverkehrsfreiheit an, obwohl diese unterschiedslos für In- und Ausländer galt. Da er damit die Warenverkehrsfreiheit auf ein Beschränkungsverbot erweiterte, führte er zur Rechtfertigung dieses **innerstaatlichen Handelshemmnisses** aus, dass diese dann hinzunehmen seien, wenn diese notwendig seien, um zwingenden Erfordernissen gerecht zu werden, insbesondere den Erfordernissen einer wirksamen steuerlichen Kontrolle, des Schutzes der öffentlichen Gesundheit, der **Lauterkeit des Handelsverkehrs** und des **Verbraucherschutzes**. ■

309 Nachdem der EuGH zunächst nur die Warenverkehrsfreiheit als allgemeines Beschränkungsverbot interpretierte, hat er später auch die Personenverkehrsfreiheit[39] und die Dienstleistungsfrei-

33 *EuGH* Rs. C-19/92, Kraus, Urteil vom 31.3.1993, Rn. 32.
34 Jetzt Art. 45 und Art. 49 AEUV.
35 *Thiele* Europarecht S. 202; *Streinz* Europarecht Rn. 804; *EuGH* Rs. 120/78, Cassis de Dijon, Urteil vom 20.2.1979; *EuGH* Rs. 107/83, Klopp, Urteil vom 12.7.1984, Rn. 12.
36 *EuGH* Slg. 1995, I-4169.
37 *Thiele* Europarecht S. 202; *Streinz* Europarecht Rn. 805.
38 *EuGH* Rs. 120/78; *Herrmann* Examens-Repetitorium Europarecht S. 52 f.
39 *Streinz* Europarecht S. 804; *EuGH* Rs. C-415/93, Bosman, Urteil vom 15.12.1995, Rn. 103, 104.

heit[40] entsprechend interpretiert. Die Kapitalverkehrsfreiheit wurde durch den Vertrag von Maastricht in Art. 63 AEUV ausdrücklich zu einem Beschränkungsverbot ausgestaltet.

a) Die Beweislastumkehr

310 Sofern eine staatliche Maßnahme eine Grundfreiheit beschränkt, hat der Staat hierfür seine Rechtsfertigungsgründe vorzubringen. Es gilt die Umkehr der Beweislast.

b) Die Einschränkung der Interpretation als Beschränkungsverbot

311 Der EuGH hat die Interpretation der Grundfreiheiten als Beschränkungsverbote zumindest in Bezug auf die Warenverkehrsfreiheit in seiner Keck-Rechtsprechung[41] korrigiert. Danach sollen nur noch **produktbezogene Regelungen** unter das Verbot des Art. 34 AEUV fallen, wenn die Hersteller dadurch in einem anderen Mitgliedstaat zu höheren **Produktionskosten** gezwungen werden oder sich die produktbezogene Regelung sonst diskriminierend auswirkt. Nichtdiskriminierende **Verkaufsmodalitäten** wie z.B. die Ladenschlussgesetze fallen nicht mehr unter das Verbot des Art. 34 AEUV.[42]

Beispiel Keck[41]

Nach französischem Recht ist im Einzelhandel der **Verkauf unter Einstandspreis** verboten. Zwei Einzelhändler aus dem Elsass wurden wegen Verstoßes gegen dieses Verbot vor dem Tribunal des Grande Instance in Straßburg angeklagt. Zu ihrer Verteidigung machten sie geltend, ein generelles Verbot der genannten Art sei mit den Grundsätzen des freien Warenverkehrs nicht vereinbar. Die Möglichkeit, Waren unter Einstandspreis zu verkaufen, sei im Einzelfall geeignet, den Warenumsatz zu erhöhen. Dieser erhöhte Warenumsatz wiederum führe zu einer Ausweitung des Warenhandels zwischen den Mitgliedstaaten. Das Verbot des Verkaufs unter Einstandspreis sei daher geeignet, den freien Warenverkehr zumindest indirekt und potentiell zu beeinträchtigen.

Der EuGH stellte zunächst fest, dass nationale Rechtsvorschriften, die den Weiterverkauf zum Verlustpreis allgemein verbieten, keine Regelung des Warenverkehrs zwischen den Mitgliedstaaten bezweckten. Nationale Bestimmungen, die bestimmte Verkaufsmodalitäten beschränkten oder verböten, seien nur dann geeignet, den Handel zwischen den Mitgliedstaaten unmittelbar oder mittelbar, tatsächlich oder potentiell zu behindern, sofern sie für inländische Wirtschaftsteilnehmer anders als für ausländische Wirtschaftsteilnehmer gelten würden. Das streitgegenständliche Verbot des Verkaufs unter Einstandspreis wurde als Verkaufsmodalität bewertet, die von allen Wirtschaftsteilnehmern zu beachten ist und daher zu keiner Beschränkung des Handels zwischen den Mitgliedstaaten führt.[43] ■

---

40 *EuGH* Rs. 33/74, van Binsbergen, Urteil vom 3.12.1974, Rn. 10, 12.
41 *EuGH* Verb. Rs. C-267 u. C-268/91, Keck, Urteil vom 24.11.1993.
42 *Arndt/Fischer/Fetzer* Fälle zum Europarecht S. 45–52; *Herrmann* Examens-Repetitorium Europarecht S. 58 f.
43 *EuGH* Verb. Rs. C-267 u. C-268/91, Keck, Urteil vom 24.11.1993, Rn. 16.

c) Die Übertragung der Keck-Rechtsprechung auf die übrigen Grundfreiheiten

Der EuGH hat seine Keck-Rechtsprechung zur Einschränkung der Interpretation der Warenverkehrsfreiheit als Beschränkungsverbot auf die Dienstleistungsfreiheit übertragen.[44] Auch hat der EuGH die weite Interpretation der Personenverkehrsfreiheit als Beschränkungsverbot dahin eingeschränkt,[45] dass nationale Regelungen, die an zu ungewisse und zu indirekt wirkende Ereignisse anknüpfen, die Personenverkehrsfreiheit nicht verletzen, wenn diese nationalen Regelungen eindeutig nicht geeignet sind, den Arbeitnehmer daran zu hindern oder davon abzuhalten, sein Arbeitsverhältnis zu beenden, um eine Tätigkeit bei einem anderen Arbeitgeber in einem anderen Mitgliedstaat auszuüben. Darüber hinaus hat der EuGH den Verkaufsmodalitäten vergleichbare Modalitäten in Beschäftigungsverhältnissen herausgearbeitet, bei deren Vorliegen entsprechend der Keck-Rechtsprechung die Personenverkehrsfreiheit nicht betroffen sein soll,[46] wenn diese Modalitäten unterschiedslos für In- wie Ausländer gelten. **312**

3. Die unmittelbare Anwendbarkeit

Die Berechtigten dürfen sich unmittelbar auf die Grundfreiheiten gegenüber allen Trägern von Staatsgewalt in den Mitgliedstaaten berufen. Eine unmittelbar anwendbare Norm vermittelt dem Einzelnen gegenüber einem Mitgliedstaat ein eigenes, subjektives Recht und wirkt wie ein innerstaatliches Gesetz. **313**

» An dieser Stelle empfiehlt sich eine Wiederholung der unmittelbaren Anwendbarkeit des Unionsrechts in **Rn. 71–73.** **«**

IV. Die Rechtfertigung von Grundfreiheitsbeschränkungen

Die Beschränkungen von Grundfreiheiten bedürfen eines Rechtfertigungsgrundes. Zunächst ist das Vorliegen eines einschlägigen geschriebenen Rechtfertigungsgrundes zu prüfen. Liegt dieser nicht vor, ist die Beschränkung aufgrund eines ungeschriebenen Rechtfertigungsgrundes zu untersuchen. Alle Rechtfertigungsgründe sind eng auszulegen. Die in ihnen verwendeten Begriffe wie z.B. der Schutz der öffentlichen Ordnung sind nach dem Unionsrecht und nicht nach dem nationalen Recht auszulegen.[47] **314**

1. Die geschriebenen Rechtfertigungsgründe

Alle vier Grundfreiheiten enthalten **geschriebene Rechtfertigungsgründe** als Schranken der Grundfreiheiten, z.B. Art. 36 und 45 Abs. 3, Art. 52 Abs. 1 Art. 62, 64 und 65 Abs. 1 und 2 AEUV. In diesen Normen werden Schutzgüter genannt, die die Beschränkung der jeweiligen Grundfreiheit rechtfertigen können sollen. **315**

Bei der Beschränkung der Grundfreiheiten durch die jeweils geschriebenen Rechtfertigungsgründe **(Schranken-Schranke)** ist das **Verhältnismäßigkeitsprinzip** zu beachten. **316**

---

44 *Streinz* Europarecht Rn. 804, 808; *EuGH* Verb. Rs. C-544/03 und C-545/03, Mobistar und Belgacom Mobile, Slg. 2005, I-7723, Rn. 31 ff.

45 *EuGH* Rs. C-190/98, Graf, Slg 2000, I-493, Rn. 24 f.

46 *Thiele* Europarecht S. 202 f., 226.

47 *Streinz* Europarecht Rn. 823 ff.

Hinweis: Schranken-Schranke

Beschränkungen von Grundfreiheiten aufgrund der geschriebenen Rechtfertigungsgründe müssen stets verhältnismäßig sein.

2. Die Bereichsausnahmen

317 Durch **Bereichsausnahmen** wird ein unionsrechtlich bestimmter Bereich aus dem Anwendungsbereich der Grundfreiheiten herausgenommen. So ist z.B. die Beschäftigung in der **öffentlichen Verwaltung** von vornherein in Art. 45 Abs. 4 AEUV aus dem Anwendungsbereich der Arbeitnehmerfreizügigkeit[48] herausgenommen worden. Gleichfalls findet die Niederlassungsfreiheit[49] gem. Art. 51 Abs. 1 AEUV in einem Mitgliedstaat keine Anwendung auf Tätigkeiten, die in diesem Staat dauernd oder zeitweise mit der Ausübung **öffentlicher Gewalt** verbunden sind.[50]

3. Die ungeschriebenen Rechtsfertigungsgründe

318 Aufgrund der weiten Auslegung der Grundfreiheiten als allgemeine Beschränkungsverbote und den dadurch entstehenden größeren Schutzbereichen der einzelnen Grundfreiheiten hielt es der EuGH für notwendig, neben den geschriebenen und stets eng auszulegenden geschriebenen Rechtfertigungsgründen **ungeschriebene Rechtfertigungsgründe** zu entwickeln.[51] Die ungeschriebenen Einschränkungen der Grundfreiheiten werden auch als **immanente Schranken** bezeichnet.

a) Die zwingenden Erfordernisse

319 Der EuGH hat in der Cassis de Dijon-Entscheidung[52] den ungeschriebenen Rechtfertigungsgrund der **zwingenden Erfordernisse** für eine gerechtfertigte Beschränkung der Warenverkehrsfreiheit entwickelt. Danach müssen Hemmnisse für den Binnenhandel der Union, die sich aus den Unterschieden der nationalen Regelungen über die Vermarktung dieser Erzeugnisse ergeben, hingenommen werden, soweit diese Bestimmungen notwendig sind, um zwingenden Erfordernissen gerecht zu werden, insbesondere den Erfordernissen einer wirksamen **steuerlichen Kontrolle**, des Schutzes der **öffentlichen Gesundheit**, der **Lauterkeit des Handelsverkehrs** und des **Verbraucherschutzes**.

320 Mittlerweile hat der EuGH die Beschränkung aller Grundfreiheiten aufgrund zwingender Erfordernisse anerkannt,[53] zum Schutz

- des Verbrauchers,
- wirksamer steuerlicher Kontrollen,
- der öffentlichen Gesundheit,
- der Lauterkeit des Handelsverkehrs,

---

48 Ein Teilbereich der Personenverkehrsfreiheit.
49 Der andere Teilbereich der Personenverkehrsfreiheit.
50 *Streinz* Europarecht Rn. 836 f.
51 *Arndt/Fischer/Fetzer* Europarecht S. 123–125; *Streinz* Europarecht Rn. 845.
52 *EuGH* Rs. 120/78, Cassis de Dijon, Urteil vom 20.2.1979.
53 *EuGH* Slg. 1995, I-4165.

- zwingender Gründe des Allgemeininteresses,[54]
- der Umwelt[55] und
- der Grundrechte Dritter.[56]

b) Die Voraussetzungen für die Beschränkung durch ungeschriebene Rechtfertigungsgründe[57]

- Die **Subsidiarität** der ungeschriebenen Rechtfertigungsgründe. 321

> **Hinweis**
>
> Die ungeschriebenen Rechtfertigungsgründe sind überhaupt nur zu prüfen, wenn nicht bereits ein geschriebener Rechtfertigungsgrund die Grundfreiheitsbeschränkung rechtfertigt.

Klar ?!?

- Das zwingende Erfordernis der Beschränkung.
- Die Beschränkung aufgrund eines ungeschriebenen Rechtfertigungsgrundes ist nur bei zwingenden, nicht wirtschaftlich orientierten Erfordernissen zulässig.
- Die **diskriminierungsfreie Beschränkung**
  Die Beschränkung, die möglicherweise durch einen ungeschriebenen Rechtfertigungsgrund gerechtfertigt werden kann, muss das unionsrechtliche **Diskriminierungsverbot** beachten. **Diskriminierungen** aufgrund der Staatsangehörigkeit können daher nur durch geschriebene Rechtfertigungsgründe gerechtfertigt werden. Denn Beschränkungen der Grundfreiheiten aufgrund von Diskriminierungen sollten nur aufgrund von vertraglich vorgesehenen Rechtfertigungsgründen zulässig sein. Bei mittelbaren Diskriminierungen wird von einigen[58] die Rechtfertigung durch ungeschriebene Rechtfertigungsgründe mittlerweile für möglich gehalten.

» Nutzen Sie die Gelegenheit und beschäftigen Sie sich noch einmal mit dem Diskriminierungsverbot in Rn. 305–307. «

- Die Beachtung des **Verhältnismäßigkeitsgrundsatzes**
- **Eignung:** Die Beschränkung muss zur Erreichung des mit ihr angestrebten Ziels geeignet sein.
- **Erforderlichkeit:** Die Beschränkung muss zur Erreichung des mit ihr angestrebten Ziels erforderlich sein.

> **JURIQ-Klausurtipp**
>
> Die ungeschriebenen Rechtfertigungsgründe von Beschränkungen der Grundfreiheiten sind immer nur zu prüfen, wenn nicht bereits ein geschriebener Rechtfertigungsgrund die Beschränkung rechtfertigt.

54 *EuGH* Rs. 33/74, van Binsbergen, Urteil vom 3.12.1974, Rn. 10, 12.
55 *Thiele* Europarecht S. 206 f.
56 *EuGH* Slg. 2003, I-5659.
57 *Arndt/Fischer/Fetzer* Europarecht S. 55.
58 *Thiele* Europarecht S. 207.

B. Die vier Grundfreiheiten

I. Die Warenverkehrsfreiheit

322 Zur **Warenverkehrsfreiheit** gehören gem. Art. 28 ff. AEUV

- die **Zollunion**,
- der **freie Warenverkehr**,
- die Umformung **staatlicher Handelsmonopole** und
- die Landwirtschaft und die Fischerei gem. Art. 38 bis 44 AEUV.

Hinweis

Die Zollunion und die Umformung staatlicher Handelsmonopole haben keine große Prüfungsrelevanz und werden daher hier nur sehr kurz dargestellt.[59]

1. Die Zollunion

a) Die Bedeutung der Zollunion

323 Die Zollunion und die Umformung staatlicher **Handelsmonopole** sind Hilfsmittel, um den freien Verkehr mit Waren zu erreichen.

Die **Zollunion** umfasst gem. Art. 28 Abs. 1 AEUV

- das Verbot von Ein- und Ausfuhrzöllen zwischen den Mitgliedstaaten,
- das Verbot von Abgaben mit gleicher Wirkung und
- die Einführung eines **gemeinsamen Zolltarifs** (GZT) gegenüber Drittländern, der auf deren Waren bei Eintritt in den Binnenmarkt erhoben wird **(Gemeinsamer Außenzoll)**.

Die Zollunion ist die Grundlage der Union. Voraussetzung für eine Zollunion ist ein einheitliches Zollgebiet, das durch Art. 3 der VO 2913/92 des Rates vom 12.10.1992[60] zur Festlegung des **Zollkodex** der Gemeinschaften auf die Gesamtheit der Hoheitsgebiete der Mitgliedstaaten einschließlich ihrer Binnengewässer, der Küstenmeere und des Luftraumes mit einzelnen Ausnahmen[61] festgelegt wurde.

324 Das Verbot von **Ein- und Ausfuhrzöllen** zwischen den Mitgliedstaaten bedeutet das Verbot von **Binnenzöllen**. Seit dem 31.12.1969 gibt es zwischen den Mitgliedstaaten keine Binnenzölle mehr. Seitdem ist die Union ein einheitliches Zollgebiet.

Als **Zoll** werden solche Abgaben angesehen, die nach Maßgabe des Zolltarifs wegen des Grenzübertritts von Waren erhoben und auch als Zoll bezeichnet werden.

---

59 Sie finden zur Zollunion eine ausführlichere Darstellung bei *Streinz* Europarecht Rn. 856–874.
60 ABl. 1992 Nr. L 302/1.
61 Z.B. Helgoland.

Ein- und Ausfuhrzölle oder Abgaben gleicher Wirkung sind gem. Art. 30 AEUV zwischen den 325
Mitgliedstaaten verboten. Der EuGH hat den Begriff der **zollgleichen Abgaben** erstmals in der Entscheidung zur Lebkuchenabgabe[62] definiert.

> Unter einer **zollgleichen Abgabe** ist eine einseitig bei der Wareneinfuhr aus einem Mitgliedstaat oder später von einem Träger von Staatsgewalt erhobene Belastung zu verstehen, die zur Verteuerung dieser eingeführten Waren führt, jedoch nicht für gleichartige einheimische Waren zu zahlen ist.

Die Einführung des GZT war das erste Element der Zollunion. Die Aufstellung des GZT erfolgte durch die VO 950/68 des Rates vom 28.6.1968. Den Mitgliedstaaten wurde verboten, die nicht im GZT vorgesehenen Zölle gegenüber Drittländern zu erheben. Art. 31 AEUV regelt, dass der Rat die Sätze des GZT auf Vorschlag der Kommission festlegt. Alleingänge der Mitgliedstaaten sind daher unzulässig. Art. 207 AEUV bekräftigt dies noch durch die Feststellung, dass die gemeinsame Handelspolitik nach einheitlichen Grundsätzen gestaltet wird, insbesondere die Änderung der Zollsätze und der Abschluss von Zoll- und Handelsabkommen.

> **Hinweis**
>
> Im Unterschied zu einer **Freihandelszone** werden in der Zollunion sowohl die Binnenzölle zwischen den Mitgliedstaaten abgeschafft als auch gegenüber Drittländern ein gemeinsamer Zoll erhoben.

b) Die Rechtfertigung von Beschränkungen

In den Art. 30 bis Art. 32 AEUV sind geschriebene Rechtfertigungsgründe nicht enthalten. 326
Eine Rechtfertigung von Beschränkungen der Zollunion wäre daher nur durch ungeschriebene Rechtfertigungsgründe möglich, wenn deren Voraussetzungen vorliegen.

» Lesen Sie bei Bedarf noch einmal die Ausführungen zu den ungeschriebenen Rechtfertigungsgründen in Rn. 318–321. «

62 *EuGH* Verb. Rs. 2 und 3/62, Lebkuchenabgabe, Urteil vom 14.12.1962, Leitsatz 4.

2. Der freie Warenverkehr

327 **Die Warenverkehrsfreiheit**

PRÜFUNGSSCHEMA

I. Schutzbereich
1. Persönlicher Schutzbereich: jeder Erbringer oder Inhaber einer Ware
2. Sachlicher Schutzbereich: Waren i.S.d. Art. 28 Abs. 2 und 29 AEUV aus den Mitgliedstaaten oder aus Drittstaaten
3. Räumlicher Schutzbereich: grenzüberschreitendes Element
4. Vorliegen einer Bereichsausnahme: keine

II. Eingriff in den Schutzbereich
1. Schutz vor staatlichen Beschränkungen
   a) mengenmäßige Ein- oder Ausfuhrbeschränkung
   b) Maßnahme gleicher Wirkung wie mengenmäßige Ein- und Ausfuhrbeschränkungen
      Definition der Maßnahmen gleicher Wirkung Rn. 329
      aa) hierzu Dassonville-Entscheidung: Unmittelbare oder mittelbare, tatsächliche oder potenzielle Behinderung des innergemeinschaftlichen Handelns wie Einfuhrbeschränkungen
      Anwendung auf Maßnahmen gleicher Wirkung wie Ausfuhrbeschränkungen Rn. 331
      bb) Einschränkung durch die Keck-Entscheidung: zulässige unterschiedslos wirkende Verkaufsmodalität
2. Handelsbeschränkung durch Privatrechtspersonen und nicht-staatliche Einrichtungen: Berufung auf Warenverkehrsfreiheit ausgeschlossen

III. Rechtfertigungsgründe
1. geschriebene Rechtfertigungsgründe des Art. 36 S. 1 AEUV
   a) keine willkürliche Diskriminierung gem. Art. 36 S. 2 AEUV
   b) keine verschleierte Handelsbeschränkung gem. Art. 36 S. 2 AEUV
   c) Beachtung der Schranken-Schranke: Verhältnismäßigkeitsprinzip
2. ungeschriebene Rechtfertigungsgründe
   a) Subsidiarität zu den geschriebenen Rechtfertigungsgründen
   b) zwingendes Erfordernis
   c) diskriminierungsfreie Beschränkung
      Keine Rechtfertigung diskriminierender Beschränkungen Rn. 321
   d) Gebot der Verhältnismäßigkeit

Der freie Warenverkehr basiert auf dem Verbot mengenmäßiger Ein- und Ausfuhrbeschränkungen von Waren zwischen den Mitgliedstaaten sowie dem Verbot aller Maßnahmen gleicher Wirkung.

a) Der Schutzbereich

328 Jeder Erbringer oder Inhaber einer Ware ist Berechtigter der Warenverkehrsfreiheit. Dies ist unabhängig von seinem Wohnort oder seiner Staatsangehörigkeit.

Der EuGH[63] hat für den sachlichen Schutzbereich den Begriff der **Ware** wie folgt definiert:

> **Waren** sind alle körperlichen Gegenstände sowie Strom, Gas und Abfälle[64] aus Mitgliedstaaten und gem. Art. 28 Abs. 2, 29 AEUV auch aus Drittstaaten, die sich in den Mitgliedstaaten im freien Verkehr befinden, die einen Geldwert haben und Gegenstand von Handelsgeschäften sein können.

Eine Ware stammt aus dem Mitgliedstaat, in dem sie ihre letzte wirtschaftlich gerechtfertigte, wesentliche Be- oder Verarbeitung erfahren hat, die in einem dazu eingerichteten Unternehmen durchgeführt wurde und zu einer neuen relevanten Herstellungsstufe geführt hat.[65] Werden Waren vollständig in einem Mitgliedstaat hergestellt, haben sie ihren Ursprung in diesem Land.

Die **Drittlandsware** muss sich gem. Art. 28 Abs. 2 AEUV in den Mitgliedstaaten im freien Verkehr befinden. Diese Voraussetzung ist gem. Art. 29 AEUV erfüllt, wenn für die Ware in dem betreffenden Einfuhrmitgliedstaat die Einfuhr-Förmlichkeiten erfüllt sowie die vorgeschriebenen Zölle und Abgaben gleicher Wirkung erhoben und nicht ganz oder teilweise rückvergütet worden sind. Für die Drittlandsware besteht nach Erfüllung der zuvor genannten Voraussetzungen Freizügigkeit im gesamten Gemeinschaftsraum.[66]

Der räumliche Schutzbereich ist betroffen, wenn das grenzüberschreitende Element vorliegt.[67]

Für die Warenverkehrsfreiheit besteht in den Art. 28 ff. AEUV keine Bereichsausnahme.[68]

b) Der Eingriff in den Schutzbereich

aa) Der staatliche Eingriff in den Schutzbereich

Gem. Art. 34 AEUV sind mengenmäßige Einfuhrbeschränkungen und gem. Art. 35 AEUV mengenmäßige Ausfuhrbeschränkungen zwischen den Mitgliedstaaten verboten. Der EuGH[69] definiert mengenmäßige Beschränkungen wie folgt: **329**

> **Mengenmäßige Ein- und Ausfuhrbeschränkungen** sind alle Maßnahmen, die die Ein- oder Ausfuhr einer Ware der Menge oder dem Wert nach begrenzen sowie ein vollständiges Ein- oder Ausfuhrverbot.

> **Hinweis**
>
> Mengenmäßige Beschränkungen haben nach dem Abbau entsprechender bestehender Handelshemmnisse zwischen den Mitgliedstaaten keine praktische Relevanz mehr. In der Praxis bestehen heute vielmehr Probleme mit den Maßnahmen gleicher Wirkung.

---

63 *Karpenstein* Praxis des EG-Rechts Rn. 163.

64 *EuGHE* DVBl 1992, 1427 ff., 1428 f.

65 VO (EWG) Nr. 802/68 des Rates über die gemeinsame Begriffsbestimmung für den Warenursprung vom 27.6.1968 (ABl. EG Nr. L 148, 1), zuletzt geändert durch Verordnung (EWG) Nr. 456/91 des Rates vom 25.2.1991 (ABl. EG Nr. L 54, 4).

66 *Arndt/Fischer/Fetzer* Europarecht S. 127.

67 Das grenzüberschreitende Element wird in Rn. 306 beschrieben.

68 Die Bedeutung einer Bereichsausnahme wird in Rn. 317 beschrieben.

69 *EuGH* Rs. 2/73, Geddo, Slg 1973, 865, Rn. 7.

Gem. Art. 34 f. AEUV sind auch alle Maßnahmen gleicher Wirkung wie mengenmäßige Beschränkungen zwischen den Mitgliedstaaten verboten. Eine Definition der Maßnahmen gleicher Wirkung ist in diesen Artikeln jedoch nicht enthalten. Der EuGH hat sich in verschiedenen Leitentscheidungen mit der Definition der Maßnahmen gleicher Wirkung befasst.

(1) Die Dassonville-Entscheidung

330 In der **Dassonville-Entscheidung** definierte der EuGH die Maßnahmen gleicher Wirkung wie die mengenmäßige Einfuhrbeschränkung in Abkehr von seiner bisherigen Rechtsprechung neu.[70]

> Jede Handelsregelung der Mitgliedstaaten, die geeignet ist, den innergemeinschaftlichen Handel unmittelbar oder mittelbar, tatsächlich oder potenziell zu behindern, stellt nach der **Dassonville-Entscheidung**[71] eine **Maßnahme gleicher Wirkung** dar.

Beispiel Dassonville[72]

In Belgien war ein Strafverfahren gegen Händler eingeleitet worden, die einen in Frankreich im freien Verkehr befindlichen Posten Scotch Whisky zwar ordnungsgemäß erworben, aber unter Verletzung belgischer Rechtsvorschriften nach Belgien eingeführt hatten. Nach belgischem Recht musste für den Import von Waren eine vom Exportland ausgestellte amtliche Urkunde vorliegen, in der die Berechtigung zur Verwendung dieser Bezeichnung zu bescheinigen war. Die Händler waren nicht im Besitz einer **Ursprungsbescheinigung** der britischen Zollbehörden. Diese vorzulegen, wäre für sie auch aufgrund des Erwerbs der Flaschen in Frankreich und nicht im Erzeugerland wesentlich schwieriger gewesen als für einen Direktimporteur aus Großbritannien. Das zuständige belgische Gericht legte im Vorabentscheidungsverfahren dem EuGH die Frage vor, ob in der belgischen Anforderung eine Maßnahme mit gleicher Wirkung wie eine mengenmäßige Einfuhrbeschränkung zu sehen sei.

Der EuGH entschied hierzu, dass dem Anwendungsbereich des Art. 28 EGV[73] nicht nur Maßnahmen unterfielen, die in diskriminierender Weise an die Herkunft eines Produktes knüpften, sondern auch jede unterschiedslos auf einheimische und ausländische Waren anwendbare mitgliedstaatliche Maßnahme, die geeignet sei, den innergemeinschaftlichen Handel unmittelbar oder mittelbar, tatsächlich oder potenziell zu behindern. Eine spürbare Beeinträchtigung des innergemeinschaftlichen Handels sei nicht erforderlich, solange die grenzüberschreitenden Auswirkungen nicht rein hypothetischer Natur seien. Die belgische Regelung zur Notwendigkeit der Ursprungsbescheinigung wurde vom EuGH als eine den Warenverkehr beschränkende Maßnahme gleicher Wirkung wie eine Einfuhrbeschränkung beurteilt. ■

---

70 *Thiele* Europarecht S. 213; *Herrmann* Examens-Repetitorium Europarecht S. 58; *Arndt/Fischer/Fetzer* Fälle zum Europarecht S. 60–66.

71 *EuGH* Rs. 8/74. Dassonville, Urteil vom 11.7.1974, Rn. 5.

72 *EuGH* Rs. 8/74. Dassonville, Urteil vom 11.7.1974.

73 Heute Art. 34 AEUV.

Die Dassonville-Entscheidung bezieht sich auf eine Maßnahme, die wie eine mengenmäßige 331
Einfuhrbeschränkung wirkt. Eine Übertragung auf Maßnahmen, die wie Ausfuhrbeschränkungen wirken, kann nur mit Einschränkungen erfolgen.[74] Aufgrund der Weite der Dassonville-Entscheidung kann jede nationale Regelung, die sich regulierend bzw. kostenverursachend auf Produktion und Vertrieb von Waren auszuwirken vermag, geeignet sein, den innergemeinschaftlichen Handel unmittelbar oder mittelbar, tatsächlich oder potenziell zu behindern. Der EuGH[75] hat hierzu erkannt, dass nur solche nationalen Maßnahmen mit **Ausfuhrbeschränkungen** vergleichbar seien, die spezifische Beschränkungen der Ausfuhrströme bezweckten oder bewirkten und damit unterschiedliche Bedingungen für den Binnenhandel innerhalb eines Mitgliedstaates und seinem Außenhandel schafften, sodass die nationale Produktion oder der Binnenmarkt des betroffenen Staates zum Nachteil der Produktion oder des Handels anderer Mitgliedstaaten einen besonderen Vorteil erlangten.

(2) Die Einschränkung der Dassonville-Entscheidung durch die Keck-Entscheidung

Der Schutzbereich der Warenverkehrsfreiheit war durch die weite Definition der Maßnahme 332
gleicher Wirkung wie Einfuhrbeschränkungen sehr erweitert worden. In der Keck-Entscheidung begrenzte der EuGH daher den Schutzbereich des Art. 28 EGV[76] wieder, indem er entschied, dass die nicht diskriminierenden Verkaufsmodalitäten nicht zu den Maßnahmen gleicher Wirkung wie Einfuhrbeschränkungen gehörten.[77] Sofern aber aufgrund nationaler Regeln der ausländische Hersteller seine rechtmäßig hergestellten Produkte oder Produktionsverfahren dem jeweiligen nationalen Markt z.B. hinsichtlich der **Ausstattung**, der **Etikettierung** der der **Verpackung** anpassen müsse, werde ihm der Zugang zu diesem Markt erschwert. Eine Maßnahme gleicher Wirkung liege vor.[78]

Beispiel Mars[79]

Das Landgericht Köln legte dem EuGH eine Vorlagefrage zur Auslegung des Art. 28 EGV[76] vor. Es wollte wissen, ob in dem Verbot einer konkreten Verpackung eine Maßnahme gleicher Wirkung wie eine Einfuhrbeschränkung zu sehen sei. Die Frage stellte sich im Rahmen eines Rechtsstreits zwischen einem Verein zur Bekämpfung des unlauteren Wettbewerbs als Klägerin und der Mars GmbH. Mars hatte in Deutschland die aus Frankreich importierten „Ice Cream Snacks" mit dem Aufdruck „+10 %" vertrieben. Dieser Aufdruck war Bestandteil einer europaweiten Werbekampagne. Die Klägerin verlangte die Unterlassung dieses Aufdrucks, da der Verbraucher über den Preis des 10 % größeren Eisriegels irritiert würde. Zudem sei der Aufdruck optisch so ausgestaltet, als ob der Riegel jetzt deutlich größer sei als vorher.

---

74 Anders *Arndt/Fischer/Fetzer* Europarecht S. 136: Der Wortlaut des Art. 29 EGV (heute Art. 35 AEUV) legt mit seiner Formulierung „alle Maßnahmen" ein extensives Verständnis der Maßnahmen gleicher Wirkung wie Ausfuhrbeschränkungen als generelles Beschränkungsverbot nahe. Nach der Keck-Rechtsprechung müssen daher auch unterschiedslos wirkende Maßnahmen des Ausfuhrstaates, die einen produktbezogenen Charakter haben, unter den Begriff „Maßnahmen gleicher Wirkung wie Ausfuhrbeschränkungen" subsumiert werden. Dazu zählen z.B. Ausfuhrmodalitäten oder ein Abfüllverbot im Inland für Exportwein.

75 *EuGH* Rs. 15/79, Groenveld, Urteil vom 8.11.1979, Rn. 7.

76 Heute Art. 34 AEUV.

77 *Karpenstein* Praxis des EG-Rechts Rn. 165.

78 *EuGH* Rs. C-470/93, Mars, Urteil vom 6.7.1995, Rn. 12 f.

79 *EuGH* Rs. C-470/93, Mars, Urteil vom 6.7.1995, Rn. 13.

Der EuGH hat entschieden, dass das begehrte Verkaufsverbot der Riegel mit dem umstrittenen Aufdruck geeignet sei, den Handel mit dem auch in anderen Mitgliedstaaten rechtmäßig verwendete Produkt zu behindern. Der Importeur würde dazu gezwungen, die Ausstattung seiner Erzeugnisse je nach Ort des Inverkehrbringens unterschiedlich zu gestalten und demzufolge die zusätzlichen Verpackungs- und **Werbungskosten** zu tragen. Das verlangte Verbot sei daher eine Maßnahme gleicher Wirkung wie ein Einfuhrverbot. ■

333 **Verkaufsmodalitäten**, wie z.B. die **Ladenöffnungszeiten**, Verkaufsvorbehalte für Apotheken bzgl. Babynahrung oder Beschränkungen der Fernsehwerbung haben keine Auswirkungen auf das Produkt selbst, die Produktion oder den Marktzugang, wenn sie nicht nach ausländischen und inländischen Produkten unterscheiden.

Verkaufsmodalitäten legen fest, was, wann und wie verkauft werden darf.

JURIQ-Klausurtipp

In einer Klausur muss beim Vorliegen einer Verkaufsmodalität immer geprüft werden, ob diese nicht diskriminierend ausgestaltet ist.

bb) Die Handelsbeschränkungen durch Privatrechtspersonen und nicht-staatliche Einrichtungen

» Wiederholen Sie hierzu die Darstellung in Rn. 302–304 zu Privatpersonen und nicht-staatlichen Einrichtungen als Adressaten der Grundfreiheiten. «

334 Im Bereich der Warenverkehrsfreiheit sind Privatpersonen und nicht-staatliche Einrichtungen nicht als Adressaten anerkannt.

c) Die Rechtfertigungsgründe

aa) Die geschriebenen Rechtfertigungsgründe

335 Das Gesetz sieht abschließend[80] eine Rechtfertigung der Beschränkung der Warenverkehrsfreiheit in Art. 36 AEUV aus folgenden Gründen vor

- zum Schutz der öffentlichen Sittlichkeit, Ordnung und Sicherheit,
- zum Schutz der Gesundheit und des Lebens der Menschen, Tiere oder Pflanzen,
- zum Schutz des nationalen Kulturgutes von künstlerischem, geschichtlichem oder archäologischem Wert oder
- zum Schutz des gewerblichen und kommerziellen Eigentums.

Der EuGH hat die unbestimmten Rechtsbegriffe des Art. 36 AEUV[81] wie folgt definiert:

- Der Schutz der öffentlichen Sittlichkeit.

Unter der **öffentlichen Sittlichkeit** versteht der EuGH[82] den Inbegriff der Moralvorstellungen einer bestimmten Gesellschaft zu einer bestimmten Zeit.

80 *Thiele* Europarecht S. 215.

81 Bis zum Inkrafttreten des Lissabon-Vertrages Art. 30 EGV.

82 *EuGH* Rs. 34/79, Henn und Darby, Urteil vom 14.12.1979, Rn. 17.

- Der Schutz der öffentlichen Ordnung.

Unter der **öffentlichen Ordnung** versteht der EuGH[83] hoheitlich festgelegte Grundregeln, die wesentliche Interessen des Staates berühren.

- Der Schutz der öffentlichen Sicherheit.

Unter der **öffentlichen Sicherheit** versteht der EuGH[84] die grundlegenden Interessen eines Staates, wie die Aufrechterhaltung wesentlicher öffentlicher Dienstleistungen oder das sichere und wirksame Funktionieren des Lebens des Staates.

Soweit ein Rechtsbegriff nicht bereits durch den EuGH gemeinschaftsrechtlich ausgelegt worden ist, können die Mitgliedstaaten die Auslegung unbestimmter Rechtsbegriffe nach eigenem Maßstab vornehmen. Sie haben hierbei die Schranken des Art. 36 S. 2 AEUV zu beachten.

bb) Die Schranken-Schranke

Beschränkungen dürfen gem. Art. 36 S. 2 AEUV weder willkürlich diskriminierend sein noch 336
eine verschleierte innergemeinschaftliche Handelsbeschränkung darstellen.

Hinweis

Beschränkungen von Grundfreiheiten aufgrund der geschriebenen Rechtfertigungsgründe müssen stets verhältnismäßig sein.

Beispiel Reinheitsgebot für Bier[85](2)

Der französische Bierexporteur (F) stellte sein Bier nicht entsprechend dem deutschen Reinheitsgebot her. Die deutschen Behörden versagten daher F den Verkauf seines Getränkes als Bier. F rief den EuGH an, da er durch die deutsche Haltung in seiner Warenverkehrsfreiheit beschränkt werde. Der EuGH teilte diese Ansicht, sodass F sein Getränk als Bier in Deutschland absetzen durfte.

Der EuGH hat eine unzulässige Beschränkung der Warenverkehrsfreiheit angenommen. Die Verpflichtung zur Beachtung des deutschen Reinheitsgebotes wurde von ihm als Maßnahme gleicher Wirkung wie eine mengenmäßige Einfuhrbeschränkung bewertet. Diese Verpflichtung war geeignet, den innergemeinschaftlichen Warenverkehr unmittelbar oder mittelbar, tatsächlich oder potentiell zu behindern. Im Ausland produziertes Bier konnte nicht als Bier in Deutschland verkauft werden.

---

83 *EuGH* Rs. 30/77, Bouchereau, Urteil vom 27.10.1977, Rn. 4.
84 *EuGH* Rs. 72/83, Campus Oil, Urteil vom 10.7.1984, Rn. 7.
85 *EuGH* Rs. 178/84, Deutsches Reinheitsgebot für Bier, Urteil vom 12.3.1987, Rn. 28 ff.

Das Vorliegen von Rechtfertigungsgründen gem. Art. 30 EGV[86] wurde vom EuGH verneint.

Der EuGH hat zwar anerkannt, dass **innergemeinschaftliche Handelshemmnisse** hingenommen werden müssten, um zwingenden Erfordernissen gerecht zu werden. Zum Schutz des deutschen Verbrauchers sei es aber nicht erforderlich, dass alle als Bier bezeichneten Getränke nach dem deutschen Reinheitsgebot herzustellen seien. ■

cc) Die ungeschriebenen Rechtfertigungsgründe

» Lesen Sie zu den ungeschriebenen Rechtfertigungsgründen noch einmal die Erläuterungen in Rn. 318–321. «

337 Ungeschriebene Rechtfertigungsgründe können nur subsidiär nach Verneinen des Vorliegens von geschriebenen Rechtfertigungsgründen die Beschränkung der Warenverkehrsfreiheit rechtfertigen. Der EuGH hat in der Cassis de Dijon-Entscheidung die zwingenden ungeschriebenen Erfordernisse für eine gerechtfertigte Beschränkung der Warenverkehrsfreiheit entwickelt.

Hinweis

Denken Sie daran, dass eine Beschränkung der Warenverkehrsfreiheit auch durch einen ungeschriebenen Rechtsfertigungsgrund gerechtfertigt sein kann. Eine derartige Beschränkung muss stets den Verhältnismäßigkeitsgrundsatz beachten.

3. Die Umformung staatlicher Handelsmonopole

338 Gem. Art. 37 Abs. 1 AEUV formen die Mitgliedstaaten ihre staatlichen Handelsmonopole[87] derart um, dass jede Diskriminierung in den Versorgungs- und Absatzbedingungen zwischen den Angehörigen der Mitgliedstaaten ausgeschlossen ist. Erfasst werden von dieser Regelung alle Einrichtungen, durch die ein Mitgliedstaat unmittelbar oder mittelbar die Ein- oder Ausfuhr zwischen den Mitgliedstaaten rechtlich oder tatsächlich kontrolliert, lenkt oder merklich beeinflusst. Dieses gilt auch für vom Staat auf andere Rechtsträger übertragene Monopole. Staatliche Handelsmonopole oder vom Staat auf andere Rechtsträger übertragene Monopole sind also nicht verboten, sie dürfen nur nicht den innergemeinschaftlichen Handel beeinträchtigen.

4. Die Landwirtschaft und die Fischerei gem. Art. 38 bis 44 AEUV

339 Gem. Art. 38 Abs. 2 AEUV umfasst der Binnenmarkt auch die Landwirtschaft, die Fischerei und den Handel mit landwirtschaftlichen Erzeugnissen.

Landwirtschaftliche Erzeugnisse sind gem. Art. 38 Abs. 2 S. 2 AEUV die Erzeugnisse des Bodens, der Viehzucht und der Fischerei sowie die mit diesen in unmittelbarem Zusammenhang stehenden Erzeugnisse der ersten Verarbeitungsstufe.

86 Heute Art. 36 AEUV.

87 Z.B. das deutsche Branntweinmonopol.

Soweit das Gesetz sich auf die gemeinsame Agrarpolitik oder auf die Landwirtschaft bezieht, beinhaltet dies gem. Art. 38 Abs. 2 S. 3 AEUV auch stets einen Bezug auf die Fischerei. Die Vorschriften für die Errichtung oder das Funktionieren des Binnenmarktes finden auf die Landwirtschaft gem. Art. 38 Abs. 2 AEUV Anwendung, soweit in den Art. 39 bis 44 AEUV nicht etwas anderes bestimmt ist. Anhang 1 zum AEUV führt die Erzeugnisse auf, für die die Sonderregelungen der Art. 39 ff. AEUV gelten. Mit der gemeinsamen Agrarpolitik soll die Produktivität der Landwirtschaft durch die Förderung des technischen Fortschritts, der Rationalisierung der landwirtschaftlichen Erzeugung und den bestmöglichen Einsatz der Produktionsfaktoren gesteigert werden. Das Pro-Kopf-Einkommen der in der Landwirtschaft tätigen Personen soll gesteigert, die Märkte stabilisiert und die Versorgung sichergestellt werden. Um diese Ziele zu erreichen, ist gem. Art. 40 Abs. 1 AEUV eine gemeinsame Organisation der Agrarmärkte geschaffen worden. Diese gemeinsame Organisation sieht für die verschiedenen Erzeugnisse drei mögliche Organisationsformen vor.

Hinweis

Mögliche Organisationsformen nach Art. 40 Abs. 1 Unterabs. 2 AEUV sind
- Gemeinsame Wettbewerbsregeln
- Koordinierung der mitgliedstaatlichen Marktordnungen
- Schaffung einer Europäischen Marktordnung

Tatsächlich wird die gemeinsame Landwirtschaft und die Fischerei überwiegend über Instrumente der Europäischen Marktordnung geordnet.[88] Hierzu gehören Beihilfen, direkte Subventionen und Strukturhilfen. Hierbei werden Richt- und Interventionspreise zugrunde gelegt, die i.d.R. über den Weltmarktpreisen liegen. Staatliche Interventionsstellen müssen zu dem festgelegten Interventionspreis die Erzeugnisse kaufen. Dies führt zu Überproduktionen, die die Union mit Exportsubventionen abzubauen versucht. Die Union hat unter dem Eindruck der von staatlichen Interventionsstellen aufgekauften Butterbergen, Milchseen etc. mit der Agenda 2000 reagiert. Eine Reform der Landwirtschaftsordnung wurde mit der Verordnung des Rates 1782/2003/EG vom 29.9.2003 begonnen.

Hinweis

Hier wird deutlich, dass in der Landwirtschaftspolitik die Freiheit des Warenverkehrs bzgl. Ein- und Ausfuhr von Agrarprodukten bezogen auf den Wettbewerb innerhalb der Union ausgesetzt wird.

II. Die Personenverkehrsfreiheit

Zur **Personenverkehrsfreiheit** gehören gem. Art. 45 bis Art. 55 AEUV 340

- die **Arbeitnehmerfreizügigkeit** als Personenverkehrsfreiheit der Unselbständigen gem. Art. 45 bis Art. 48 AEUV und
- die **Niederlassungsfreiheit** als Personenverkehrsfreiheit der Selbständigen gem. Art. 49 bis 55 AEUV.

88 *Streinz* Europarecht Rn. 1150 ff.

1. Die Arbeitnehmerfreizügigkeit

341 **Die Arbeitnehmerfreizügigkeit**

PRÜFUNGSSCHEMA

I. Schutzbereich
1. Persönlicher Schutzbereich
   a) gemeinschaftsrechtlicher Begriff des Arbeitnehmers
   b) Berechtigung aufgrund völkerrechtlicher Vereinbarungen
   c) Übergangsregelungen für die Unionsbürger aus den osteuropäischen Mitgliedstaaten: Beschränkung der Arbeitnehmerfreizügigkeit
   d) Einreise- und Aufenthaltsrechte der Familienangehörigen des Arbeitnehmers
   e) Berechtigung von Arbeitgebern durch die Arbeitnehmerfreizügigkeit: ja
      Arbeitnehmerfreizügigkeit Rn. 343
   f) Berechtigung von juristischen Personen durch die Arbeitnehmerfreizügigkeit: ja
      Arbeitnehmerfreizügigkeit Rn. 343
2. Sachlicher Schutzbereich gem. Art. 45 Abs. 3 AEUV
   a) sekundärrechtliche Konkretisierungen gem. Art. 46 AEUV: gegenseitige Anerkennung von Berufsabschlüssen und Hochschuldiplomen
   b) sozialrechtliche Konsequenzen gem. Art. 48 AEUV
3. Räumlicher Schutzbereich: grenzüberschreitendes Element
   Rückkehrfälle Rn. 307
4. Vorliegen einer Bereichsausnahme für die Beschäftigung in der öffentlichen Verwaltung gem. Art. 45 Abs. 4 AEUV

II. Eingriff in den Schutzbereich
1. Schutz vor staatlichen Beschränkungen gem. Art. 45 Abs. 2 AEUV
   a) Arbeitnehmerfreizügigkeit als Gleichbehandlungsgebot
   b) Arbeitnehmerfreizügigkeit als Beschränkungsverbot
      Einschränkung des Beschränkungsverbotes nach der Keck-Rechtsprechung:
         Kein Eingriff bei nicht diskriminierenden Beschäftigungsausübungsregelungen
         Schutz bzgl. kollektiver Regelungen Rn. 303
2. Schutz vor Beschränkungen durch Privatpersonen und nicht-staatliche Einrichtungen gem. Art. 45 Abs. 2 AEUV: ja
   Privatpersonen als Arbeitgeber Rn. 352

III. Rechtfertigungsgründe
1. Geschriebene Rechtfertigungsgründe des Art. 45 Abs. 3 1. Hs. AEUV
   Schranken-Schranke. Verhältnismäßigkeitsprinzip
2. Ungeschriebene Rechtfertigungsgründe
   a) Subsidiarität zu den geschriebenen Rechtfertigungsgründen
   b) zwingendes Erfordernis
   c) diskriminierungsfreie Beschränkung
      Keine Rechtfertigung diskriminierender Beschränkungen Rn. 321
   d) Gebot der Verhältnismäßigkeit

Alle Bestimmungen sind in den Mitgliedstaaten abzuschaffen, die einen Unionsbürger daran hindern sein Herkunftsland zu verlassen, um in einem anderen Mitgliedstaat zu arbeiten.

a) Der persönliche Schutzbereich

Der **Begriff des Arbeitnehmers** ist in den Verträgen selbst nicht definiert. Der EuGH[89] definiert den Begriff wie folgt: 342

> Ein Unionsbürger ist **Arbeitnehmer**, wenn er weisungsgebunden für einen anderen gegen Entgelt für eine bestimmte Zeit Leistungen erbringt. Daher gehören Unionsbürger in Berufsausbildung ebenfalls zu den Arbeitnehmern. Gem. Art. 45 Abs. 3a AEUV fallen auch Unionsbürger auf Arbeitssuche unter den unionsrechtlichen Begriff des Arbeitnehmers.

Auch Staatsangehörige aus Drittstaaten können sich u.U. auf die Arbeitnehmerfreizügigkeit berufen.[90]

Für Unionsbürger aus den osteuropäischen Mitgliedstaaten gibt es Übergangsregelungen.[91]

Familienangehörigen eines Unionsbürgers, die selbst nicht die Unionsbürgerschaft besitzen, werden durch die Arbeitnehmerfreizügigkeit ihres Familienangehörigen mit Unionsbürgerschaft eigene Einreise- und Aufenthaltsrechte vermittelt.[92]

Auch Arbeitgeber sollen sich auf die Arbeitnehmerfreizügigkeit berufen können. Der EuGH 343
hat hierzu in einem Urteil[93] am 7.5.1998 entschieden, dass sich zum einen aus Art. 48 EWG[94] nicht ergebe, dass sich nur Arbeitnehmer auf die Arbeitnehmerfreizügigkeit berufen könnten. Zum anderen könne sich der Anspruch des Arbeitnehmers auf diskriminierungsfreie Beschäftigung nur dann voll entfalten, wenn die Arbeitgeber ein entsprechendes Recht darauf hätten, Arbeitnehmer nach Maßgabe der Bestimmungen über die Arbeitnehmerfreizügigkeit einstellen zu können.

Beispiel Clean Car Autoservice[95]

Die österreichische Clean Car Autoservice GmbH hatte für ihr österreichisches Unternehmen einen Deutschen ohne Wohnsitz in Österreich bestellt. Die zuständigen österreichischen Stellen versagten die notwendige Gewerbeeintragung, da der Geschäftsführer einen Wohnsitz in Österreich haben müsse.

Der EuGH, der schließlich von dem streitentscheidenden österreichischen Gericht angerufen wurde, entschied, dass sich auch ein Arbeitgeber auf die Arbeitnehmerfreizügigkeit berufen könne. Ein Arbeitnehmer würde zudem in seiner Arbeitnehmerfreizügigkeit beeinträchtigt, wenn von ihm trotz eines Wohnsitzes in der EU auch noch als Voraussetzung für eine eintragungsfähige Gewerbetätigkeit als Geschäftsführer einer österreichischen Firma ein österreichischer Wohnsitz verlangt würde. ■

89 *EuGH* Slg. 1998, I-2691.
90 Lesen Sie hierzu die Darstellung in Rn. 294–298.
91 Diese Übergangsregelungen wurden bereits in Rn. 293 dargestellt.
92 Hierzu finden Sie in diesem 8. Teil in Rn. 298 Ausführungen zur Berechtigung von Familienangehörigen von Unionsbürgern.
93 *EuGH* Rs. C-350/96, Clean Car Autoservice; *Karpenstein* Praxis des EG-Rechts Rn. 187.
94 Heute Art. 45 AEUV.
95 *EuGH* Rs. C-350/96, Clean Car Autoservice, Rn. 3 Leitsätze 3 und 4.

» Wiederholen Sie an dieser Stelle in Rn. 299–300 die Berechtigung von juristischen Personen. «

In dem zuvor zitierten Urteil hatte der EuGH zugelassen, dass sich eine österreichische GmbH auf die Arbeitnehmerfreizügigkeit als Arbeitgeber berief, obwohl in den Art. 45 ff. AEUV keine Regelungen vorhanden sind, dass auch juristische Personen Berechtigte der Arbeitnehmerfreizügigkeit sein können.

b) Der sachliche Schutzbereich

344 Der sachliche Schutzbereich wird in Art. 45 Abs. 3a–d AEUV benannt.

Zur **Arbeitnehmerfreizügigkeit** gehört demnach das Recht,
- sich um tatsächlich angebotene Stellen zu bewerben,
- sich zu diesem Zweck im Hoheitsgebiet der Mitgliedstaaten frei zu bewegen,
- sich in einem Mitgliedstaat aufzuhalten, um dort nach den für die Arbeitnehmer dieses Staates geltenden Rechts- und Verwaltungsvorschriften eine Beschäftigung auszuüben und
- nach Beendigung einer Beschäftigung im Hoheitsgebiet eines Mitgliedstaates unter Bedingungen zu bleiben, welche die Kommission in Durchführungsverordnungen festlegt.

Beispiel Zweitniederlassung von Ärzten II[96]

Der EuGH hatte sich damit zu beschäftigen, dass das Großherzogtum Luxemburg Ärzte, Zahnärzte und Tierärzte daran hinderte, sich unter Beibehaltung ihrer Praxen oder Arbeitsstellen in anderen Mitgliedstaaten in Luxemburg niederzulassen oder dort eine Tätigkeit im Lohn- oder Gehaltsverhältnis auszuüben. Er hat eine Verletzung der Arbeitnehmerfreizügigkeit festgestellt, da Unionsbürger daran gehindert wurden, ihren Beruf in Luxemburg auszuüben. ■

aa) Die sekundärrechtlichen Konkretisierungen

» Wiederholen Sie an dieser Stelle die Ausführungen zur Freizügigkeit des Unionsbürgers in Rn. 22–27. «

345 Die Konkretisierung des in Art. 45 Abs. 3a–d AEUV umrissenen Schutzbereiches[97] erfolgt gem. Art. 46 AEUV im ordentlichen Gesetzgebungsverfahren gemeinsam durch das Europäische Parlament und den Rat nach Anhörung des Wirtschafts- und Sozialausschusses durch Richtlinien oder Verordnungen. Die Verordnung (EWG) Nr. 1612/68[98] über die Freizügigkeit der Arbeitnehmer innerhalb der Gemeinschaft wurde vom Rat am 15.10.1968 erlassen und durch die Richtlinie 2004/38/EG[99] des Europäischen Parlamentes und des Rates vom 29.4.2004 ergänzt. In diesen sekundärrechtlichen Normen wird der diskriminierungsfreie Zugang zur Beschäftigung und ihre Ausübung sowie die Rechtstellung der Familienangehörigen detailliert geregelt.

346 Die gegenseitige **Anerkennung von Berufsabschlüssen** ist eine wesentliche Voraussetzung für den diskriminierungsfreien Zugang zum Arbeitsmarkt eines anderen Mitgliedstaates. Durch die **Berufsanerkennungsrichtlinie** vom 7.9.2005[100] wurden die zu einigen Berufsgruppen wie den Rechtsanwälten, Ärzten und Architekten bereits vorhandenen Spezialregelungen abgelöst. Die Richtlinie gibt Personen, die ihre **Berufsqualifikation** in einem Mitglied-

96 *EuGH* Rs. C-351/90, Zweitniederlassung von Ärzten II, Urteil vom 16.6.1992, Tenor.
97 Nachzulesen bei *Arndt/Fischer/Fetzer* Europarecht S. 140–143.
98 ABl. Nr. L 257 vom 19.10.1968, 0002-0012.
99 ABl. Nr. L 158/77.
100 RL 2005/36/EG des Europäischen Parlamentes und des Rates vom 7.9.2005, ABl. L 255/22, umzusetzen gem. Art. 63, Abs. 1 bis zum 20.10.2007.

staat erworben haben, Garantien hinsichtlich des Zugangs zu demselben Beruf und seiner Ausübung in einem anderen Mitgliedstaat unter denselben Voraussetzungen wie den Inländern. Sie schließt jedoch nicht aus, dass der Migrant diskriminierungsfreie Ausübungsvoraussetzungen, die dieser Mitgliedstaat vorschreibt, erfüllen muss, soweit diese objektiv gerechtfertigt und verhältnismäßig sind.

Die Richtlinien über die **Anerkennung von Hochschuldiplomen**[101] und zur **Anerkennung beruflicher Befähigungsnachweise** unterhalb des Hochschulabschlusses[102] führen zu einer Gleichbehandlung mit den Angehörigen des Aufnahmestaates bezüglich des Zugangs zu einem **reglementierten Beruf**. Von einem reglementierten Beruf ist auszugehen, wenn im Aufnahmestaat Rechts- oder Verwaltungsvorschriften die Aufnahme oder die Ausübung dieses Berufes regeln, nach denen diese berufliche Tätigkeit ausdrücklich Personen vorbehalten wird, die bestimmte Voraussetzungen erfüllen z.B. im Besitz eines Ausbildungs- oder Befähigungsnachweises sind. Als Art der Ausübung der reglementierten beruflichen Tätigkeit gilt insbesondere die Ausübung einer beruflichen Tätigkeit in Verbindung mit der Führung eines Titels, der nur von Personen geführt werden darf, die einen Ausbildungs- oder Befähigungsnachweis besitzen, der in einschlägigen Rechts- und Verwaltungsvorschriften festgelegt ist. **347**

bb) Die sozialrechtlichen Konsequenzen

Gem. Art. 48 AEUV beschließen das Europäische Parlament und der Rat im ordentlichen Gesetzgebungsverfahren die auf dem Gebiet der sozialen Sicherheit für die Herstellung der Freizügigkeit der Arbeitnehmer notwendigen Maßnahmen. Parlament und Rat führen hierfür ein System ein, das zu- und abwandernden Arbeitnehmern und Selbständigen und deren anspruchsberechtigten Angehörigen folgendes sichert: **348**

- Die Zusammenrechnung aller nach den verschiedenen innerstaatlichen Rechtsvorschriften berücksichtigten Zeiten für den Erwerb und die Aufrechterhaltung des Leistungsanspruchs sowie für die Berechnung der Leistungen und
- die Zahlung der Leistungen an Personen, die in den Hoheitsgebieten der Mitgliedstaaten wohnen.

Das Europäische Parlament hat zusammen mit dem Rat am 29.4.2004 die Verordnung[103] zur **Koordinierung der Systeme der sozialen Sicherheit** beschlossen. Durch diese Verordnung wurde die Verordnung zur **Angleichung der Sozialversicherungssysteme** abgelöst. Ziel der Verordnung zur Systemkoordinierung von 2004 ist insbesondere, dass die Arbeitnehmerfreizügigkeit nicht durch die Gefahr des Verlustes erworbener **Sozialversicherungsansprüche** eingeschränkt wird.

c) Der räumliche Schutzbereich

Der räumliche Schutzbereich ist betroffen, wenn das grenzüberschreitende Element vorliegt. **349**
Auf interne Maßnahmen eines Mitgliedstaates ohne Bezug zu einem anderen Mitgliedstaat ist die Arbeitnehmerfreizügigkeit nicht anwendbar.[104]

101 RL 89/48/EWG des Rates vom 21.12.1988 über eine allgemeine Regelung zur Anerkennung der Hochschuldiplome, die eine mindestens dreijährige Berufsausbildung abschließen, ABl. Nr. L 019 vom 24.1.1989.

102 RL 92/51/EWG des Rates vom 18.6.1992 über eine zweite allgemeine Regelung zur Anerkennung beruflicher Befähigungsnachweise in Ergänzung zur RL 89/48/EWG, ABl. Nr. L 209 vom 24.7.1992.

103 VO (EG) Nr. 883/2004.

104 Das grenzüberschreitende Element wird in Rn. 306 erklärt.

d) Die Bereichsausnahme für die Beschäftigung in der öffentlichen Verwaltung

350 Gem. Art. 45 Abs. 4 AEUV gilt die Arbeitnehmerfreizügigkeit nicht für die Beschäftigung in der öffentlichen Verwaltung, da in diesem Bereich eine besondere **Nähe zum Staat** vorausgesetzt wird. Nur die eigenen Staatsangehörigen sollen daher die Aufgaben wahrnehmen können. Was unter der Beschäftigung in der öffentlichen Verwaltung zu verstehen ist, wurde vom EuGH[105] unionsrechtlich ausgelegt.

Hinweis

Nur **Beschäftigungsverhältnisse in der öffentlichen Verwaltung**, die ein Verhältnis besonderer Verbundenheit des jeweiligen Stelleninhabers zum Staat voraussetzen und unmittelbar an das durch die Staatsangehörigkeit zwischen Bund und Bürger geflochtene Band anknüpfen, fallen unter Art. 45 Abs. 4 AEUV und stellen somit die Bereichsausnahme dar.

Beispiel Lawrie-Blum[106]

Die in Deutschland verheiratete britische Staatsangehörige Lawrie-Blum studierte in Freiburg und legte 1979 die erste Staatsprüfung für das Lehramt ab. Sie beabsichtigte nach der zweiten Staatsprüfung an einer Privatschule zu unterrichten. Ihr Antrag auf Zulassung zur **Referendarzeit** wurde von der zuständigen Behörde jedoch abgelehnt, da sie nicht die deutsche Staatsangehörigkeit habe. Lawrie-Blum erhob Verpflichtungsklage beim Verwaltungsgericht Freiburg auf Zulassung zum **Vorbereitungsdienst**. Das Gericht lehnte die Klage mit Berufung auf Art. 48 Abs. 4 EWG[107] ab. Der VGH Baden-Württemberg lehnte die Berufung ab, da das **öffentliche Schulwesen** kein Teil des Wirtschaftslebens sei. Die Klägerin legte Revision beim BVerwG ein. Dieses legte dem EuGH die Frage vor, ob die Arbeitnehmerfreizügigkeit dem Staatsangehörigen eines Mitgliedstaates das Recht verleihe, in einem anderen Mitgliedstaat unter gleichen Bedingungen wie ein Inländer zum staatlichen Vorbereitungsdienst zugelassen zu werden, auch wenn dieser Vorbereitungsdienst nach nationalem Recht im **Beamtenverhältnis** abzuleisten und mit der selbständigen Erteilung von Unterricht verbunden ist.

Der EuGH hat das Vorliegen der Arbeitnehmereigenschaft der Klägerin bejaht.[108] Es sei unerheblich, in welchem Bereich die entgeltliche Tätigkeit ausgeübt werde. Die Bereichsausnahme liege nicht vor, da der Zugang zu einer Stelle nicht deshalb eingeschränkt werden könne, weil in einem bestimmten Mitgliedstaat, die erfolgreichen Stellenbewerber in das Beamtenverhältnis berufen würden. Würde man die Anwendung der Bereichsausnahme von der Rechtsnatur des Verhältnisses zwischen dem Arbeitnehmer und der Verwaltung abhängig machen, so gäbe man damit den Mitgliedstaaten die Möglichkeit, nach Belieben die Stellen zu bestimmen, die unter die Bereichsausnahme fallen. Auch sei für die Referendarzeit an Schulen keine besondere Verbundenheit zum Staat erforderlich.[109] ■

105 *EuGH* Slg. 1980, 3881.
106 *EuGH* Rs. 66/85, Lawrie-Blum, Urteil vom 3.7.1986.
107 Heute Art. 45 AEUV.
108 *EuGH* Rs. 66/85, Lawrie-Blum, Urteil vom 3.7.1986, Rn. 18 f.
109 *EuGH* Rs. 66/85, Lawrie-Blum, Urteil vom 3.7.1986, Rn. 26 f.

Eine Berufung auf eine Bereichsausnahme ist nur für Tätigkeiten in der Justiz, Polizei, beim Militär, Steuerverwaltung und in anderen Verwaltungsbereichen in bestimmten Leitungspositionen möglich.[110]

e) Der Eingriff in den Schutzbereich

351 Die Arbeitnehmerfreizügigkeit umfasst nach dem Wortlaut des Art. 45 Abs. 2 AEUV die Abschaffung jeder auf der Staatsangehörigkeit beruhenden unterschiedlichen Behandlung der Arbeitnehmer der Mitgliedstaaten in Bezug auf die Beschäftigung, die Entlohnung und sonstigen Arbeitsbedingungen.

» Wiederholen Sie an dieser Stelle die Darstellung der Entwicklung der EuGH-Rechtsprechung zum Charakter der Grundfreiheiten als Diskriminierungsverbot hin zum Beschränkungsverbot in Rn. 308–312. «

Der EuGH hat die Grundfreiheiten zu Beschränkungsverboten weiterentwickelt.

> **Hinweis**
>
> Beachten Sie die Charakterisierung der Arbeitnehmerfreizügigkeit durch den EuGH nicht mehr nur als Diskriminierungsverbot, sondern als Beschränkungsverbot.

Zur Arbeitnehmerfreiheit formuliert der EuGH folgendes Beschränkungsverbot:

Staatliche Bestimmungen, die einen Staatsangehörigen eines Mitgliedstaates daran hindern oder abhalten, sein Herkunftsland zu verlassen, um von seinem Recht auf Freizügigkeit Gebrauch zu machen, stellen Beeinträchtigungen dieser Freiheit dar, auch wenn sie unabhängig von der Staatsangehörigkeit der betroffenen Arbeitnehmer Anwendung finden.[111]

352 In dem Keck-Urteil hatte der EuGH das weite Beschränkungsverbot zur Warenverkehrsfreiheit auf produktbezogene nationale Regelungen beschränkt, sodass die unterschiedslos geltenden Verkaufsmodalitäten nicht mehr den Schutzbereich der Warenverkehrsfreiheit berühren. Diese Rechtsprechung gilt entsprechend im Bereich der Arbeitnehmerfreizügigkeit für Beschäftigungsausübungsregelungen wie z.B. den **Arbeitszeitregelungen**, die nicht nach der Staatsangehörigkeit des Arbeitnehmers differenzieren.[112]

» Wiederholen Sie an dieser Stelle in Rn. 302–303 die Darstellung zu Privatpersonen und nicht-staatlichen Einrichtungen als Adressaten im Bereich der Arbeitnehmer- und Dienstleistungsfreiheit. «

Die Arbeitnehmerfreizügigkeit ist bei allen **kollektiven Regelungen** zur unselbständigen Arbeit zu beachten.

Obwohl grundsätzlich alle Grundfreiheiten dem Einzelnen Schutz vor staatlichen Beschränkungen verleihen sollen, müssen sich aber auch Privatpersonen, die als Arbeitgeber auftreten, an das Diskriminierungsverbot halten. Allerdings sieht Art. 45 AEUV keine Verpflichtung von juristischen Personen des Privatrechts zur Beachtung der Arbeitnehmerfreizügigkeit vor.

110 *Streinz* Europarecht Rn. 836, 905.

111 *EuGH* Rs. C-415/93, Bosman, Urteil vom 15.12.1995, Rn. 96.

112 *Thiele* Europarecht S. 226; die Einschränkung der Interpretation der Grundfreiheiten als Beschränkungsverbot wird in Rn. 311 dargestellt.

f) Die Rechtfertigungsgründe

aa) Die geschriebenen Rechtfertigungsgründe

353 Das Gesetz sieht abschließend[113] eine Rechtfertigung der Beschränkung der Arbeitnehmerfreizügigkeit in Art. 45 Abs. 3 Hs. 1 AEUV aus folgenden Gründen vor:

- Zum Schutz der öffentlichen Ordnung,
- zum Schutz der öffentlichen Sicherheit und
- zum Schutz der öffentlichen Gesundheit.

Diese geschriebenen Rechtfertigungsgründe enthalten unbestimmte Rechtsbegriffe, die eng und gemeinschaftsrechtlich auszulegen sind.[113] Konkretisiert werden diese Begriffe im VI. Kapitel der RL 2004/38[114] vom 29.4.2004. Hier sind Beschränkungen des Einreise- und Aufenthaltsrechts aus Gründen der öffentlichen Ordnung, Sicherheit oder Gesundheit geregelt. Ausdrücklich heißt es in Art. 27 Abs. 1 S. 2 der RL, dass diese Rechtfertigungsgründe nicht zu wirtschaftlichen Zwecken geltend gemacht werden dürfen.

Der Schutz der ***öffentlichen Ordnung und Sicherheit*** *gem. Art. 27 Abs. 2 RL 2004/38*

Bei Maßnahmen aus Gründen der öffentlichen Ordnung oder Sicherheit ist der Grundsatz der Verhältnismäßigkeit zu wahren und darf ausschließlich das persönliche Verhalten des Betroffenen ausschlaggebend sein. Strafrechtliche Verurteilungen allein können ohne weiteres diese Maßnahmen nicht begründen.

Das persönliche Verhalten muss eine tatsächliche, gegenwärtige und erhebliche Gefahr darstellen, die ein Grundinteresse der Gesellschaft berührt. Vom Einzelfall losgelöste oder auf Generalprävention verweisende Begründungen sind nicht zulässig.

Der Schutz der ***öffentlichen Gesundheit*** *gem. Art. 29 RL 2004/38*

Abs. 1 *Als Krankheiten, die eine die Freizügigkeit beschränkende Maßnahme rechtfertigen, gelten ausschließlich die Krankheiten mit epidemischem Potenzial im Sinne der einschlägigen Rechtsinstrumente der Weltgesundheitsorganisation und sonstige übertragbare, durch Infektionserreger oder Parasiten verursachte Krankheiten, sofern gegen diese Krankheiten Maßnahmen zum Schutz der Staatsangehörigen des Aufnahmemitgliedstaats getroffen werden.*

Abs. 2 *Krankheiten, die nach Ablauf einer Frist von drei Monaten ab dem Zeitpunkt der Einreise auftreten, stellen keinen Ausweisungsgrund dar.*

Abs. 3 *Wenn ernsthafte Anhaltspunkte dies rechtfertigen, können die Mitgliedstaaten für die Personen, die zum Aufenthalt berechtigt sind, binnen drei Monaten nach der Einreise eine kostenlose ärztliche Untersuchung anordnen, um feststellen zu lassen, dass sie nicht an einer Krankheit im Sinne von Absatz 1 leiden. Diese ärztlichen Untersuchungen dürfen nicht systematisch angeordnet werden.*

Bei der Beschränkung der Grundfreiheiten durch die jeweils geschriebenen Rechtfertigungsgründe ist das Verhältnismäßigkeitsprinzip zu beachten (Schranken-Schranke).

Hinweis

Beschränkungen von Grundfreiheiten aufgrund der geschriebenen Rechtfertigungsgründe müssen stets verhältnismäßig sein.

---

113 *Thiele* Europarecht S. 231.

114 ABl. EU L 158/77.

bb) Die ungeschriebenen Rechtfertigungsgründe

354 Ungeschriebene Rechtfertigungsgründe können nur subsidiär nach Verneinen des Vorliegens von geschriebenen Rechtfertigungsgründen die Beschränkung der Arbeitnehmerfreizügigkeit rechtfertigen. Der EuGH hat in der Cassis de Dijon-Entscheidung die zwingenden ungeschriebenen Erfordernisse für eine gerechtfertigte Beschränkung der Warenverkehrsfreiheit entwickelt und überträgt diese Rechtsprechung auf die Beschränkung aller übrigen Grundfreiheiten.

» Lesen Sie zu den ungeschriebenen Rechtfertigungsgründen noch einmal die Erläuterungen in Rn. 318–321. «

Hinweis

Denken Sie daran, dass eine Beschränkung der Arbeitnehmerfreizügigkeit auch durch einen ungeschriebenen Rechtsfertigungsgrund gerechtfertigt sein kann. Eine derartige Beschränkung muss stets den Verhältnismäßigkeitsgrundsatz beachten.

2. Die Niederlassungsfreiheit

PRÜFUNGSSCHEMA

355 **Die Niederlassungsfreiheit**

I. Schutzbereich

1. Persönlicher Schutzbereich
   a) Berechtigung des Unionsbürgers
   b) Berechtigung aufgrund völkerrechtlicher Vereinbarungen
   c) Einreise- und Aufenthaltsrechte der Familienangehörigen des selbständig erwerbstätigen Unionsbürgers
   d) Berechtigung von juristischen Personen gem. Art. 54 Abs. 1 AEUV
      Gründungs- und Sitztheorie Rn. 357 358
      Gründungstheorie: Rechts- und Parteifähigkeit einer Gesellschaft nach dem Recht am Gründungsort
      Sitztheorie: Rechts- und Parteifähigkeit einer Gesellschaft nach dem Recht am Ort des tatsächlichen Verwaltungssitzes
2. Sachlicher Schutzbereich
   a) selbständige Erwerbstätigkeit
      Abgrenzung der Niederlassungs- zur Dienstleistungsfreiheit: Subsidiarität der Dienstleistungsfreiheit gem. Art. 57 Abs. 3 AEUV. Rn. 362
   b) Gründung und Leitung von Unternehmen
   c) sekundärrechtliche Konkretisierungen gem. Art. 50 und Art. 53 AEUV
3. Räumlicher Schutzbereich: grenzüberschreitendes Element
   Die Rückkehrfälle Rn. 306 307
4. Vorliegen einer Bereichsausnahme für die Ausübung öffentlicher Gewalt gem. Art. 51 AEUV

II. Eingriff in den Schutzbereich

1. Schutz vor staatlichen Beschränkungen
   a) Niederlassungsfreiheit als Gleichbehandlungsgebot
   b) Niederlassungsfreiheit als Beschränkungsverbot
   c) Einschränkung des Beschränkungsverbotes nach der Keck-Rechtsprechung: kein Eingriff bei diskriminierungsfreier Berufsausübungsregelung
2. Schutz vor Beschränkungen durch Privatpersonen und nicht-staatliche Einrichtungen: ja
   Erlass kollektiver Regelungen durch Private Rn. 368

III. Rechtfertigungsgründe

1. Geschriebene Rechtfertigungsgründe des Art. 52 Abs. 1 AEUV
   Schranken-Schranke: Verhältnismäßigkeitsprinzip
2. Ungeschriebene Rechtfertigungsgründe
   a) Subsidiarität zu den geschriebenen Rechtfertigungsgründen
   b) zwingendes Erfordernis
   c) diskriminierungsfreie Beschränkung
      Keine Rechtfertigung diskriminierender Beschränkungen Rn. 321
   d) Gebot der Verhältnismäßigkeit

Alle Bestimmungen sind in den Mitgliedstaaten abzuschaffen, die einen Unionsbürger daran hindern, sein Herkunftsland zu verlassen, um sich in einem anderen Mitgliedstaat als selbständig Tätiger niederzulassen.

a) Der persönliche Schutzbereich

Jeder Unionsbürger kann sich innerhalb des Unionsgebietes auf die Niederlassungsfreiheit 356
berufen, wenn er eine Tätigkeit in einem anderen Mitgliedstaat auf Dauer ausüben möchte, die zum sachlichen Schutzbereich der Niederlassungsfreiheit gehört.

Hinweis

Bezüglich der Niederlassungsfreiheit gibt es keine Übergangsregelungen zu Lasten der osteuropäischen Unionsbürger.

Auch Staatsangehörige aus Drittstaaten können sich u.U. auf die Niederlassungsfreiheit berufen.[115]

Aus der Niederlassungsfreiheit des Unionsbürgers können sich für seine Familienangehörigen, die nicht Unionsbürger sind, Einreise- und Aufenthaltsrechte ergeben.[116]

Juristische Personen können sich wie natürliche Personen gem. Art. 54 Abs. 1 AEUV auf die 357
Niederlassungsfreiheit berufen. Die nach den Rechtsvorschriften eines Mitgliedstaates gegründeten Gesellschaften, die ihren **satzungsmäßigen Sitz**, ihre **Hauptverwaltung** oder **Hauptniederlassung** innerhalb der Union haben, stehen den Unionsbürgern gleich. Gem. Art. 54 Abs. 2 AEUV gehören zu diesen Gesellschaften die Gesellschaften des bürgerlichen Rechts und des Handelsrechts einschließlich der Genossenschaften und die sonstigen juristischen Personen des öffentlichen und privaten Rechts mit Ausnahme derjenigen, die keinen Erwerbszweck verfolgen.

Viele Probleme ergeben sich aus den unterschiedlichen gesellschaftsrechtlichen Regelungen in den Mitgliedstaaten insbesondere zur **Rechtsfähigkeit von Gesellschafen**. Nur **rechtsfähige Gesellschaften** können sich auf die Niederlassungsfreiheit berufen. Diese Probleme treten nicht bei den nach Unionsrecht gegründeten Gesellschaften ein.

Hinweis

Zur Vereinheitlichung des Gesellschaftsrechts gibt es unionsrechtlich normierte Gesellschaftsformen:

- Die **Europäische Wirtschaftliche Interessenvereinigung (EWIV)**,[117]
- die **Europäische AG** (Societas Europaea, SE)[118] und
- im Entwurfsstadium die Europäische Privatgesellschaft **(Societas Privata Europaea, SPE)**.[119]

Die Rechtsfähigkeit der Gesellschaft am Ort der geplanten Niederlassung ist davon abhängig, 358
ob die Gründungs- oder die Sitztheorie in diesem Zielstaat anerkannt ist.

---

115 Ausführungen hierzu in Rn. 294–297.

116 Hierzu finden Sie in Rn. 298 Ausführungen zur Berechtigung von Familienangehörigen von Unionsbürgern.

117 Die EWIV soll die grenzüberschreitende Zusammenarbeit von Unternehmen und Angehörigen freier Berufe aus verschiedenen Mitgliedstaaten fördern, VO 2137/85 (ABl. EG 1985, L 199/1 ff.).

118 Unternehmen mit Niederlassungen in mehreren Mitgliedstaaten können gemeinschaftsweit als SE nach einheitlichen Regeln arbeiten, VO 2157/2001 (ABl. EG 2001, L 294/1 ff.).

119 Überarbeiteter Entwurf einer SPE von der Kommission von 2009.

Hinweis

Nach der **Gründungstheorie** ist das Gesellschaftsrecht am Ort der Gesellschaftsgründung entscheidend. Ist also eine Gesellschaft am Ort ihrer Gründung als rechtsfähig anerkannt, dann gilt sie auch als rechtsfähig in dem Staat, der die Gründungstheorie anerkennt.

Der EuGH folgte der Gründungstheorie in seiner **Centros-Entscheidung**.

Beispiel Centros[120]

Die Centros **Ltd**. war in England als private limited company (Ltd.) eingetragen worden. Nach britischem Recht muss für eine Ltd. kein **Gesellschaftskapital** eingezahlt werden. Zwei Dänen hielten die Gesellschaftsanteile. Sie wollten eine Zweigniederlassung dieser Ltd. in Dänemark eintragen lassen. Die zuständige dänische Behörde verweigerte dies unter Hinweis auf das Fehlen der für eine dänische GmbH erforderlichen **Mindestgesellschaftskapitals**. Centros beabsichtige die strengeren in Dänemark vorhandenen Anforderungen für eine GmbH-Gründung rechtsmissbräuchlich zu umgehen. Schließlich habe Centros nie Geschäftstätigkeiten in England entfaltet. Centros berief sich auf das Recht zur Gründung von **Zweigniederlassungen** im Gemeinschaftsgebiet.

Der EuGH entschied, dass Centros sich gem. Art. 48 Abs. 1 EGV[121] auf Art. 43 Abs. 1 S. 2 EGV[122] berufen könne, da sie nach dem Recht eines Mitgliedstaates gegründet wurde und ihren satzungsmäßigen Sitz innerhalb der Union habe. Centros werde in seinem Recht auf Gründung einer Zweigniederlassung in einem anderen Mitgliedstaat durch die dänische Ablehnung beschränkt. Es sei unerheblich, ob Centros zukünftig seinen tatsächlichen **Verwaltungssitz** in der dänischen Zweigniederlassung betreiben wolle. Die Gründung einer Ltd. nach britischem Recht stelle keinen Rechtsmissbrauch dar, sondern resultiere aus den unterschiedlichen in den Mitgliedstaaten rechtlich zulässigen Gesellschaftsformen, solange das Gesellschaftsrecht gemeinschaftsrechtlich noch nicht vollständig harmonisiert sei.

Der EuGH hat keine Rechtfertigungsgründe für die Beschränkung der Niederlassungsfreiheit anerkannt, auch wenn die dänische Zweigniederlassung der Centros Ltd. nicht das für eine dänische GmbH geforderte Mindeststammkapital von 200 000 DKR einzahlen würde. Die Zweigniederlassung der Ltd. war in Dänemark einzutragen. ■

Dänemark vertrat in dem Centros-Fall die Sitztheorie.

---

120 *EuGH* Rs. C-212/97, Centros, Urteil vom 9.3.1999, Rn. 26, 27, 30.

121 Heute Art. 54 Abs. 1 AEUV.

122 Heute Art. 49 Abs. 1 S. 2 AEUV.

Hinweis

Nach der **Sitztheorie** ist das Gesellschaftsrecht am Ort des tatsächlichen Verwaltungssitzes entscheidend. Will sich also eine Gesellschaft aus einem Mitgliedstaat in einem anderen Mitgliedstaat niederlassen, um von dort ihre Geschäfte zu betreiben, muss sie sich in diesem Staat nach dem dort geltenden Gesellschaftsrecht neu gründen.

Trotz der Centros-Entscheidung des EuGH zugunsten der Gründungstheorie waren weiterhin Fragen zur Rechtsfähigkeit von Gesellschaften im Rahmen der Niederlassungsfreiheit umstritten. Der EuGH vertrat auch in der Überseering-Entscheidung die Gründungstheorie.[123] 359

Beispiel Überseering BV[124]

Die in den Niederlanden gegründete Überseering BV[125] übertrug ihre Geschäftsanteile komplett auf zwei deutsche Staatsangehörige, behielt aber ihren Sitz in den Niederlanden. Später wurde ihr von einem Schuldner in Deutschland ihre mangelnde Rechts- und Parteifähigkeit entgegengehalten. Da der **Geschäftssitz** durch die Übertragung der Geschäftsanteile an deutsche Staatsbürger nach Deutschland verlegt worden sei, hätte nach der in Deutschland vertretenen Sitztheorie das deutsche Gesellschaftsrecht beachtet werden müssen und die Firma nach deutschem Recht gegründet werden müssen. Mit Hinweis auf seine Rechtsprechung zu Centros führte der EuGH aufgrund einer Vorlagefrage des BGH aus, dass die in einem anderen Mitgliedstaat wirksam gegründete Gesellschaft nach ihrem **Gesellschaftsstatut** auch bei Verlegung des unternehmerischen Entscheidungszentrums nach Deutschland rechts- und parteifähig bleibe. ■

Hinweis

Das Vorstehende zur Anerkennung der Rechtsfähigkeit gilt nur, wenn es sich um die Gründung einer Zweigniederlassung oder Tochtergesellschaft in einem anderen Staat als dem **Gründungsstaat** handelt (Band zum Gründungsort besteht weiter), also nicht bei einer Erstgründung in einem anderen als dem Wohnsitzstaat des Gründers.

b) Der sachliche Schutzbereich

Beschränkungen der freien Niederlassung von Staatsangehörigen eines Mitgliedstaates im Hoheitsgebiet eines anderen Mitgliedstaates sind gem. Art. 49 Abs. 1 AEUV vorbehaltlich der gesetzlich vorgesehenen Ausnahmen und Bedingungen verboten. Die Beschränkung der Gründung von **Agenturen**, **Zweigniederlassungen** oder **Tochtergesellschaften** durch Unionsbürger in einem anderen Mitgliedstaat als dem Herkunftsstaat ist ebenfalls verboten. 360

Die Niederlassungsfreiheit vermittelt den Berechtigten gem. Art. 49 Abs. 2 AEUV die Rechte 361

- zur Aufnahme und Ausübung selbständiger Erwerbstätigkeiten in einem anderen Mitgliedstaat und
- zur Gründung und Leitung von Unternehmen in einem anderen Mitgliedstaat nach den Bestimmungen des Aufnahmestaates für seine eigenen Angehörigen.

123 *Arndt/Fischer/Fetzer* Europarecht S. 148–150.
124 *EuGH* Rs. C-208/00, Überseering, Urteil vom 5.11.2002, Rn. 57–59, 72.
125 BV = Besloten Vennotschap.

Angehörige von **freien Berufen** können durch die Errichtung eines **Berufsdomizils** in mehr als einem Mitgliedstaat, Gesellschaften durch die Errichtung von Agenturen, Zweigniederlassungen oder Tochtergesellschaften niedergelassen sein. Die Niederlassung in dem Aufnahmestaat muss mittels einer festen Einrichtung in stabiler und kontinuierlicher Weise ausgeübt werden.[126]

Hinweis

Selbständige Erwerbstätigkeiten werden gegen Entgelt, in eigener Verantwortung und weisungsfrei ausgeübt.

362 Die Abgrenzung der Niederlassungsfreiheit zur Dienstleistungsfreiheit

Der sachliche Schutzbereich der Dienstleistungsfreiheit bezieht sich wie derjenige der Niederlassungsfreiheit auf die gegen Entgelt erbrachte, weisungsfreie und eigenverantwortliche Tätigkeit. Gem. Art. 57 Abs. 3 AEUV ist der sachliche Schutzbereich der Dienstleistungsfreiheit betroffen, wenn die Tätigkeit nur vorübergehend in einem anderen Mitgliedstaat ausgeübt werden soll. Die Niederlassungsfreiheit setzt eine auf Dauer ausgerichtete entgeltliche Tätigkeit in einem anderen Mitgliedstaat voraus, durch die in diesem der wirtschaftliche Mittelpunkt der Erwerbstätigkeit begründet wird.[127]

Beispiel Gebhard[128]

Der Vorstand der **Rechtsanwaltskammer** Mailand hatte ein Disziplinarverfahren gegen Herrn Gebhard eingeleitet. Herr Gebhard ist deutscher Staatsangehöriger und als Rechtsanwalt in Stuttgart zugelassen. Herr Gebhard wohnte in Mailand und unterhielt dort eine Kanzlei. Auf seinem Briefpapier firmierte er unter der italienischen Berufsbezeichnung des „Avvocato". Die Mailänder Anwaltskammer untersagte ihm das Führen dieser Berufsbezeichnung und verhängte ein zeitweiliges **Berufsverbot**. Das angerufene italienische Gericht leitete ein Vorabentscheidungsverfahren ein. Der EuGH beschäftigte sich u.a. mit der Abgrenzung der Niederlassungs- von der Dienstleistungsfreiheit. Zur Dienstleistungsfreiheit stellte er fest, dass deren vorübergehender Charakter nicht nur unter Berücksichtigung der Dauer der Leistung, sondern auch ihrer Häufigkeit, regelmäßigen Wiederkehr oder Kontinuität zu beurteilen sei. Der vorübergehende Charakter der Dienstleistung in einem anderen Mitgliedstaat als dem Wohnsitzstaat schließe nicht aus, dass der Dienstleistungserbringer eine Infrastruktur wie ein Büro, eine Praxis oder Kanzlei am Ort der vorübergehenden Dienstleistung betreibe, soweit er dies für seine Dienstleistung benötige.[128] ■

126 *EuGH* Rs. C-55/94, Gebhard, Urteil vom 30.11.1995, Rn. 25.
127 *Thiele* Europarecht S. 236 f.
128 *EuGH* Rs. C-55/94, Gebhard, Urteil vom 30.11.1995, Rn. 27.

aa) Die Gründung und Leitung von Unternehmen

Die Niederlassungsfreiheit räumt gem. Art. 49 Abs. 2 AEUV das Recht zur Gründung und Leitung von Unternehmen insbesondere von Gesellschaften nach den Bedingungen des Aufnahmestaates für seine eigenen Angehörigen ein. **363**

Will eine Gesellschaft eine Zweigniederlassung oder Tochtergesellschaft in einem anderen Mitgliedstaat als dem Mitgliedstaat des Gesellschaftssitzes gründen, kann sie dies nach der vom EuGH vertretenen Gründungstheorie nach dem Gesellschaftsrecht am Gründungsort tun.[129] Dies gilt auch dann, wenn dadurch der tatsächliche Verwaltungssitz verlegt wird.

bb) Die sekundärrechtlichen Konkretisierungen

Die Konkretisierung des in Art. 49 Abs. 2 AEUV umrissenen sachlichen Schutzbereiches erfolgt gem. Art. 50 AEUV gemeinsam durch das Europäische Parlament und den Rat im ordentlichen Gesetzgebungsverfahren nach Anhörung des Wirtschafts- und Sozialausschusses. So sieht Art. 53 AEUV vor, dass Richtlinien für die **gegenseitige Anerkennung** von **Befähigungsnachweisen** wie z.B. von Diplomen und zur Koordinierung der Rechts- und Verwaltungsvorschriften der Mitgliedstaaten über die Aufnahme und Ausübung selbständiger Tätigkeiten im ordentlichen Gesetzgebungsverfahren erlassen werden können. **364**

Die Richtlinie 98/5/EG des Europäischen Parlamentes und des Rates vom 16.2.1998 zur Erleichterung der ständigen Ausübung des Rechtsanwaltsberufs in einem anderen Mitgliedstaat als in dem, in dem die Qualifikation erworben wurde, regelt, unter welchen Voraussetzungen ein Rechtsanwalt unter seiner ursprünglichen Berufsbezeichnung anwaltlich tätig werden kann.

» Wiederholen Sie an dieser Stelle die Ausführungen zur gegenseitigen Anerkennung von Berufsabschlüssen und von Hochschuldiplomen und beruflichen Befähigungsnachweisen unterhalb des Hochschulabschlusses in Rn. 344–348. «

Art. 5 Tätigkeitsfeld

(1) Vorbehaltlich der Absätze 2 und 3 übt der unter seiner ursprünglichen Berufsbezeichnung tätige ***Rechtsanwalt*** *die gleichen beruflichen Tätigkeiten wie der unter der jeweiligen Berufsbezeichnung des Aufnahmestaats niedergelassene Rechtsanwalt aus und kann insbesondere* ***Rechtsberatung*** *im Recht seines Herkunftsstaats, im Gemeinschaftsrecht, im internationalen Recht und im Recht des Aufnahmestaats erteilen. Er hat in jedem Fall die vor den nationalen Gerichten geltenden Verfahrensvorschriften einzuhalten.*

(2) Mitgliedstaaten, die in ihrem Gebiet einer bestimmten Gruppe von Rechtsanwälten die Abfassung von Urkunden gestatten, mit denen das Recht auf Verwaltung des Vermögens verstorbener Personen verliehen oder Rechte an Grundstücken begründet oder übertragen werden und die in anderen Mitgliedstaaten anderen Berufen als dem des Rechtsanwalts vorbehalten sind, können den unter seiner ursprünglichen Berufsbezeichnung tätigen Rechtsanwalt aus einem dieser anderen Mitgliedstaaten von diesen Tätigkeiten ausschließen.

(3) Für die Ausübung der Tätigkeiten, die mit der Vertretung und der Verteidigung von Mandanten vor Gerichten verbunden sind, kann der Aufnahmestaat, soweit er diese Tätigkeiten den unter der Berufsbezeichnung des Aufnahmestaats tätigen Rechtsanwälten vorbehält, den unter ihrer ursprünglichen Berufsbezeichnung tätigen Rechtsanwälten als Bedingung auferlegen, dass sie im Einvernehmen mit einem bei dem angerufenen Gericht zugelassenen Rechtsanwalt, der gegebenenfalls diesem Gericht gegenüber die Verantwortung trägt, oder mit einem bei diesem Gericht tätigen „avoué" handeln.

Um das ordnungsgemäße Funktionieren der Rechtspflege sicherzustellen, können die Mitgliedstaaten jedoch besondere Regeln für den Zugang zu den höchsten Gerichten vorsehen und zum Beispiel nur spezialisierte Rechtsanwälte zulassen.

129 *EuGH* Rs. C-208/00, Überseering, Urteil vom 5.11.2002, Rn. 57–59, 72.

Gem. Art. 3 dieser Richtlinie muss der Rechtsanwalt sich in dem Aufnahmestaat als Rechtsanwalt registrieren lassen. Dafür muss die Zulassung im Herkunftsstaat nachgewiesen werden. Sobald der Rechtsanwalt im Aufnahmestaat mindestens drei Jahre lang effektiv und regelmäßig im Recht des Aufnahmestaates tätig war, kann er seine ursprüngliche Berufsbezeichnung ablegen und die entsprechende Berufsbezeichnung im Aufnahmestaat führen.

Im Juni 2005 verabschiedete die EU die Richtlinie 2005/36/EG über die Anerkennung von Berufsqualifikationen.[130] Darin werden die Richtlinien zur gegenseitigen Anerkennung der Diplome, Prüfungszeugnisse und sonstigen Befähigungsnachweise und zur Koordinierung bzgl. der einzelnen Berufsgruppen zusammengefasst. Es werden die verschiedenen Berufe einem einheitlichen Rechtsregime unterworfen. Die Berufsqualifikationen werden auf der Basis eines zwischen den Mitgliedstaaten abgestimmten Systems von Mindeststandards anerkannt. Daneben regelt diese Richtlinie vereinfachte Bedingungen für die grenzüberschreitende Erbringung von Dienstleistungen im Verhältnis zur Ausübung der Niederlassungsfreiheit. Die Richtlinie 98/5/EG über die Ausübung des Anwaltsberufs hat weiterhin Bestand. Allerdings richtet sich die Anerkennung von Qualifikationsnachweisen für die Ausübung des Anwaltsberufs nach der Richtlinie 2005/36/EG. Ein Mitgliedstaat kann daher von ausländischen Anwälten aus anderen Mitgliedstaaten die Teilnahme an einem Anpassungslehrgang oder das Bestehen einer Eignungsprüfung verlangen.[131]

c) Der räumliche Schutzbereich

365 Der räumliche Schutzbereich ist betroffen, wenn das grenzüberschreitende Element vorliegt. Auf interne Maßnahmen eines Mitgliedstaates ohne Bezug zu einem anderen Mitgliedstaat ist die Niederlassungsfreiheit nicht anwendbar.[132]

d) Die Bereichsausnahme für die Ausübung öffentlicher Gewalt

366 Gem. Art. 51 Abs. 1 AEUV gilt die Niederlassungsfreiheit nicht für Tätigkeiten, die in einem Mitgliedstaat dauernd oder zeitweise mit der Ausübung öffentlicher Gewalt verbunden sind. Es muss sich um die Ausübung **hoheitlicher Befugnisse** handeln. Der EuGH hat dies bei der Errichtung von **Privatschulen** oder **privaten Sicherheitsdiensten** verneint. Grundsätzlich entscheiden die Mitgliedstaaten selbst, wann hoheitliche Befugnisse ausgeübt werden.

Beispiel **Die Ausübung hoheitlicher Befugnisse durch einen Rechtsanwalt**[133]

Die Tätigkeit eines Rechtsanwalts bedeutet nicht die Ausübung öffentlicher Gewalt. Er ist zwar **Organ der Rechtspflege**, ist aber im Interesse seines Mandanten tätig. Berufliche Dienstleistungen, die einen Verkehr mit den Gerichten mit sich bringen, stellen als solche keine Teilnahme an der Ausübung öffentlicher Gewalt dar, selbst wenn sie regelmäßig erbracht werden, organisch in das Gerichtsverfahren eingebettet sind und auf eine obligatorische Mitarbeit bei der Erfüllung der Aufgaben der Gerichte hinauslaufen. Insbesondere könne die typischsten Tätigkeiten des Anwaltsberufes wie Rechtsberatung und Rechtsbeistand nicht als eine derartige Teilnahme angesehen werden. Die Wahrnehmung dieser Aufgaben durch den Rechtsanwalt lässt die richterliche Beurteilung und die freie Ausübung der Rechtsprechungsbefugnis unberührt. ■

130 ABL. EG 2005, L 255/22 ff.
131 *Arndt/Fischer/Fetzer* Europarecht S. 151 f.
132 Das grenzüberschreitende Element wird in Rn. 306 erklärt.
133 *EuGH* Rs. 2/74, Reyners, Urteil vom 21.6.1974, Rn. 51, 53.

e) Der Eingriff in den Schutzbereich

aa) Der Schutz vor staatlichen Beschränkungen

367 Die Niederlassungsfreiheit umfasst nach dem Wortlaut des Art. 49 AEUV die Abschaffung jeder auf der Staatsangehörigkeit beruhenden unterschiedlichen staatlichen Behandlung der selbständig Erwerbstätigen und der Gesellschaften in Bezug auf die Aufnahme und Ausübung selbständiger Erwerbstätigkeit bzw. der Gründung und Leitung von Unternehmen, insbesondere von Gesellschaften.[134]

» Wiederholen Sie die Darstellung der Entwicklung der EuGH-Rechtsprechung zum Charakter der Grundfreiheiten als Diskriminierungsverbot hin zum Beschränkungsverbot in Rn. 308–312. «

Der EuGH hat die Grundfreiheiten zu Beschränkungsverboten weiterentwickelt.

Hinweis

Beachten Sie die Charakterisierung der Niederlassungsfreiheit durch den EuGH nicht mehr nur als Diskriminierungsverbot sondern als Beschränkungsverbot.

Zur Niederlassungsfreiheit formuliert der EuGH folgendes Beschränkungsverbot:

Artikel 49 AEUV schreibt die Aufhebung der Beschränkungen der Niederlassungsfreiheit vor. Als solche Beschränkungen sind alle Maßnahmen anzusehen, die die Ausübung dieser Freiheit unterbinden, behindern oder weniger attraktiv machen.[135]

In dem Keck-Urteil hatte der EuGH das weite Beschränkungsverbot zur Warenverkehrsfreiheit auf produktbezogene nationale Regelungen beschränkt, sodass die unterschiedslos geltenden Verkaufsmodalitäten nicht mehr den Schutzbereich der Warenverkehrsfreiheit berühren. Diese Rechtsprechung gilt entsprechend im Bereich der Niederlassungsfreiheit für **Berufsausübungsregelungen** wie z.B. **Verkaufsverbote an Sonn- und Feiertagen** oder allgemeine **Standortbedingungen**, die nicht nach der Staatsangehörigkeit des selbständig Tätigen differenzieren.[136]

bb) Der Schutz vor Beschränkungen durch Privatpersonen und nicht-staatliche Einrichtungen

368 Soweit Privatpersonen oder nicht-staatliche Einrichtungen wie z.B. die **Berufskammern**, **Berufsverbände** oder große **Sportverbände** eine den staatlichen Einrichtungen vergleichbare Position einnehmen, kann der Berechtigte sich auf seine Grundfreiheiten berufen, sofern diese Privatpersonen bzw. nicht-staatlichen Einrichtungen kollektive Regelungen erlassen.[137]

» Wiederholen Sie in Rn. 302–303 die Darstellung zu Privatpersonen als Adressaten im Bereich der Arbeitnehmer- und Dienstleistungsfreiheit. «

134 *Arndt/Fischer/Fetzer* Europarecht S. 145.

135 *EuGH* Rs. C-79/01, Payroll, Urteil vom 17.10.2002, Rn. 26, *EuGH* Rs. C-439/99, Kommission/Italien, Urteil vom 15.1.2002, Rn. 22.

136 *Thiele* Europarecht S. 238; *Arndt/Fischer/Fetzer* Europarecht S. 147.

137 *Thiele* Europarecht S. 238.

f) Die Rechtfertigungsgründe

» Bitte lesen Sie die Ausführungen zu den geschriebenen und ungeschriebenen Rechtfertigungsgründen für Beschränkungen der Arbeitnehmerfreizügigkeit in Rn. 353–354, die entsprechend für die Beschränkungen der Niederlassungsfreiheit gelten. «

369 Das Gesetz sieht abschließend[138] eine Rechtfertigung der Beschränkung der Niederlassungsfreiheit in Art. 52 Abs. 1 AEUV aus folgenden Gründen vor:

- zum Schutz der öffentlichen Ordnung,
- zum Schutz der öffentlichen Sicherheit und
- zum Schutz der öffentlichen Gesundheit.

138 *Thiele* Europarecht S. 239.

3. Übungsfall Nr. 5

„Zwangsmitgliedschaft IHK" 370

Das Industrieunternehmen B hat seine Hauptniederlassung in Belgien und errichtet nunmehr auch eine Zweigniederlassung in Deutschland. Da B die nach § 2 IHKG erforderlichen Voraussetzungen für eine Kammerzugehörigkeit erfüllt, teilt die örtliche Industrie- und Handelskammer **(IHK)** B mit, dass es Mitglied in ihrer Kammer sei.

Nach § 2 IHKG sind alle natürlichen Personen, Handelsgesellschaften, andere nichtrechtsfähigen Personenmehrheiten und juristischen Personen des privaten und des öffentlichen Rechts, welche im Bezirk der IHK entweder eine gewerbliche Niederlassung, eine Betriebsstätte oder eine Verkaufsstelle unterhalten und welche zur Gewerbesteuer veranlagt sind, Zugehörige der örtlichen IHK.

Des Weiteren wird B von der IHK zur Zahlung des Kammerbeitrags und eines Sonderbeitrags gem. § 3a IHKG herangezogen. Mit § 3a IHKG wurde die **Sonderbeitragspflicht** für ausländische Unternehmen eingeführt. Der Sonderbeitrag wird von der IHK allein von ausländischen Unternehmen erhoben, da die Betreuung ausländischer Unternehmen aufwändiger sei als die eines deutschen Unternehmens.

B ist der Auffassung, dass die Sonderbeitragspflicht nicht mit dem Europäischen Unionsrecht vereinbar ist.

Aufgabe:
Prüfen Sie, ob die Sonderbeitragspflicht mit dem Europäischen Unionsrecht vereinbar ist!

Lösung 371

Als einschlägiger Prüfungsmaßstab des Europäischen Unionsrechts kommt hier die Niederlassungsfreiheit gem. Art. 49 AEUV in Betracht. Das allgemeine Diskriminierungsverbot gem. Art. 18 AEUV findet neben den bereichsspezifischen Konkretisierungen durch die Grundfreiheiten keine Anwendung.

Die Vereinbarkeit der Sonderbeitragspflicht des § 3a IHK mit Art. 49 AEUV

I. Der Schutzbereich des Art. 49 AEUV

1. Der persönliche Schutzbereich des Art. 49 AEUV

B ist ein Unternehmen mit Hauptniederlassung in Belgien. Fraglich ist, ob Art. 49 AEUV auch juristische Personen berechtigt. Primär werden durch die Grundfreiheiten die Unionsbürger berechtigt. Zur Niederlassungsfreiheit sieht das Gesetz in Art. 54 Abs. 1 AEUV allerdings ausdrücklich vor, dass die nach den Rechtsvorschriften eines Mitgliedstaates gegründeten Gesellschaften, die ihren satzungsmäßigen Sitz, ihre Hauptverwaltung oder ihre Hauptniederlassung innerhalb der Union haben, den natürlichen Personen gleichstehen, die Angehörige der Mitgliedstaaten sind. B hat seinen Sitz in Belgien, einem Mitgliedstaat. Es wird davon ausgegangen, dass das Unternehmen nach dem Gesellschaftsrecht eines Mitgliedstaates gegründet worden ist. B steht daher als juristische Person den Unionsbürgern bzgl. der Berechtigung gleich.

2. Der sachliche Schutzbereich des Art. 49 AEUV

Beschränkungen der freien Niederlassung von Staatsangehörigen eines Mitgliedstaates im Hoheitsgebiet eines anderen Mitgliedstaates sind gem. Art. 49 Abs. 1 AEUV vorbehaltlich der gesetzlich vorgesehenen Ausnahmen und Bedingungen verboten. Die Beschränkung der Gründung von Agenturen, Zweigniederlassungen oder Tochtergesellschaften durch Unionsbürger in einem anderen Mitgliedstaat als dem Herkunftsstaat ist ebenfalls verboten. In Art. 49 Abs. 2 AEUV wird dem Berechtigten ausdrücklich das Recht zur Gründung und Leitung von Unternehmen in einem anderen Mitgliedstaat eingeräumt. Dieses Recht möchte B in Anspruch nehmen, da es als Berechtigte eine Zweigniederlassung in Deutschland gründen will. Der sachliche Schutzbereich ist somit betroffen.

3. Der räumliche Anwendungsbereich

Der räumliche Anwendungsbereich der Grundfreiheiten setzt voraus, dass ein räumlicher Bezug zum Gebiet der Gemeinschaft besteht also ein grenzüberschreitendes Element vorhanden ist. Da B aus Belgien in Deutschland eine Niederlassung gründen will, ist der räumliche Schutzbereich betroffen.

II. Der Eingriff in den Schutzbereich

Der Eingriff in die Niederlassungsfreiheit könnte hier durch die Erhebung eines Sonderbeitrags gem. § 3a IHKG von B als einem ausländischen Unternehmen erfolgen.

1. Die IHK als Adressat der Niederlassungsfreiheit

Zunächst muss geprüft werden, ob die IHK überhaupt die Niederlassungsfreiheit zu beachten hat. Alle Träger von Staatsgewalt in den Mitgliedstaaten haben die Grundfreiheiten zu beachten. Soweit nationales Recht im konkreten Fall den Grundfreiheiten widerspricht, darf es von den Trägern der Staatsgewalt nicht angewendet werden. Die IHK ist gem. § 3 Abs. 1 IHKG zwar eine Körperschaft des öffentlichen Rechts, aber als solche nicht Trägerin von Staatsgewalt. Die IHK ist mitgliedschaftlich organisiert. Soweit nicht-staatliche Einrichtungen aber auch Berufskammern und große Sportverbände etc. eine den staatlichen Einrichtungen vergleichbare Position einnehmen, kann sich der Berechtigte auch gegenüber diesen nicht-staatlichen Einrichtungen auf seine Grundfreiheiten berufen. Aufgrund der Zwangsmitgliedschaft in der IHK ist die Position der Berechtigten vergleichbar mit derjenigen gegenüber staatlichen Stellen. Die **IHK** ist somit Adressat der Niederlassungsfreiheit.

2. Die Niederlassungsfreiheit als Gleichbehandlungsgebot

Art. 49 AEUV verlangt die Abschaffung jeder auf der Staatsangehörigkeit beruhenden unterschiedlichen Behandlung der selbständig Erwerbstätigen und der Gesellschaften in Bezug auf die Aufnahme und Ausübung selbständiger Erwerbstätigkeit bzw. der Gründung und Leitung von Unternehmen.

Das Verbot der Diskriminierung:

Das Verbot der Diskriminierung nach der Staatsangehörigkeit umfasst die mittelbare und unmittelbare Diskriminierung. Eine **unmittelbare Diskriminierung** erfolgt durch eine nationale Norm, wenn in dieser unmittelbar eine schlechtere Behandlung von Staatsangehörigen anderer Mitgliedstaaten enthalten ist. Eine Diskriminierung ist mittelbar, wenn z.B. nach Wohnsitz oder dem regelmäßigen Aufenthaltsort differenziert wird. Die nicht in dem Staat ansässigen Personen sind dann stärker von dieser Differenzierung betroffen als die Einheimischen. § 3a IHKG sieht nur für ausländische Unternehme einen Sonderbeitrag vor. Es wird also unmittelbar in der Norm für alle nichtdeutschen Unternehmen eine zusätzliche Belastung geregelt. In die Niederlassungsfreiheit als Gleichbehandlungsgebot ist eingegriffen worden.

III. Die Rechtfertigungsgründe

1. Die geschriebenen Rechtfertigungsgründe

Das Gesetz sieht in Art. 52 Abs. 1 AEUV abschließend eine Rechtfertigung der Beschränkung der Niederlassungsfreiheit zum Schutz der öffentlichen Ordnung, der öffentlichen Sicherheit und der öffentlichen Gesundheit vor. Die IHK hatte bei der Erhebung des Sonderbeitrags nicht mit einem dieser Schutzzwecke argumentiert. Sie hatte damit argumentiert, dass die Betreuung ausländischer Unternehmen einen größeren Aufwand bedeute. Ein schriftlicher Rechtfertigungsgrund liegt also nicht vor.

2. Die ungeschriebenen Rechtfertigungsgründe

Aufgrund der weiten Auslegung der Grundfreiheiten als allgemeine Beschränkungsverbote und den dadurch entstehenden größeren Schutzbereich der einzelnen Grundfreiheiten hielt es der EuGH für notwendig, neben den geschriebenen und stets eng auszulegenden geschriebenen Rechtfertigungsgründen ungeschriebene Rechtfertigungsgründe zu entwickeln.

Das zwingende Erfordernis:

Die Beschränkung einer Grundfreiheit müsse zwingend erforderlich sein zum Schutz der Verbraucher, der öffentlichen Gesundheit, der Lauterkeit des Handelsverkehrs, von zwingenden Gründen des Allgemeininteresses, der Umwelt und der Grundrechte Dritter. Zwar hat der EuGH diesen Katalog für nicht abschließend erklärt, aber es ist schon anhand dieser Katalogtatbestände offensichtlich, dass das Bestreben der IHK, das Erheben des Sonderbeitrags mit einem erhöhten Arbeitsaufwand zu rechtfertigen, nicht ein zwingendes Erfordernis für eine ungeschriebene Rechtfertigung darstellt.

IV. Ergebnis

Der erhobene Sonderbeitrag ist mit dem Unionsrecht nicht vereinbar.

III. Die Dienstleistungsfreiheit

PRÜFUNGSSCHEMA

372 **Die Dienstleistungsfreiheit**

I. Schutzbereich
1. Persönlicher Schutzbereich
   a) Berechtigung des Unionsbürgers
   b) Berechtigung des Dienstleistungsempfängers
   c) Berechtigung aufgrund völkerrechtlicher Vereinbarungen
   d) Einreise- und Aufenthaltsrechte der Familienangehörigen des selbständig erwerbstätigen Unionsbürgers
   e) Berechtigung von Arbeitgebern durch die Arbeitnehmerfreizügigkeit: ja
      Gründungs- und Sitztheorie Rn. 357 358
2. Sachlicher Schutzbereich
   a) selbständige Erwerbstätigkeit
      Abgrenzung der Dienstleistungsfreiheit von den übrigen Grundfreiheiten: Subsidiarität der Dienstleistungsfreiheit gem. Art. 57 Abs. 3 AEUV Rn. 375
   b) sekundärrechtliche Konkretisierungen gem. Art. 62 i.V.m. Art. 53 AEUV z.B. Dienstleistungsrichtlinie
3. Räumlicher Schutzbereich: grenzüberschreitendes Element
   Rückkehrfälle Rn. 306 307
4. Vorliegen einer Bereichsausnahme für die Ausübung öffentlicher Gewalt gem. Art. 62 i.V.m. Art. 51 AEUV

II. Eingriff in den Schutzbereich
1. Schutz vor staatlichen Beschränkungen
   a) Dienstleistungsfreiheit als Gleichbehandlungsgebot
   b) Dienstleistungsfreiheit als Beschränkungsverbot
   c) Einschränkung des Beschränkungsverbotes nach der Keck-Rechtsprechung: z.B. diskriminierungsfreie Besteuerungen
2. Schutz vor Beschränkungen durch Privatpersonen und nicht-staatliche Einrichtungen: ja
   Schutz von Beschränkungen durch Private Rn. 381 302–303

III. Rechtfertigungsgründe
1. Geschriebene Rechtfertigungsgründe des Art. 62 i.V.m. Art. 52 Abs. 1 AEUV Schranken-Schranke. Verhältnismäßigkeitsprinzip
2. Ungeschriebene Rechtfertigungsgründe
   a) Subsidiarität zu den geschriebenen Rechtfertigungsgründen
   b) zwingendes Erfordernis
   c) diskriminierungsfreie Beschränkung
      Keine Rechtfertigung diskriminierender Beschränkungen Rn. 321
   d) Gebot der Verhältnismäßigkeit

Die Dienstleistungsfreiheit ist in den Art. 56 bis Art. 62 AEUV geregelt. Die Dienstleistungsfreiheit ist ein **Auffangtatbestand** und erfasst gem. Art. 57 Abs. 1 AEUV nur diejenigen Dienstleistungen, die nicht unter die Niederlassungs-, Kapitalverkehrs- oder Warenverkehrsfreiheit fallen.

1. Der Schutzbereich

a) Der persönliche Schutzbereich

Jeder Unionsbürger kann sich innerhalb des Unionsgebietes auf die Dienstleistungsfreiheit berufen, wenn er eine Tätigkeit in einem anderen Mitgliedstaat vorübergehend ausüben möchte, die zum sachlichen Schutzbereich der Dienstleistungsfreiheit gehört. 373

Auch der **Dienstleistungsempfänger** kann sich auf die Dienstleistungsfreiheit berufen, wenn er eine Binnengrenze überschreitet, um die Dienstleistung in Empfang zu nehmen.[139]

> **Hinweis**
>
> Bezüglich der Dienstleistungsfreiheit gibt es keine Übergangsregelungen zu Lasten der osteuropäischen Unionsbürger.

Auch Staatsangehörige aus Drittstaaten können sich u.U. aufgrund völkerrechtlicher Vereinbarungen auf die Dienstleistungsfreiheit berufen.[140]

Familienangehörige des selbständig tätigen Unionsbürgers, die selbst nicht die Unionsbürgerschaft besitzen, haben ein eigenes Einreise- und Aufenthaltsrecht.[141]

Juristische Personen können sich wie natürliche Personen gem. Art. 62 i.V.m. Art. 54 Abs. 1 AEUV auf die Dienstleistungsfreiheit berufen. Viele Probleme ergeben sich aus den unterschiedlichen gesellschaftsrechtlichen Regelungen in den Mitgliedstaaten insbesondere zur Rechtsfähigkeit von Gesellschaften. Nur rechtsfähige Gesellschaften können sich auf die Dienstleistungsfreiheit berufen.

> **Hinweis**
>
> In Art. 62 AEUV wird auf die Bestimmungen der Art. 51 bis Art. 54 AEUV zur Niederlassungsfreiheit verwiesen. In diesem Umfang erfolgt hier keine separate Darstellung zur Dienstleistungsfreiheit.[142]

b) Der sachliche Schutzbereich

Beschränkungen des freien Dienstleistungsverkehrs innerhalb der Union für Angehörige der Mitgliedstaaten, die in einem anderen Staat der Union als demjenigen des Leistungsempfängers ansässig sind, sind gem. Art. 56 Abs. 1 AEUV vorbehaltlich der gesetzlich vorgesehenen Ausnahmen und Bedingungen verboten. 374

139 *EuGH* Rs. 186/87, Cowan, Urteil vom 2.2.1989, Tenor.
140 Ausführungen hierzu in Rn. 294–297.
141 Hierzu finden Sie in Rn. 298 Ausführungen zur Berechtigung von Familienangehörigen von Unionsbürgern.
142 Es gelten die Ausführungen zur Niederlassungsfreiheit in Rn. 356–359 zur Berechtigung von juristischen Personen entsprechend für die Dienstleistungsfreiheit.

Die Dienstleistungsfreiheit vermittelt den Berechtigten die Rechte[143]

- zur vorübergehenden Dienstleistungserbringung in einem anderen Mitgliedstaat als dem Wohnsitzmitgliedstaat (aktive Dienstleistungsfreiheit),
- zur Grenzüberschreitung nur durch die Dienstleistung (Korrespondenzdienstleistung) und
- zur Grenzüberschreitung des Dienstleistungsempfängers zur Entgegennahme der Dienstleistung (negative Dienstleistungsfreiheit).

Die Dienstleistungsfreiheit gem. Art. 57 AEUV setzt eine entgeltliche Leistung voraus, die selbständig und weisungsfrei ausgeübt wird. In Absatz 2 werden besonders gewerbliche, kaufmännische, handwerkliche oder freiberufliche Tätigkeiten hervorgehoben.

In Art. 62 AEUV wird u.a. bezüglich der Bereichsausnahme auf Art. 51 AEUV verwiesen.[144] Danach gilt die Dienstleistungsfreiheit nicht für Tätigkeiten, die in einem Mitgliedstaat dauernd oder zeitweise mit der Ausübung öffentlicher Gewalt verbunden sind.

aa) Die Abgrenzung der Dienstleistungsfreiheit von den übrigen Grundfreiheiten

375 Der sachliche Schutzbereich der Dienstleistungsfreiheit bezieht sich wie derjenige der Niederlassungsfreiheit auf die gegen Entgelt erbrachte, weisungsfreie und eigenverantwortliche Tätigkeit. Auch kann es Überschneidungen bei der Erbringung von Kapitalanlagegeschäften zur Kapitalverkehrsfreiheit oder auch bei der Verpflichtung zur Erbringung von gegenständlichen Leistungen zur Warenverkehrsfreiheit geben. Die Abgrenzung zur Niederlassungsfreiheit hat danach zu erfolgen, ob die Leistung nur vorübergehend in einem anderen Mitgliedstaat erbracht wird, oder ob sie dauerhaft in einem anderen Mitgliedstaat erfolgt. Die Abgrenzung ist schwierig, da der vorübergehende Charakter der Dienstleistung in einem anderen Mitgliedstaat als dem Wohnsitzstaat nicht ausschließt, dass der Dienstleistungserbringer eine Infrastruktur wie ein Büro, eine Praxis oder Kanzlei am Ort der **vorübergehenden Dienstleistung** betreibt, soweit er dies für seine Dienstleistung benötigt.[145] Die Dienstleistungsfreiheit ist gegenüber den anderen Grundfreiheiten gem. Art. 57 Abs. 1 AEUV **subsidiär**.

bb) Die sekundärrechtlichen Konkretisierungen

376 In Art. 62 AEUV wird u.a. auf die Regelung zu der gegenseitigen Anerkennung von Befähigungsnachweisen in Art. 53 AEUV verwiesen.[146]

Die **Dienstleistungsrichtlinie**[147] soll hier beispielhaft als eine sekundärrechtliche Konkretisierung erläutert werden. Diese Richtlinie beruht auf dem Konzept der gegenseitigen Anerkennung von Befähigungsnachweisen zur Liberalisierung des Dienstleistungsmarktes innerhalb der Union. Sie enthält spezielle Regelungen zur Niederlassungs- und zur Dienstleistungsfreiheit zu den Anforderungen, die an Dienstleistungserbringer aus anderen Mitgliedstaaten gestellt werden dürfen. Die Dienstleistungsrichtlinie ist gem. ihrem Art. 3 subsidiär. So gehen

143 *Streinz* Europarecht Rn. 913; *Karpenstein* Praxis des EG-Rechts Rn. 175.

144 Es gelten die Ausführungen zur Niederlassungsfreiheit in Rn. 366 zur Bereichsausnahme entsprechend für die Dienstleistungsfreiheit.

145 *EuGH* Rs. C-55/94, Gebhard, Urteil vom 30.11.1995, Rn. 27.

146 Es gelten die Ausführungen zur Niederlassungsfreiheit in Rn. 364 zur gegenseitigen Anerkennung von Befähigungsnachweisen entsprechend für die Dienstleistungsfreiheit.

147 Richtlinie 2006/123/EG vom 12.12.2006 über Dienstleistungen im Binnenmarkt, ABl. 2006 Nr. L 376/36.

ihr z.B. die **Entsenderichtlinie**[148] und die **Richtlinie zur Anerkennung von Berufsqualifikationen**[149] vor. Diese bis zum 28.12.2009 in nationales Recht umzusetzende Dienstleistungsrichtlinie war in der Gemeinschaft stark umstritten. Zunächst war geplant, dass die Dienstleistungserbringung grundsätzlich nach den Regelungen des Herkunftslandes **(Herkunftslandprinzip)** erfolgen sollte. Aufgrund starker Proteste wurde dieses Prinzip abgemildert. Viele Dienstleistungsbereiche wurden ganz aus dem Anwendungsbereich genommen.

Die Dienstleistungsrichtlinie erfasst gem. ihrem Art. 2 nicht

- die **Finanzdienstleistungen**,
- die Dienstleistungen und Netze der elektronischen Kommunikation,
- die **Verkehrsdienstleistungen**,
- die Dienstleistungen von **Leiharbeits**agenturen,
- die **Gesundheitsdienstleistungen**,
- die audiovisuellen Dienste,
- die **Glücksspiele**,
- die **sozialen Dienstleistungen**,
- die privaten **Sicherheitsdienste**,
- die Dienstleistungen im Bereich der Steuern und
- die Tätigkeiten von **Notaren** und **Gerichtsvollzieher**.

Beschränkungen und zusätzliche Anforderungen an die Dienstleistung sind jetzt gem. Art. 16 **377**
der Dienstleistungsrichtlinie nach dem **Recht des Erbringungsortes** zulässig.

Ausgeschlossen ist gem. ihrem Art. 16 z.B.

- die Verpflichtung zum Unterhalt einer Niederlassung,
- die Genehmigungspflicht bei einer öffentlichen Stelle,
- die Mitgliedschaftspflicht in einem Berufsverband[150] etc.

Alle Mitgliedstaaten hatten alle nationalen Formalitäten und Verfahren zur Aufnahme einer Dienstleistung online verständlich innerhalb der **Umsetzungsfrist** bis zum 28.12.2009 zugänglich zu machen. Jeder Mitgliedstaat hatte einen **Einheitlichen Ansprechpartner** für ausländische Unionsbürger einzurichten, über den diese die notwendigen Voraussetzungen für eine inländische Dienstleistungserbringung abwickeln können. So sparen die Dienstleistungserbringer viel Zeit auf der Suche nach der für ihre Tätigkeit zuständigen Behörde oder Stelle und können über diese eine Stelle des Einheitlichen Ansprechpartners alle notwendigen Voraussetzungen für ihre geplante Dienstleistung erfahren und die erforderlichen Genehmigungen beantragen. Der Einheitliche Ansprechpartner leitet die Anfragen bzw. Anliegen an die zuständigen Stellen weiter.

In Deutschland können auch Deutsche die Leistungen der Einheitlichen Ansprechpartner in Anspruch nehmen. Im föderalen Deutschland gibt es Einheitliche Ansprechpartner entsprechend den regionalen und lokalen Zuständigkeiten.

Darüber hinaus sieht Art. 21 der Dienstleistungsrichtlinie vor, dass die Dienstleistungsempfänger in ihrem jeweiligen Wohnsitzstaat über die in anderen EU-Staaten geltenden Anforderungen für die Aufnahme und Ausübung von Dienstleistungen insbesondere über den Ver-

148 RL 96/71.

149 RL 2005/36.

150 Dadurch können Beiträge eingespart werden.

braucherschutz informiert werden müssen. Ebenso müssen die Dienstleistungsempfänger allgemeine Informationen über die bei Streitfällen zwischen Dienstleistungsempfänger und -erbringer zur Verfügung stehenden Rechtsbehelfe sowie zur Erreichbarkeit von Stellen, die den Erbringer oder Empfänger unterstützen können, erhalten. Diese Informationspflicht wurde in Deutschland in der Weise umgesetzt, dass Germany Trade&Invest, die bundeseigene Gesellschaft für Außenwirtschaftsförderung und Standortmarketing, und das Bundesamt für Verbraucherschutz und Lebensmittelsicherheit gemeinsam ein entsprechendes Internetportal errichtet haben, das „Portal 21".[151]

c) Der räumliche Schutzbereich

378 Der räumliche Schutzbereich ist betroffen, wenn das grenzüberschreitende Element vorliegt. Auf interne Maßnahmen eines Mitgliedstaates ohne Bezug zu einem anderen Mitgliedstaat ist die Dienstleistungsfreiheit nicht anwendbar.[152]

2. Der Eingriff in den Schutzbereich

a) Der Schutz vor staatlichen Beschränkungen

» Wiederholen Sie die Darstellung der Entwicklung der EuGH-Rechtsprechung zum Charakter der Grundfreiheiten als Diskriminierungsverbot hin zum Beschränkungsverbot in Rn. 305–312. «

379 Die Dienstleistungsfreiheit umfasst nach dem Wortlaut des Art. 56 AEUV die Abschaffung jeder auf der Staatsangehörigkeit beruhenden unterschiedlichen staatlichen Behandlung der **selbständig Erwerbstätigen** und der Gesellschaften in Bezug auf die Aufnahme und Ausübung selbständiger Erwerbstätigkeit.[153]

Der EuGH hat die Grundfreiheiten zu Beschränkungsverboten weiterentwickelt.

Hinweis

Beachten Sie die Charakterisierung der Dienstleistungsfreiheit durch den EuGH nicht mehr nur als Diskriminierungsverbot, sondern als Beschränkungsverbot.

380 *Zur Dienstleistungsfreiheit formuliert der EuGH folgendes Beschränkungsverbot:*

Artikel 56 AEUV schreibt die Aufhebung der Beschränkungen der Dienstleistungsfreiheit vor. Als solche Beschränkungen sind alle Maßnahmen anzusehen, die die Ausübung dieser Freiheit unterbinden, behindern oder weniger attraktiv machen, selbst wenn sie unterschiedslos für einheimische Dienstleistungserbringer wie für Dienstleister anderer Mitgliedstaaten gelten.[154]

In dem Keck-Urteil hatte der EuGH das weite Beschränkungsverbot zur Warenverkehrsfreiheit auf produktbezogene nationale Regelungen beschränkt, sodass die unterschiedslos geltenden Verkaufsmodalitäten nicht mehr den Schutzbereich der Warenverkehrsfreiheit berühren. Diese Rechtsprechung gilt entsprechend im Bereich der Dienstleistungsfreiheit für Beschränkungen wie z.B. die **Besteuerung** für die Erbringung von Dienstleistungen, die nicht nach der Staatsangehörigkeit des Dienstleisters differenzieren.[155]

151 http://www.portal21.de.
152 Das grenzüberschreitende Element wird in Rn. 306 erklärt.
153 *Karpenstein* Praxis des EG-Rechts Rn. 177.
154 *Arndt/Fischer/Fetzer* Europarecht S. 155; *Karpenstein* Praxis des EG-Rechts Rn. 177.
155 *Streinz* Europarecht Rn. 916f; verb. Rs. C-544/03 und C-545/03; *Thiele* Europarecht S. 245.

b) Der Schutz vor Beschränkungen durch Privatpersonen und nicht-staatliche Einrichtungen

Soweit Privatpersonen und nicht-staatliche Einrichtungen wie z.B. die Berufskammern, Berufsverbände oder große Sportverbände eine den staatlichen Einrichtungen vergleichbare Position einnehmen, kann der Berechtigte sich auf seine Grundfreiheiten berufen, sofern diese Privatpersonen bzw. nicht-staatliche Einrichtungen **kollektive Regelungen** erlassen.[156] **381**

» Wiederholen Sie in Rn. 302–303 die Darstellung zu Privatpersonen und nicht-staatlichen Einrichtungen als Adressaten im Bereich der Arbeitnehmer- und Dienstleistungsfreiheit. «

3. Die Rechtfertigungsgründe

In Art. 62 AEUV wird u.a. auf die Regelung der Rechtfertigungsgründe in Art. 52 AEUV verwiesen. **382**

Bei der Beschränkung der Grundfreiheiten durch die jeweils geschriebenen Rechtfertigungsgründe ist das Verhältnismäßigkeitsprinzip zu beachten.

» Lesen Sie zu den geschriebenen und ungeschriebenen Rechtfertigungsgründen noch einmal die Erläuterungen in Rn. 353–354 zu den Beschränkungen der Arbeitnehmerfreizügigkeit, die entsprechend für die Beschränkung der Dienstleistungsfreiheit gelten. «

156 *Thiele* Europarecht S. 245 f.

4. Übungsfall Nr. 6

383 „Cold Calling"

Die Wall Street Unlimited ist eine nach niederländischen Rechtsvorschriften gegründete Gesellschaft mit Sitz in den Niederlanden, die sich auf die Vermittlung von Anlagegeschäften (wie z.B. den Kauf von Aktien) spezialisiert hat. Eine beliebte Praxis der Kundenwerbung der Gesellschaft besteht darin, Privatleute ohne vorherige Ankündigung anzurufen und diese am Telefon von dem Abschluss eines **Anlagegeschäfts** zu überzeugen (sog. cold calling). Um die im Bereich der Kapitalanlage unerfahrenen Personen vor vorschnellen Geschäftsabschlüssen zu schützen und den guten Ruf des niederländischen Finanzmarktes im Ausland aufrechtzuerhalten, erlässt das niederländische Finanzministerium ein Verbot des cold callings für Anlagegeschäfte, wenn nicht bereits ein Kontakt mit dem Kunden besteht. Das Verbot gilt sowohl für niederländische als auch für ausländische Firmen.

Aufgabe: Die Wall Street Unlimited ist der Ansicht, dass dieses Verbot gegen die durch die Verträge gewährleistete Dienstleistungsfreiheit verstoße, soweit sie – was tatsächlich der Fall ist – mit potentiellen Kunden in den übrigen Mitgliedstaaten Kontakt aufnimmt. Trifft die Ansicht der Wall Street Unlimited zu?

384 Lösung

Das Verbot des cold calling seitens des niederländischen Finanzministeriums könnte gegen Art. 56 AEUV verstoßen. Die Dienstleistungsfreiheit ist in den Art. 56 bis Art. 62 AEUV geregelt. Sie ist ein Auffangtatbestand und erfasst gem. Art. 57 Abs. 1 AEUV nur diejenigen Dienstleistungen, die nicht unter die Niederlassung-, Kapital- oder Warenverkehrsfreiheit fallen.

I. Der Schutzbereich der Dienstleistungsfreiheit

In den Schutzbereich fallen alle gegen Entgelt erbrachten Dienstleistungen, die entweder von dem Dienstleister vorübergehend selbst in einem anderen Mitgliedstaat als seinem Wohnsitzmitgliedstaat erbracht werden oder die selbst in einem anderen Mitgliedstaat erbracht werden, ohne dass der Dienstleister selbst eine Binnengrenze überschreitet. Die Dienstleistungsfreiheit ist auch betroffen, wenn nur der Dienstleistungsempfänger eine Binnengrenze überschreitet.

1. Der persönliche Schutzbereich

Die Berechtigung von juristischen Personen:

Die Wall Street **Unlimited** ist eine nach niederländischem Recht gegründete Gesellschaft mit Sitz in den Niederlanden. Sie müsste als juristische Person berechtigt sein. Juristische Personen können sich wie natürliche Personen gem. Art. 62 i.V.m. Art. 54 Abs. 1 AEUV auf die Dienstleistungsfreiheit berufen. Die nach den Rechtsvorschriften eines Mitgliedstaates gegründeten Gesellschaften, die ihren satzungsmäßigen Sitz, ihre Hauptverwaltung oder Hauptniederlassung innerhalb der Union haben, stehen den Unionsbürgern gleich. Da die Wall Street Unlimited zum einen nach dem Recht eines Mitgliedstaates gegründet wurde und zum anderen ihren Sitz in einem Mitgliedstaat hat, ist sie Berechtigte.

2. Der sachliche Schutzbereich

Die Dienstleistungsfreiheit vermittelt den Berechtigten Rechte zur vorübergehenden Dienstleistungserbringung in einem anderen Mitgliedstaat als dem Wohnsitzmitgliedstaat, zur Grenzüberschreitung nur durch die Dienstleistung und zur Entgegennahme in einem anderen Mitgliedstaat.

Die selbständige Erwerbstätigkeit:

Die Dienstleistungsfreiheit gem. Art. 57 AEUV setzt eine entgeltliche Leistung voraus, die selbständig und weisungsfrei ausgeübt wird. In Abs. 2 werden besonders gewerbliche, kaufmännische, handwerkliche oder freiberufliche Tätigkeiten hervorgehoben. Die Wall Street

Unlimited vermittelt Anlagegeschäfte. Hierfür ruft sie u.a. ohne vorherige Ankündigung Privatleute an. Bereits bei diesen Telefonaten soll der Angerufene von dem Abschluss eines Anlagegeschäftes überzeugt werden. Es handelt sich dabei um eine gewerbliche Tätigkeit. Problematisch ist allerdings, dass die Firma für diese Telefonate kein Entgelt bekommt, es sich hier vielmehr um Werbung um Kunden handelt.

a) Die Werbung als Dienstleistung

Der EuGH hat den Anwendungsbereich der Dienstleistungsfreiheit auf Tätigkeiten erstreckt, die der eigentlichen Leistungserbringung vorgelagert sind und die wesensmäßig zu der Leistungserbringung gehören. Würde das Werben um Aufträge zur Dienstleistungserbringung nicht auch von der Dienstleistungsfreiheit erfasst, könnten die Staaten durch das Einschränken der Werbemöglichkeiten den Abschluss von Dienstleistungsaufträgen verhindern.

b) Die Subsidiarität der Dienstleistungsfreiheit

Gem. Art. 57 Abs. 1 AEUV erfasst die Dienstleistungsfreiheit nur diejenigen Dienstleistungen, die nicht unter eine der anderen Grundfreiheiten fallen. Da die Firma den Abschluss von Anlagegeschäften vermittelt, könnte hier primär die Kapitalverkehrsfreiheit betroffen sein. Der Begriff des Kapitalverkehrs ist in Art. 63 ff. AEUV nicht erläutert. Vielmehr bezieht sich der EuGH zur Definition auf die Nomenklatur zur RL 88/361/EWG zur Durchführung der Kapitalverkehrsfreiheit. Der Abschluss und die Ausführung von Transaktionen und damit zusammenhängenden Transferzahlungen gehören danach zur Kapitalverkehrsfreiheit. Die Firma nimmt aber selbst nicht die angebotenen Geldanlagen vor. Vielmehr vermittelt sie diese nur. Diese Vermittlung ist daher noch keine Leistung im Tatbestand der Kapitalverkehrsfreiheit. Es ist daher weiter das Vorliegen der Voraussetzungen der Dienstleistungsfreiheit zu prüfen.

3. Der räumliche Schutzbereich

Inländerdiskriminierungen sollen durch die unionsrechtlichen Grundfreiheiten nicht verhindert werden. Der räumliche Anwendungsbereich der Grundfreiheiten setzt voraus, dass ein räumlicher Bezug zum Gebiet der Union besteht also ein grenzüberschreitendes Element vorhanden ist. Ob diese Voraussetzung hier erfüllt ist, ist zweifelhaft, da weder der Anbieter noch der Empfänger der Dienstleistung einen Ortswechsel vornimmt. Durch das telefonische Angebot der Vermittlung von Kapitalanlagegeschäften an Gesprächsteilnehmer im EU-Ausland überschreitet nur diese Dienstleistung die Grenze. Es handelt sich dann um eine **Korrespondenzdienstleistung**. Auch Korrespondenzdienstleistungen gehören in den sachlichen Schutzbereich der Dienstleistungsfreiheit. Das grenzüberschreitende Element kann daher bejaht werden.

II. Der Eingriff in den Schutzbereich

1. Der Schutz vor staatlichen Beschränkungen

a) Die Dienstleistungsfreiheit als Gleichbehandlungsgebot

Die Dienstleistungsfreiheit umfasst nach dem Wortlaut des Art. 56 AEUV die Abschaffung jeder auf der Staatsangehörigkeit beruhenden unterschiedlichen Behandlung der selbständig Erwerbstätigen und der juristischen Personen in Bezug auf die Aufnahme und Ausübung selbständiger Erwerbstätigkeit. Das Verbot des niederländischen Finanzministeriums des cold callings für Anlagegeschäfte gilt unterschiedslos für inländische und ausländische Firmen. Die Dienstleistungsfreiheit als Gleichbehandlungsgebot ist daher nicht tangiert.

b) Die Dienstleistungsfreiheit als Beschränkungsverbot

Der EuGH hat die Grundfreiheiten zu Beschränkungsverboten weiterentwickelt. Zur Dienstleistungsfreiheit formuliert der EuGH folgendes Beschränkungsverbot: „Art. 56 AEUV schreibt die Aufhebung der Beschränkung der Dienstleistungsfreiheit vor. Als solche Beschränkungen sind alle Maßnahmen anzusehen, die die Ausübung dieser Freiheit unterbinden, behindern oder weniger attraktiv machen, selbst wenn sie unterschiedslos für einheimische Dienstleistungserbringer wie für

Dienstleister anderer Mitgliedstaaten gelten." Durch das für einheimische wie ausländische Firmen geltende Verbot der unangekündigten Anrufe bei Privatpersonen zwecks Vermittlung von Anlagegeschäften wird die Dienstleistungsfreiheit weniger attraktiv gemacht. Es wird um ein Vielfaches schwerer, Kunden für das Anlagegeschäft zu werben. Das niederländische Verbot verletzt daher das Beschränkungsverbot.

Die Einschränkung des Beschränkungsverbotes nach der Keck-Rechtsprechung:

In dem Keck-Urteil hatte der EuGH das weite Beschränkungsverbot zur Warenverkehrsfreiheit auf produktbezogene nationale Regelungen beschränkt, sodass die unterschiedslos geltenden Verkaufsmodalitäten nicht mehr den Schutzbereich der Warenverkehrsfreiheit berühren. Diese Rechtsprechung gilt entsprechend im Bereich der Dienstleistungsfreiheit für Beschränkungen wie z.B. die Besteuerung für die Erbringung von Dienstleistungen, die nicht nach der Staatsangehörigkeit des Dienstleisters differenzieren. Das niederländische Verbot des cold callings ist wie eine produktbezogene Regelung zu bewerten, die diese beliebte Form der Geschäftsanbahnung grundsätzlich und unterschiedslos verbietet.

Es liegt ein Eingriff in das Beschränkungsverbot der Dienstleistungsfreiheit vor.

III. Die Rechtfertigungsgründe

1. Die geschriebenen Rechtfertigungsgründe

In Art. 62 AEUV wird u.a. auf die Regelung der Rechtfertigungsgründe in Art. 52 AEUV verwiesen. Danach ist eine Beschränkung der Dienstleistungsfreiheit zum Schutz der öffentlichen Ordnung, der öffentlichen Sicherheit und der öffentlichen Gesundheit möglich. Das Finanzministerium hatte sein Verbot mit dem Schutz unerfahrener Personen vor vorschnellen Geschäftsabschlüssen und dem Schutz des guten Rufes der Niederlande als Finanzmarkt begründet. Fraglich ist nun, ob sich diese Gründe unter einen der geschriebenen Rechtfertigungsgründe subsumieren lassen. Der Rechtfertigungsgrund des Schutzes der öffentlichen Gesundheit ist ganz offensichtlich nicht einschlägig.

Der Schutz der öffentlichen Ordnung und Sicherheit:

Diese geschriebenen Rechtfertigungsgründe enthalten unbestimmte Rechtbegriffe, die eng und unionsrechtlich auszulegen sind. Konkretisiert werden diese Begriffe im VI. Kapitel der FreizügigkeitsRL 2004/38/EG vom 29.4.2004. Hier sind Beschränkungen des Einreise- und Aufenthaltsrechts aus Gründen der öffentlichen Ordnung, Sicherheit oder Gesundheit geregelt. Ausdrücklich heißt es in Art. 27 Abs. 1 S. 2 der RL, dass diese Rechtfertigungsgründe nicht zu wirtschaftlichen Zwecken geltend gemacht werden dürfen. Soweit das niederländische Finanzministerium mit dem Verbot des cold callings den guten Ruf der Niederlande als Finanzplatz schützen will, steht ein wirtschaftlicher Zweck im Vordergrund. Nur das Verbot zum Schutz von unerfahrenen Personen vor vorschnellen Geschäftsabschlüssen könnte durch die geschriebenen Rechtfertigungsgründe zum Schutz der öffentlichen Ordnung oder Sicherheit gerechtfertigt werden. Für den Schutz der öffentlichen Ordnung und Sicherheit darf gem. Art. 27 Abs. 2 RL 2004/38/EG ausschließlich das persönliche Verhalten des Betroffenen ausschlaggebend sein. Das persönliche Verhalten des Betroffenen muss eine tatsächliche, gegenwärtige und erhebliche Gefahr darstellen, die ein Grundinteresse der Gesellschaft berührt. Es fällt schwer, die cold callings der Wall Street Unlimited als eine derartige Gefahr zu verstehen. Jede unerfahrene Person kann zu ihrem persönlichen Schutz vor vorschnellen Geschäftsabschlüssen das Telefonat einfach beenden. Das Verbot zum Schutz unerfahrener Personen lässt sich daher nicht mit einem geschriebenen Rechtfertigungsgrund rechtfertigen.

2. Die ungeschriebenen Rechtfertigungsgründe

Aufgrund der weiten Auslegung der Grundfreiheiten als allgemeine Beschränkungsverbote und den dadurch entstehenden größeren Schutzbereich der einzelnen Grundfreiheiten hielt es der EuGH für notwendig, neben den geschriebenen und stets eng auszulegenden geschriebenen Rechtfertigungsgründen ungeschriebene Rechtfertigungsgründe zu entwickeln.

a) Das zwingende Erfordernis

Die Beschränkung aufgrund eines ungeschriebenen Rechtfertigungsgrundes ist nur bei zwingenden, nicht wirtschaftlich orientierten Erfordernissen zulässig. Der EuGH hat u.a. das Vorliegen eines zwingenden Erfordernisses zum Schutz der öffentlichen Gesundheit, der Umwelt, der Lauterkeit und des Verbrauchers anerkannt. Mit dem Verbot zum Schutz von unerfahrenen Personen vor vorschnellen Geschäftsabschlüssen will das niederländische Finanzministerium den Verbraucher schützen. Das zwingende Erfordernis ist daher vorhanden.

b) Die diskriminierungsfreie Beschränkung

Die Beschränkung aufgrund eines ungeschriebenen Rechtfertigungsgrundes muss das unionsrechtliche Diskriminierungsverbot beachten. Das Verbot gilt für einheimische und ausländische Firmen, hat also keinen diskriminierenden Inhalt.

c) Die Beachtung des Verhältnismäßigkeitsgrundsatzes

aa) Die Eignung

Die Beschränkung muss zur Erreichung des mit ihr angestrebten Ziels geeignet sein. Durch das diskriminierungsfreie Verbot des cold callings kann der unerfahrene Verbraucher vor vorschnellen Geschäftsabschlüssen geschützt werden.

bb) Die Erforderlichkeit

Die Beschränkung muss zur Erreichung des mit ihr angestrebten Ziels erforderlich sein. Das Verbot der cold callings ist das sicherste Mittel, um **Verbraucher** vor vorschnellen Geschäftsabschlüssen am Telefon zu bewahren. Das Verbot ist daher auch erforderlich.

IV. Ergebnis

Das Verbot verletzt nicht die Dienstleistungsfreiheit.

IV. Die Kapital- und Zahlungsverkehrsfreiheit

PRÜFUNGSSCHEMA

385 **Die Kapital- und Zahlungsverkehrsfreiheit**

I. Schutzbereich
1. Persönlicher Schutzbereich
2. Sachlicher Schutzbereich
   a) Begriff des Kapitalverkehrs
   b) Begriff des Zahlungsverkehrs
   c) Abgrenzung der Kapital- und Zahlungsverkehrsfreiheit von den übrigen Freiheiten nach dem jeweiligen Schutzbereich
   „Golden Share"-Verfahren Rn. 386
3. Räumlicher Schutzbereich: grenzüberschreitendes Element
4. Vorliegen einer Bereichsausnahme: nein

II. Eingriff in den Schutzbereich
1. Schutz vor staatlichen Beschränkungen
   a) Kapital- und Zahlungsverkehrsfreiheit als Gleichbehandlungsgebot
   b) Kapital- und Zahlungsverkehrsfreiheit als Beschränkungsverbot
   c) Einschränkung des Beschränkungsverbotes nach der Keck-Rechtsprechung: z.B. diskriminierungsfreie Bankenöffnungszeiten
2. Schutz vor Beschränkungen durch Privatpersonen und nicht-staatliche Einrichtungen: nein
   Schutz vor Beschränkungen durch Private Rn. 302–304

III. Rechtfertigungsgründe
1. Geschriebene Rechtfertigungsgründe
   a) geschriebene Rechtfertigungsgründe gem. Art. 64 AEUV
   b) geschriebene Rechtfertigungsgründe gem. Art. 65 AEUV
   c) geschriebene Rechtfertigungsgründe gem. Art. 66 AEUV
   d) Schranken-Schranke. Verhältnismäßigkeitsprinzip
2. Ungeschriebene Rechtfertigungsgründe
   a) Subsidiarität zu den geschriebenen Rechtfertigungsgründen
   b) zwingendes Erfordernis
   c) diskriminierungsfreie Beschränkung
   keine Rechtfertigung diskriminierender Beschränkungen Rn. 321
   d) Gebot der Verhältnismäßigkeit

Alle Beschränkungen des Kapital- und Zahlungsverkehrs zwischen den Mitgliedstaaten sowie zwischen den Mitgliedstaaten und dritten Ländern sind gem. Art. 63 AEUV verboten.

Hinweis

In der Praxis wird die Kapital- und Zahlungsverkehrsfreiheit immer bedeutsamer.

1. Der Schutzbereich

Das Gesetz sieht keinen persönlichen Schutzbereich der Kapital- und Zahlungsverkehrsfrei- **386**
heit vor.[157]

Der EuGH[158] bezieht sich zur Definition des Kapitalverkehrs auf die Nomenklatur zur RL 88/361.[159]

Alle für die Durchführung des **Kapitalverkehrs** erforderlichen Geschäfte wie den Abschluss und die Ausführung der Transaktion und die damit zusammenhängenden Transferzahlungen gehören zum Kapitalverkehr. Die Transaktion erfolgt im Allgemeinen zwischen Gebietsansässigen verschiedener Mitgliedstaaten. Es kann jedoch auch vorkommen, dass bestimmte Kapitalbewegungen von einer einzigen Person für eigene Rechnung getätigt werden (beispielsweise Vermögenstransfers von Auswanderern).

Zahlungsverkehr ist die Transferierung von Gegenleistungen in Geldmitteln für die Erbringung von Leistungen im Waren-, Personen- und Dienstleistungsverkehr und von Renditen aus Geschäften, die im Rahmen des Kapitalverkehrs abgewickelt wurden.[160]

Die nationalen Regelungen sind anhand der ggf. betroffenen Grundfreiheiten nach dem jeweiligen Schutzbereich und der Rechtfertigung eines Eingriffs in diesen Schutzbereich zu beurteilen. Gleiches gilt für sekundärrechtliche Regelungen des Unionsrechts. Der EuGH hat allerdings den Erwerb unternehmerischen Einflusses durch den Anteilserwerb in den **„Golden Share"**-Verfahren nur der Kapitalverkehrsfreiheit zugeordnet, obwohl ein mit der Beteiligung verbundener Erwerb unternehmerischen Einflusses der Niederlassungsfreiheit unterfallen soll. Nach ständiger EuGH-Rechtsprechung fallen in den sachlichen Geltungsbereich der Bestimmungen des AEUV über die Niederlassungsfreiheit nationale Vorschriften, die anzuwenden sind, wenn ein Angehöriger des betreffenden Mitgliedstaats am Kapital einer Gesellschaft mit Sitz in einem anderen Mitgliedstaat eine Beteiligung hält, die es ihm ermöglicht, einen sicheren Einfluss auf die Entscheidungen dieser Gesellschaft auszuüben und deren Tätigkeiten zu bestimmen.[161]

Als **„Golden Share"** werden mit Sonderrechten ausgestattete Aktien bezeichnet, durch die der Staat oftmals zuvor **privatisierte Unternehmen** weiterhin kontrolliert.[162] Diese Sonderrechte beschränken die Kapitalverkehrsfreiheit.

Der räumliche Schutzbereich ist betroffen, wenn das grenzüberschreitende Element vorliegt. Auf interne Maßnahmen eines Mitgliedstaates ohne Bezug zu einem anderen Mitgliedstaat ist die Kapital- und Zahlungsverkehrsfreiheit nicht anwendbar.[163]

157 *Thiele* Europarecht S. 245.
158 *EuGH* Rs. C-222/97, Trummer und Mayer, Urteil vom 16.3.1999, Rn. 21.
159 RL 88/361/EWG des Rates vom 24.6.1988 zur Durchführung von Art. 67 des Vertrages, ABl. Nr. L 178.
160 *Streinz* Europarecht Rn. 925.
161 *EuGH* Rs. C-524/04, Test claimants in the thin cap group litigation, Urteil vom 13.3.2007, Rn. 27.
162 *Streinz* Europarecht Rn. 927.
163 Das grenzüberschreitende Element wird in Rn. 306 erklärt.

Für die Kapital- und Zahlungsverkehrsfreiheit besteht in den Art. 63 ff. AEUV keine Bereichsausnahme.[164]

2. Der Eingriff in den Schutzbereich

387 Art. 63 AEUV verpflichtet die Mitgliedstaaten zu einer Gewährleistung der Kapital- und Zahlungsverkehrsfreiheit zwischen den Mitgliedstaaten ohne Beschränkungen.

Der EuGH hat die Grundfreiheiten zu Beschränkungsverboten weiterentwickelt.

Hinweis

Beachten Sie die Charakterisierung der Kapital- und Zahlungsverkehrsfreiheit durch den EuGH nicht mehr nur als Diskriminierungsverbot, sondern als Beschränkungsverbot.

» Wiederholen Sie die Darstellung der Entwicklung der EuGH-Rechtsprechung zum Charakter der Grundfreiheiten als Diskriminierungsverbot hin zum Beschränkungsverbot in Rn. 305–312. «

Zur Kapital- und Zahlungsverkehrsfreiheit formuliert der EuGH folgendes Beschränkungsverbot:

Art. 63 Abs. 1 AEUV verbietet ganz allgemein Beschränkungen des Kapitalverkehrs zwischen den Mitgliedstaaten. Nationale Maßnahmen sind dann entsprechende Beschränkungen, wenn sie geeignet sind, den Erwerb von Aktien bestimmter Unternehmen zu verhindern oder zu beschränken oder aber Investoren anderer Mitgliedstaaten davon abzuhalten, in das Kapital dieser Unternehmen zu investieren.[165]

388 In dem Keck-Urteil hatte der EuGH das weite Beschränkungsverbot zur Warenverkehrsfreiheit auf produktbezogene nationale Regelungen beschränkt, sodass die unterschiedslos geltenden Verkaufsmodalitäten nicht mehr den Schutzbereich der Warenverkehrsfreiheit berühren. Diese Rechtsprechung gilt entsprechend im Bereich der Kapital- und Zahlungsverkehrsfreiheit für reine Ausgestaltungsregelungen wie z.B. Öffnungszeiten von Banken, die nicht danach differenzieren, wer die Grundfreiheit in Anspruch nehmen möchte.[166]

Im Bereich der Kapital- und Zahlungsverkehrsfreiheit sind Privatpersonen und nicht-staatliche Einrichtungen nicht als Adressaten anerkannt.

3. Die Rechtfertigungsgründe

389 Die geschriebenen Rechtfertigungsgründe sind stets eng auszulegen. Art. 64 Abs. 1 AEUV lässt Beschränkungen gegenüber dritten Ländern zu, die am 31.12.1993 aufgrund einzelstaatlicher oder unionsrechtlicher Vorschriften für den Kapitalverkehr mit dritten Ländern im Zusammenhang mit Direktinvestitionen einschließlich Anlagen in Immobilien, mit der Niederlassung, der Erbringung von Finanzdienstleistungen oder der Zulassung von Wertpapieren zu den Kapitalmärkten bestanden. Gem. Art. 64 Abs. 2 AEUV kann die Kommission dem Rat Maßnahmen für den Kapitalverkehr mit Drittstaaten bzgl. der Beschränkungen vorschlagen.

164 Die Bedeutung einer Bereichsausnahme wird in Rn. 317 beschrieben.
165 *EuGH* Rs. C-112/05, VW-Gesetz, Urteil vom 23.10.2007, Rn. 17, 19.
166 *Thiele* Europarecht S. 250; *Arndt/Fischer/Fetzer* Europarecht S. 162.

Das Gesetz sieht[167] eine Rechtfertigung der Beschränkung der Zahlungs- und Kapitalverkehrsfreiheit in Art. 65 AEUV aus folgenden Gründen vor:

- Zur unterschiedlichen Behandlung der Steuerpflichtigen mit unterschiedlichem Wohnort oder Kapitalanlageort nach dem jeweils nationalen Steuerrecht,
- zur Rechtsbruchsverhinderung, zur Einrichtung eines Meldeverfahrens für den Kapitalverkehr zwecks administrativer oder statistischer Information und zum Schutz der öffentlichen Ordnung oder Sicherheit.

Art. 58 AEUV räumt den Mitgliedstaaten kein Recht ein, aufgrund der Staatsangehörigkeit die Kapital- und Zahlungsverkehrsfreiheit zu beschränken. Der EuGH[168] hat ausdrücklich festgestellt, dass in Art. 65 AEUV klargestellt ist, dass die nationalen Vorschriften, auf die sich Buchstabe a bezieht, weder ein Mittel zur willkürlichen Diskriminierung noch eine verschleierte Beschränkung des freien Kapital- und Zahlungsverkehrs darstellen dürfen. Dies ergibt sich auch aus Art. 65 Abs. 3 AEUV.

Falls Kapitalbewegungen nach oder aus dritten Ländern unter außergewöhnlichen Umständen das Funktionieren der WWU schwerwiegend stören oder zu stören drohen, kann der Rat gegenüber dritten Ländern Schutzmaßnahmen mit einer Geltungsdauer von höchstens sechs Monaten treffen, wenn dies unbedingt erforderlich ist.

Bei der Beschränkung der Grundfreiheiten durch die jeweils geschriebenen Rechtfertigungsgründe ist das Verhältnismäßigkeitsprinzip zu beachten.

Hinweis

Beschränkungen von Grundfreiheiten aufgrund der geschriebenen Rechtfertigungsgründe müssen stets verhältnismäßig sein.

Eine Beschränkung des Kapital- und Zahlungsverkehrs durch ungeschriebene Rechtfertigungsgründe kann auch gerechtfertigt sein.

» Lesen Sie zu den ungeschriebenen Rechtfertigungsgründen noch einmal die Erläuterungen in Rn. 318–321. «

Hinweis

Denken Sie daran, dass eine Beschränkung der Kapital- und Zahlungsverkehrsfreiheit auch durch einen ungeschriebenen Rechtsfertigungsgrund gerechtfertigt sein kann.

Online-Wissens-Check

Welche Grundfreiheiten sind auch an Privatpersonen und nicht-staatliche Einrichtungen adressiert?

Überprüfen Sie jetzt online Ihr Wissen zu den in diesem Abschnitt erarbeiteten Themen. Unter **www.juracademy.de/skripte/login** steht Ihnen ein Online-Wissens-Check speziell zu diesem Skript zur Verfügung, den Sie kostenlos nutzen können. Den Zugangscode hierzu finden Sie auf der Codeseite.

---

167 *Streinz* Europarecht Rn. 928.

168 *EuGH* Rs. C-35/98, Staatssecretaris van Financien, Urteil vom 6.6.2000, Rn. 44.

Sachverzeichnis

Die Zahlen verweisen auf die Randnummern.

Fit im Europa- und Völkerrecht

Prof. Dr. Rudolf Streinz
Europarecht
9. Auflage 2012. € 24,95
(Schwerpunktbereich)

Prof. Dr. Andreas Musil/
Daniel Burchard
Klausurenkurs im Europarecht
Ein Fall- und Repetitionsbuch für Pflichtfach und Schwerpunktbereich
3. Auflage 2013. € 24,99
(Schwerpunkte Klausurenkurs)
Auch als ebook erhältlich

Prof. Dr. Andreas von Arnauld
Völkerrecht
2012. € 29,99
(Schwerpunktbereich)
Auch als ebook erhältlich

Prof. Dr. Andreas von Arnauld
Klausurenkurs im Völkerrecht
Ein Fall- und Repetitionsbuch für den Schwerpunktbereich
2. Auflage 2012. € 23,99
(Schwerpunkte Klausurenkurs)
Auch als ebook erhältlich

Alle Bände der Reihen und weitere Infos unter:
www.cfmueller-campus.de/schwerpunktbereich und **/klausurenkurs**

C.F. Müller

Jura auf den gebracht

Blitzschnell nachschlagen

im Hörsaal und Zuhause

Die Reihe „Textbuch Deutsches Recht"

- handliche Sammlungen der wichtigsten Gesetze für das Studium
- ausgewählt und zusammengestellt nach Ausbildungsrelevanz
- optimale Orientierung und problemloses Zitieren durch Satznummerierung

Kirchhof/Kreuter-Kirchhof (Hrsg.)
Staats- und Verwaltungsrecht Bundesrepublik Deutschland
Mit Europarecht
52. Auflage 2013. € 15,99

Prof. Dr. Rolf Schwartmann (Hrsg.)
Völker- und Europarecht
Mit WTO-Recht und Zusatztexten im Internet
9. Auflage 2013. € 25,95

Prof. Dr. Rolf Schwartmann (Hrsg.)
Der Vertrag von Lissabon
EU-Vertrag, Vertrag über die Arbeitsweise der EU – Konsolidierte Fassungen –
4. Auflage 2011. € 12,95

Alle Bände der Reihe und weitere Infos unter: **www.cfmueller-campus.de/textbuecher**

CFM C.F. Müller

Jura auf den gebracht